언스케일

언스케일
UNSCALED

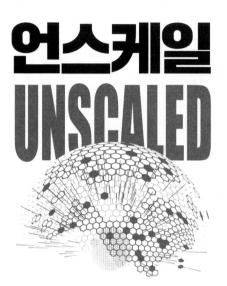

앞으로 100년을 지배할
탈규모의 경제학

헤먼트 타네자·케빈 매이니 지음 | 김태훈 옮김

청림출판

한 그루의 나무가 모여 푸른 숲을 이루듯이
청림의 책들은 삶을 풍요롭게 합니다.

마침내 기술이 인간에게 맞추는 시대.
지금의 기술혁명이 마무리되면
세상은 거의 알아볼 수 없게 변해 있을 것이다.
우리는 특별한 시대의 초입에 들어와 있으며,
그 일부가 될 것이다.

3부 우리는 무엇을 해야 하는가

9장 바람직한 인공지능 시대를 위한 중대한 결정

1부

새로운 시대가
열린다

1장

...

거대한
탈규모화의 시작

기술과 경제는 20세기 내내 '더 큰 것이 언제나 더 낫다'라는 지배적 논리를 이끌었다. 전 세계가 더 큰 기업, 더 큰 병원, 더 큰 정부, 더 큰 학교와 은행과 농장과 전력망과 미디어를 만들고자 했다. 크기를 키워 고전적인 규모의 경제 효과를 누리는 것을 현명하다 여겼다.

　21세기 들어 기술과 경제가 20세기와 정반대 논리, 바로 기업과 사회의 '탈규모화unscaling'를 이끌고 있다. 이는 단지 스타트업이 기성 기업들을 파괴하는 것보다 훨씬 깊은 의미가 있다. 이전 세기에 추구했던 규모를 고도로 집중된 시장으로 분산하는 과정에서 그 역학이 작용한다. 인공지능과 이를 활용한 일련의 기술들이 내가 말하는 '탈규모의 경제economies of unscale'를 통해 규모의 경제와 효과적으로 경쟁하도록 돕는 것이다. 이 거대한 변화는 에너지, 운송, 의료 같은 거대하고 깊이 자리 잡은 산업들을 재구성해 기업가, 상상력이 풍부한 기업, 다재다능한 개인에게 멋진 기회를 열어준다.

우리의 일과 삶, 정치 상황이 예전과 달리 혼란스럽다고 느낀다면 이 변화가 그 이유일 것이다. 우리는 1900년 무렵 이후 줄곧 유례없는 변화를 겪고 있다. 뒤에서 자세히 설명하겠지만, 당시에는 자동차, 전기, 전화를 비롯한 일련의 신기술이 우리의 일과 삶을 변화시켰다.

현재는 인공지능, 유전체학, 로봇공학, 3D 프린팅이 우리 일상으로 파고드는 가운데 지각변동만큼이나 혼란스러운 기술적 변화가 일어나고 있다. 인공지능은 그 주된 동력으로, 100여 년 전 전기가 그랬던 것처럼 일상의 거의 모든 것을 바꾸고 있다. 인공지능의 세기가 시작되고 있는 것이다.

인공지능과 디지털 기술이 이끄는 경제에서는 작고, 타깃이 명확하고, 기민한 기업들이 기술 플랫폼을 활용해 대중시장의 대기업들과 효과적으로 경쟁할 수 있다. 과거에는 기업이 구축해야 했던 규모를 이제는 '빌려rent' 쓸 수 있게 됐기 때문이다. 클라우드로부터 컴퓨팅을 임차할 수 있고, 소셜로부터 소비자로의 접근 경로를 임차할 수 있으며, 전 세계의 외주 업체로부터 제조 능력을 임차할 수 있다. 또한 과거에는 설비와 인력에 상당한 투자가 필요했던 많은 일들을 인공지능으로 자동화할 수 있게 됐다.

14

인공지능은 학습하는 소프트웨어로, 개별 고객에 대한 정보를 학습할 수 있다. 임차 가능한 기술 플랫폼을 토대로 하는 기업은 시장에 이를 활용해 아주 좁고 열성적인 시장을 만들고 심지어 한 사람을 위한 맞춤형 제품을 쉽게 만들어 수익을 올릴 수 있다. 과거의 대중시장mass market이 미소시장micromarket에 자리를 내주고 있다. 여기에 탈규모화의 핵심이 있다. 즉 기술이 대량 생산 및 대량 마케팅의 가치를 낮추고, 맞춤식 소량 생산과 정밀하게 표적화된 마케팅에 힘을 부여하고 있다.

규모를 '보유owning'함으로써 경쟁자를 물리치는 오랜 전략은 부채와 부담만 남기는 경우가 많다. 자원이 방대한 P&G는 상당한 역량을 임차할 수 있고, 신속하게 시장에 진입할 수 있고, 좁은 세분시장을 겨냥할 수 있으며, 필요한 경우 쉽게 경로를 바꿀 수 있는 달러 셰이브 클럽Dollar Shave Club 같은 신생 업체들의 공격에 노출돼 있다. GM은 테슬라를 쫓아가고 있다. 대형 병원 체인들은 당뇨병 같은 구체적인 질환을 가진 환자들을 겨냥한 인공지능 애플리케이션에 어떻게 대응해야 할지 모른다. 이처럼 탈규모 경제가 경쟁우위로 변하고 있다.

나는 벤처투자자로, 스타트업에 투자하는 일을 한다. 탈규모화는 내 핵심 투자 철학이 됐다. 나는 인공지능 혹은 로봇공학이나 유전체학 같은 다른 강력한 신기술을 활용해, 규모화된 기성 기업들에게서 사업과 고객을 빼앗아 올 수 있는 기업들에게 자금을 대거나 그런 기업을 세울 수 있도록 돕는다. 우리 회사는 탈규모화 철학을 고수하면서 이른 단계에서 스냅Snap, 스트라이프Stripe, 에어비앤비Airbnb, 와비 파커Warby Parker, 어니스트 컴퍼니Honest Company 같은 획기적인 기업들에게 투자했다. 또한 나는 탈규모화 철학에 따라, 각각 교육과 에너지 발전 부문에서 변화를 일으키고 있는 칸 아카데미Khan Academy와 어드밴스드 에너지 이코노미Advanced Energy Economy 같은 비영리단체를 도왔다. 이런 활동을 접한 사람들은 탈규모화에 대한 폭넓고 깊은 관점을 가지고 큰 그림을 보기 시작했다.

내가 투자한 리봉고Livongo, life on the go의 이야기는 인공지능과 탈규모화가 일으킨 동력에 대한 통찰을 준다. 리봉고는 탈규모화가 의료비는 낮추고 효과는 높일 수 있음을 보여준다. 미국은 전 세계에서 의료비를 가장 많이 쓴다. 매년 3조 5,000억 달러로, GDP의 약 18퍼센트에 해당한다. 시민, 기업계 주요 인사, 정치인 모두 의료비 감축을 간절히 바란다. 그러나 의료의 질은 낮추고 싶어 하지 않는다. 인공지능과 탈규모화는 많은 사람이 아프지 않도록 예방하는 개인화된 의료를 뒷받침해 이 문제를 부분적으로 도울 수 있다.

나는 2014년에 글렌 툴먼Glen Tullman이 리봉고 사업을 시작하도록 도왔다. 그는 지금까지 CEO로 리봉고를 이끌고 있다. 시카고 근처에서 태어난 툴먼은 기술 부문에 이름을 남긴 CEO로는 특이하게 대학에서 경제학과 인류학을 전공했다. 툴먼은 대학을 졸업하고 소프트웨어 회사 두어 곳을 운영하다 1997년에 올스크립트Allscripts라는 회사를 재건했다. 올스크립트의 전신인 메딕 컴퓨터 시스템Medic Computer Systems은 1982년에 설립돼, 10년 넘게 의료용 소프트웨어 제작으로 연명했다. 툴먼과 그의 팀은 처방전을 컴퓨터로 안전하게 발급해주는 소프트웨어를 만드는 데 집중했다. 툴먼은 2년 만에 올스크립트의 운영을 개선해 20억 달러 규모로 상장시킨 뒤 2012년까지 CEO로 남았다.

나와 툴먼은 유나이티드헬스 그룹UnitedHealth Group이 2013년에 인수한 휴메디카Humedica라는 의료 데이터 분석 회사에 각각 투자하면서 서로를 알게 됐다. 나는 매각이 성사된 뒤에도 툴먼과 계속 일하고 싶었다. 우리는 의료 부문 사업 아이디어를 찾아다니기 시작했다.

툴먼은 특히 당뇨병에 관심이 많았다. 당뇨병은 세계에서 가장 빠르게 퍼지는 질병이다. 미국만 해도 환자가 3,000만 명을 넘어섰다. 동시에 당뇨병은 관리 가능한 질병이다. 당뇨병에 걸려도 세심하게 관리만 하면 얼마든지 정상적인 생활을 할 수 있다. 게다가 툴먼에게는 개인적인 의미가 있었다. "우리 막내가 여덟 살 때 1형 당뇨병 진단을 받았어요. 우리 엄마는 2형 당뇨병 환자예요. 지금까지 살면서 많은 시간을 당뇨병 환자 곁에서 보냈죠. 건강하게 살기가 너무나 어려워진 세상이 그저 놀라울 뿐이에요."[1]

일반적으로 당뇨병 환자는 비싼 기기로 하루에 몇 번씩 자신의 손가락을 찔러 혈당을 측정해야 한다. 그 수치에 어떻게 대응하느냐는 각자의 몫이다. 이 모든 절차가 문제투성이다. 측정기는 비싸고, 환자들은 스스로 손가락을 찌르길 좋아하지 않으며, 혈당치가 급등하거나 급락하면 기절하거나 발작을 일으킬 수 있다. 당뇨병은 장기적으로 실명, 신장 질환, 심장 질환 같은 합병증을 초래할 수 있는데, 이는 환자들이 자신을 효과적으로 돌보기가 너무나 어렵기 때문이다.

툴먼과 나는 해결책을 모색했다. "실리콘밸리에서 만들어진 훌륭한 혁신들을 활용하되, 의료계가 받아들일 수 있는 방식으로 성가신 절차를 제거해 당뇨병 환자들이 병을 관리하는 데 들이는 시간을 줄이면 어떨까?" 우리는 측정치를 의료진에게 무선으로 보내주는 혈당측정기를 개발한 발명가를 알게 됐다. 툴먼은 이 기술을 사들여, 2014년에 당뇨병 환자들에게 서비스하는 리봉고를 세웠다.

리봉고의 접근법은 단순하고 초점이 명확하다. 리봉고는 고객에게 혈당측정기와 계보기(운동량 측정용)를 겸하는 작은 휴대 기기를 보내준다. 이 기기는 무선망과 클라우드로 리봉고의 인공지능 시스템과 통신한다. 리봉고의 인공지능 시스템은 혈당치 데이터로 환자에 대해 학습한다. 데이터에서 문제를 발견하면 음식을 먹으라거나 산책을 하라는 등 도움이 되는 메시지를 보낸다. 또 건강에 심각한 문제가 있다고 판단하면 몇 분 안에 의료진이 환자에게 연락하도록 조치한다.

툴먼은 아들 샘을 리봉고 서비스에 가입시켰다. 샘은 스물한 살로, 펜실베이니아대학 미식축구 선수다. 툴먼은 얼마 전에 시합을 앞둔 샘과 만난 일을 상기했다.

"경기장에 도착하니 샘이 '아빠, 아주 좋은 소식이 있어요'라고 했습니다. 저는 미식축구나 다른 스포츠 혹은 여자아이 이야기일 거라고 생각했죠. 그런데 샘이 '처음으로 리봉고 서비스를 경험했어요'라더군요. 저는 '그거 잘된 일이구나. 무슨 서비스인데?'라고 물었죠. 샘은 '어제 새벽 4시에 잠에서 깼어요. 혈당치를 재보니 37이더라고요'라고 했어요. 샘은 192센티미터에 108킬로그램이에요. 그런 혈당치로는 제대로 설 수도 없는 체구죠. '어떻게 해야 할지 몰랐어요. 룸메이트도 방에 없었죠. 119에 전화해야 하나 고민하는데 전화가 왔어요. 켈리였죠.' 나는 '켈리가 누군데?'라고 물었어요. '아빠 회사 직원이에요. 공인 당뇨병 교육사CDE, Certified Diabetes Educator죠. 켈리는 상황을 확인하고 제게 냉장고로 기어가라고 말했어요. 도중에 기절하면 구급차를 불러주겠다고 했죠. 다행히 문제가 잘 해결됐어요.' 그리고 이렇게 덧붙였죠. '아빠가 아빠 자신을 위해 사업하는 게 아니라는 사실을 깨달았어요. 아빠 사업은 사람들이 더 이상 혼자가 아니라고 느끼게 해줘요.'"

리봉고는 당뇨병을 관리하는 새로운 방식, 전통적인 의료계에서는 절대 나오지 않을 방식을 만들어냈다. 이 방식이 의사를 대체하는 것은 아니다. 그러나 당뇨병 환자들이 의사와 병원의 도움을 훨씬 적게 받고도 일상생활을 누릴 수 있게 해준다. 궁극적으로 환자들뿐 아니라 사회 전체가 상당한 의료비를 절감하게 해준다. 그런데 어떻게 이 방식이 탈규모화일까?

지난 40~50년간 고과당 옥수수 시럽이 듬뿍 들어간 시리얼과 음료가 대량 생산되고, 사람들에게 널리 홍보됐다. 탄수화물에 치우친 식생활이 확산되면서 비만에 이어 당뇨병이 만연하게 됐다. 의료계는 거의 모든 당뇨병 환자를 두 범주, 즉 유전과 관련된 1형 당뇨와 식생활과 관련된 2형 당뇨 중 하나로 몰아넣고 표준화된 치료를 했다. 전형적인 대중시장식 접근법이다. 의료계는 수요를 충족하기 위해 규모를 키웠다. 당뇨병 센터와 병원을 늘렸고, 1년에 두어 번 겨우 예약을 잡아 병원에 오는 환자들을 조립라인처럼 세우고 일률적으로 검사했다. 문제는 그사이에 혈당치가 위험한 수준으로 오르거나 떨어질 수 있으며, 당뇨병이 악화돼 더 큰 병원을 더 자주 찾게 만들어 비용을 높일 수 있다는 것이다.

미국만 해도 당뇨병 환자들로 인해 의료 시스템에 발생하는 비용이 연간 3,000억 달러에 이른다. (이 문제는 세계적으로 더욱 심각해질 것이다. 중국은 10년 안에 미국 전체 인구보다 많은 사람이 당뇨병을 앓을 가능성이 높다.) 규모화 접근법은 늘어나는 환자 수를 따라잡지 못하며, 환자들이 진정으로 원하는 건강한 삶을 안겨주지 못한다.

실제로 모든 당뇨병 환자는 제각기 다른 양상으로 시달리며,

최선의 치료법도 모두 다르다. 스타트업인 리봉고는 스마트폰과 클라우드 컴퓨팅 같은 기술 플랫폼으로 신속하게 제품을 만들어 전 세계 곳곳에 있는 사람들에게 배포할 수 있었다. 리봉고의 소프트웨어는 환자에게서 전송된 데이터를 토대로 보다 개인화된 서비스를 제공한다. 환자들은 자신이 대중시장에 속한 사소한 개인이 아니라, 자기만을 위한 시장에 속한 유일한 고객이라고 느낀다. 그래서 고객 만족도도 높다. 기술은 리봉고가 존슨 앤드 존슨, 유나이티드 헬스 그룹 같은 대기업과 기민하게 경쟁하면서 빠르게 늘어나는 고객들을 확보하고 서비스를 통해 수익을 내도록 도와준다.

개인화된 인공지능이 주도하는 당뇨병 관리는 더 많은 당뇨병 환자가 더 오랜 시간 양호한 상태를 유지하도록 만들어 미국인들이 당뇨병 관리에 들이는 돈을 최대 1,000억 달러나 줄여준다. 탈규모화된 해결책은 당뇨병을 관리하는 양상을 바꾸고, 사람들의 건강을 유지시켜 개인 의료비를 줄인다. 또한 국가는 시민들을 더 건강하고, 행복하고, 생산적으로 만드는 동시에 지출을 줄일 수 있다.

리봉고는 전 세계 여러 분야에서 벌어지는 변화를 보여주는 하나의 작은 사례일 뿐이다.

규모의 경제에서 탈규모의 경제로

규모는 한 세기가 넘는 동안 중요시돼왔다. 규모의 경제는 경쟁우위로 군림했다. 그 작동 방식은 다음과 같았다. 한 기업이 10억 달러를 들여 제품을 개발하고 공장을 지었다. 극단적인 예로 제품을 하나만 만들면 그 비용은 10억 달러다. 10억 개를 만들면 비용은 개당 1달러에 불과하다.

이처럼 규모는 기업에 경쟁우위를 제공했다. 또한 납품 단가를 낮출 수 있는 능력이나 대중매체에 광고를 도배할 수 있는 자금 같은 다른 우위도 안겨줬다. 한 기업이 거대한 규모를 구축해 모든 우위를 축적하고 나면, 그 규모는 경쟁자들을 가로막는 커다란 장벽이 됐다. 신규 진입 업체들은 엄청난 비용을 들여 비슷한 규모를 구축해야만 고도로 규모화한 기성 기업들을 효과적으로 상대할 수 있었다.

규모는 장기적으로 봤을 때 여러 측면에서 사회에도 이득이었다. 가령 글로벌 뱅킹, 항공 여행, 보편적 의료보장, 인터넷 같은 엄청난 일들을 이루는 데 도움이 됐다. 규모화된 산업은 지난 50년 동안 그 전의 500년 동안보다 더 많은 사람을 빈곤에서 구해냈다.

하지만 지금 우리가 만들어가는 세계는 다르게 돌아갈 것이다. 소기업들이 대기업들을 계속 당황시킬 것이다. 이제 열성적인 고객들로 이루어진 틈새시장을 섬기는 전략이 그럭저럭 만족한 고객들로 이루어진 대중시장을 상대하는 전략을 이긴다. 누가 자신에게 맞추어진 제품이나 서비스를 더 좋아하지 않을 수 있을까?

지금은 익숙해진 사례로, 우버가 오랫동안 입지가 탄탄했던 택시 회사들을 뒤흔들거나, 에어비앤비가 메리어트처럼 역사 깊은 거대한 호텔 기업들마저 따돌리는 데서 이런 변화를 읽을 수 있다. 강력한 영향력을 행사하는 데 익숙했던 대기업들이 차고에서 사업을 시작한 스타트업들을 신경 쓴 지는 꽤 됐다. 그런데 이제는 탈규모화가 전반적으로 진행되면서 모든 경제 분야를 해체하고 있다. 앞으로 설명하겠지만, 규모와 성공의 관계가 뒤바뀌고 있다. 오래된 규모의 경제가 아니라 탈규모의 경제를 활용하는 쪽이 승자가 될 것이다. 이 추세는 2007년 무렵 시작됐으며, 앞으로도 계속 이어질 것이다.

탈규모화를 따르는 세상이 대다수에게 좋을지 어떨지는 지금부터 우리가 하는 선택에 달렸다. 기술의 책임성, 교육의 역할, 일의 성격, 심지어 인간의 정의와 관련된 거대하고 어려운 선택이 될 것이다. 우리는 탈규모화 혁명이 거대한 부를 가진 사람 혹은 기술적으로 앞선 사람뿐 아니라 사회 전반에 폭넓은 혜택을 안기도록 해야 한다. 실로 엄청난 책임이 아닐 수 없다.

주목해야 할 중요한 사안들이 있기는 하지만, 탈규모화 및 그 이면의 기술에 대한 뉴스는 대부분 긍정적이다. 우리는 기후변화와 의료비 급등을 비롯한 세계적인 문제들을 해결할 새로운 길을 열어가고 있다. 우리가 올바르게 선택한다면, 탈규모화는 대규모 산업화가 초래한 많은 문제를 바로잡아 과거보다 나은 미래를 만드는 데 도움을 줄 것이다.

지금 인공지능과 탈규모화가 미칠 영향을 예측하는 것은 마이크로소프트가 모든 가정의 모든 책상에 컴퓨터를 놓겠다고 과감하게 제시한 1980년대에 개인용 컴퓨터가 미칠 영향을 예측하는 것과 비슷하다. 그러나 탈규모화는 분명 우리의 미래이며, 이 강력한 인공지능의 개발에 따른 결과다. 이 사실을 간과하거나 부인하는 것은 무책임하다. 그보다 다가오는 거대한 변화를 이해하고, 유도하고, 그 보상을 누리는 편이 낫다.

탈규모 시대, 플랫폼의 등장

강력한 인공지능과 탈규모화가 지닌 경제적 힘이 부상한 시기는 애플의 아이폰(선도적 모바일), 페이스북(소셜네트워크), 아마존 웹 서비스(클라우드 플랫폼)가 거의 동시에 부상한 2007년으로 거슬러 올라간다. 이런 플랫폼 덕분에 우리의 일과 삶의 많은 부분이 온라인으로 옮겨 가면서 데이터의 양이 폭증했다.

처음에는 단지 기업들에게 정보를 제공하는 데이터가 크게 늘어난 것처럼 보였다. 그래서 거기에 단순히 '빅데이터Big Data'라는 이름을 붙였다. 그러나 빅데이터에는 더 고차원적인 용도가 있었다. 빅데이터는 오랫동안 실망만 안겨온 인공지능을 말

24

그대로 세상을 바꾸는 힘으로 만들어주는 열쇠였다. 이제 가상현실, 로봇공학, 유전체학 같은 다른 신기술들도 인공지능의 힘을 빌려 돌파구를 열어가고 있다. (이 내용은 다음 장에서 자세히 다룰 것이다.)

이 기술들은 세계적인 플랫폼의 토대가 되고 있다. 세상은 오랫동안 플랫폼을 만들어왔다. 고속도로망과 인터넷망뿐 아니라 이동통신망, 클라우드 컴퓨팅 서비스, 소셜네트워크도 모두 플랫폼이다. 플랫폼이 대단히 중요한 이유는 우리 대신 일을 해주기 때문이다. 가령 운송 회사는 맥주 상자를 운반하기 위해 도로부터 깔 필요가 없다. 애플리케이션 제작사는 소프트웨어를 소비자에게 전달하기 위해 이동통신망이나 앱스토어를 구축할 필요가 없다. 플랫폼을 많이 구축할수록 개별 기업이나 창업자가 제품을 개발하고, 생산하고, 홍보하고, 유통하기 위해 혼자 애쓸 필요가 줄어든다.

고속도로망 같은 일부 플랫폼이 갖춰지긴 했지만, 20세기의 대부분 동안 대다수 기업은 여전히 역량의 상당 부분을 스스로 구축해야 했다. 그 결과, 수직 통합이 이뤄졌다. 수직 통합이란 아이디어 단계에서 제품 배송 단계까지의 '요소' 중 다수를 보유하는 것을 뜻한다. 가령 제품 개발 연구소나 부품 생산 공장, 완제품 조립 공장, 운송망, 심지어 유통 매장까지 보유할 수 있다. 물론 그러기 위해서는 많은 돈과 시간을 들여 거대한 규모를 구축해야 한다. 그래도 일단 구축하고 나면 이 대규모 진입장벽은 새로운 업체가 들어오는 것을 막아준다. 그만한 규모를 구축하기가 엄청나게 힘들기 때문이다.

컴퓨터, 인터넷, 세계화가 보편화된 1990년대, 탈규모화의 첫 징후로 수직 통합 기업의 토대에 금이 가기 시작했다. 기업들은 모든 직능과 부서를 다른 기업, 심지어 다른 나라로 외주할 수 있다는 사실을 발견했다. 저술가이자 〈뉴욕 타임스〉 칼럼니스트인 토머스 프리드먼Thomas Friedman이 말한 "세계는 평평하다"라는 정서의 이면에는 이처럼 연결된 외주의 역학이 있었다. 신기술을 활용한 플랫폼이 더 많이 구축될수록, 직접 수행하던 직무나 과제를 플랫폼에 맡기는 기업이 늘어났다. 진입장벽은 계속 무너졌다. 신규 진입 업체들은 규모가 작으면서도 플랫폼을 활용해 크게 보일 수 있었다. 온라인 안경 유통업체인 와비파커나 제시카 알바가 만든 건강 및 웰빙 용품업체인 어니스트 컴퍼니 같은 신생 업체들이 인터넷을 활용해 세계 시장에 진출하며 기성 대기업들과 경쟁한 양상을 보라. 신생 업체들이 주도하는 파괴의 신시대가 열리고 있다.

2007년 무렵, 플랫폼이 만들어지는 속도가 빨라졌다. 스마트폰과 무선통신망이 새로운 서비스와 제품을 거의 모든 곳에 있는 거의 모든 사람에게 도달할 수 있도록 해줬다. 소셜네트워크가 폭발적으로 성장하면서 기업이 고객을 찾아 광고하는 새로운 방법을 제공했다. 클라우드 컴퓨팅 덕분에 노트북만으로도 컴퓨팅 집약적인 디지털 기업을 만들 수 있게 됐다. 아마존 웹 서비스에서 두어 가지 설정을 하고, 신용카드 번호를 입력하기만 하면 전 세계를 상대로 제품을 팔 수 있다. 동시에 음악, 뉴스, 온라인 유통, 서비스형 소프트웨어 부문의 더 많은 사업이 디지털화됐다. 디지털 사업은 특히 플랫폼을 활용해 전 세계 어디서든 즉시 제품을 개발, 제조, 홍보, 배송할 수 있었다.

디지털화되는 사업이 늘면서 기업들은 고객, 제품, 거래, 물류 등 거의 모든 것에 대해 더 많은 데이터를 수집할 수 있게 됐다. 이 데이터는 소프트웨어와 플랫폼을 더 똑똑하게 만들었고, 소프트웨어와 플랫폼은 더 많은 데이터를 수집할 수 있게 됐다. 선순환은 점점 더 가속됐고, 디지털 플랫폼, 디지털 사업, 데이터가 순차적으로 늘어나는 추세는 속도를 높이면서 변곡점에 이르렀다. 이에 따라 사업의 역학이 재구성되기 시작했다.

아이폰이 나온 지 10년이 된 2017년, 플랫폼은 기업들이 필요로 하는 거의 '모든 것'을 할 수 있게 됐다. 개인이 지하실에서 회사를 만들고, 대기업들이 직접 구축하던 모든 것을 임차함으로써 그들과 경쟁할 수 있게 됐다.

와비 파커는 클라우드 서비스로부터 컴퓨팅 능력을, 소셜네트워크와 검색엔진으로부터 고객에게 다가가는 경로를, 외주 업체로부터 제조 능력을, 페덱스와 UPS로부터 배송 능력을 임차한다. 이것이 탈규모화의 핵심이다. 기업들은 규모를 임차할 수 있다. 더 이상 직접 보유할 필요가 없다. 이 사실이 모든 것을 바꾼다.

탈규모화는 시작에 불과하다는 점을 명심해야 한다. 인공지능과 다른 신기술이 등장하고 플랫폼으로 개발되면, 아직 생기지 않은 작은 기업들이 대중시장을 상대하는 대기업들은 상상하지 못한 방식으로 고객의 수요를 충족할 수 있다. 창업자들은 플랫폼을 토대로 틈새시장에 크게 어필하는 제품을 만든 다음 세상 어디에 있든 열성적인 고객을 찾아 판매할 것이다. 게다가 과거에는 규모의 경제를 통해서만 얻을 수 있었던 이윤을 남길 것이다. 자신의 규모에 발목이 잡힌 대기업들은 고도로 전문화되고 빠르게 변하는 제품과 서비스를 상대하는 데 갈수록 어려움을 느낄 것이다.

인공지능과 탈규모화의 힘이 20세기 경제를 분해해 완전히 새로운 방식으로 재조립하는 이유가 여기에 있다.

우리의 일과 삶을 완전히 바꾼 플랫폼

탈규모화를 떠받치는 인공지능 엔진의 부상은 기술적인 측면에서 대단한 이야깃거리다. 2007년에 애플 아이폰이 출시됐다. 그 전에도 블랙베리나 노키아 같은 브랜드에서 스마트폰을 선보였다. 그러나 이 제품들은 아이폰의 역량에 한참 못 미쳤다. 더욱 중요한 사실은 애플이 '앱'이란 개념을 선보였다는 것이다. 이후 10년에 걸쳐 휴대 기기는 부대 용품에서 대다수 사람이 소프트웨어와 데이터 그리고 주로 클라우드를 통해 제공되는 서비스를 활용하는 주된 수단이 됐다. 2007년 이전, 심지어 2010년에도 클라우드 컴퓨팅은 대다수 사람이 이해하지 못하는 전문적인 기술 용어였다. 그러나 이제는 대부분의 데이터와 소프트웨어가 어딘가에 있는 거대한 데이터 센터의 컴퓨터에 들어 있으며, 우리가 무선망을 통해 거기에 접속한다는 사실을 많은 사람이 안다.

2007년 무렵 다른 중요한 기술 플랫폼도 다수 등장했으며, 이후 자리를 잡았다. 이미 온라인에서 유통업을 하던 아마존닷컴은 2006년에 아마존 웹 서비스AWS를 선보였다. 덕분에 모든 소프트웨어 개발자가 클라우드 기반 소프트웨어 제품을 출시해 창업할 수 있는 길이 열렸다.

페이스북은 2004년에 세워졌지만, 2007년이 돼서야 플랫폼으로 변신해 개발자들이 애플리케이션을 구축할 수 있는 토대를 제공했다. 이 사실들을 종합했을 때 2007년은 모바일 컴퓨팅, 클라우드 컴퓨팅, 소셜네트워킹의 조합으로 가능해진 인공지능 혁명의 원년으로 볼 수 있다. 2007년에 인터넷 사용 인구는 10억 명 남짓이었다. 2016년에는 그 수가 30억 명으로 늘어났다. 또한 2007년에 소수에 불과하던 스마트폰 사용자는 2016년에 25억 명으로 늘어났다.[2]

새로운 플랫폼은 신세대 창업자들이 상상력을 발휘해 기존과 다른 파괴적인 성격을 지닌 새로운 앱을 구축할 수 있도록 했다. 처음에 플랫폼은 카메라, 손전등, 지도, 출판, 음악 기능을 집어삼켰다. 이 기능들은 현재 우리가 쓰는 휴대전화나 클라우드 안으로 들어와 데이터를 생성한다.

트래비스 캘러닉Travis Kalanick과 개릿 캠프Garrett Camp는 스마트폰과 클라우드 덕분에 파리에서 한참 택시를 기다렸던 짜증스러운 경험을 생산적인 사업으로 만들 수 있었다. 그들이 앱으로 차량을 부르는 방법을 상상한 결과로 만들어진 것이 바로 우버다. 클라우드 기반의 소셜 그래프social graph라는 개념은 에어비앤비 창업자들에게 사람과 장소를 연결해 신뢰할 수 있는 시스템을 만드는 방법을 제공했다.

아일랜드 출신 형제인 존 콜리슨John Collison과 패트릭 콜리슨Patrick Collison은 클라우드를 활용해 개발자들이 세계 어디서든 결제를 받을 수 있도록 하는 방법을 찾아내 스트라이프를 설립했다. 에번 스피겔Evan Spiegel은 인터넷보다 더 일시적인 형태의 소통을 상상해 스냅챗Snapchat을 만들었다.

10년 동안 소수의 중요한 기술 플랫폼이 30억 명의 일과 삶을 완전히 바꿔놨다. 콘텐츠, 커뮤니티, 커머스가 온라인으로 이동하면서 이전에 없었던 데이터들이 수집되고 있다. 이 데이터는 우리가 무엇을 사고, 무엇을 읽고, 누구를 알며, 어디로 가는지 말해준다. 그래서 더욱 새로운 제품과 서비스로 이어질 수 있는 흥미롭고 새로운 통찰을 기업들에게 제공한다. 또한 이 데이터는 인공지능 소프트웨어의 기계학습machine learning에 활용된다. 인공지능 소프트웨어는 활용할수록 계속 발전한다. 모든 상호작용이 원래 프로그래밍된 용도와 관련해 더 많은 것을 가르치기 때문이다.

기술이 인간에게 맞춰주는 시대의 도래

나는 2007년에 무슨 일이 일어나고 있는지 완전히 이해하지 못했으며, 중대한 변화를 놓칠 뻔했다. 그 이유와 함께 내가 결국 탈규모화의 힘을 이해하게 된 경위를 설명하도록 하겠다. 이 이야기는 뉴델리에서 보낸 내 유년기로 거슬러 올라간다.

부모님은 현명하게도 인도에서는 우리처럼 가난한 가족이 평등하게 살 수 없다는 사실을 알았다. 그러나 나와 여동생에게 세계적인 수준의 교육을 받게 할 여력은 없었다. 그래서 삼촌의 후원으로 미국 영주권을 얻었을 때 우리에게 평등한 사회에서 성공할 기회를 주기 위해 모든 것을 걸었다. 이민은 우리 가족이 감수한 가장 큰 위험이었다. 이 일은 내가 벤처투자자로서 가능성에 대한 비전을 토대로 위험을 감수하는 것의 가치를 이해하는 데 도움을 줬다.

이민 초기 생활은 쉽지 않았다. 우리는 매사추세츠주 브루클라인Brookline에 있는 한 집의 지하실에서 살았다. 보일러 옆에서 자는 일은 그다지 즐겁지 않았다. 게다가 나는 생활비를 보태기 위해 고등학교 때부터 동네 편의점에서 장시간 일해야 했다. 그러나 이 모든 것이 전혀 고생으로 느껴지지 않았다. 새로운 학교생활에서 실로 엄청난 의욕을 느꼈기 때문이다. 인도 출신인 내게는 원하는 대로 수업을 들을 수 있다는 사실이 너무나 놀라웠다. 인도에서는 학생이 수업을 선택할 수 없었다. 미국은 달랐다. 나는 의욕에 넘쳐, 고등학교를 졸업하기도 전에 내가 원하는 방향과 속도에 따라 대학 1학년 수준의 과학과 수학 과정을 끝마쳤다. 이런 경험들은 계속 내 안에 남아 인공지능이 이끄는 탈규모화 시대의 개인화된 교육에 대해 생각할 거리를 줬다.

나는 매사추세츠공과대학^{MIT}에 진학한 뒤에도 스스로 정한 속도와 방향을 따르기로 했다. 내게 맞는 속도에 따라 공부할 것이며, 가능한 많은 학과의 강의를 듣겠다고 결심했다. 전 과목 A학점을 받는 것이 대단한 성과이기는 하지만, 장기적으로는 별 의미 없다는 사실도 일찌감치 깨달았다. 그래서 친구 살만 칸^{Salman Khan}과 강의가 너무 빠르거나 느리다는 농담을 하며 자주 강의를 빼먹었다. 몇 년 뒤, 살만은 개인 속도에 맞춘 학습을 교육 혁신의 초기 지렛대로 삼는 칸 아카데미를 만들었다.

나는 많은 강의를 들었지만, 개별 학과의 졸업 요건을 채울 학점이 부족했다. (결국에는 여섯 개 전공의 졸업 학위를 받았다.) 나는 다양한 학문을 배우고 여러 분야에 걸친 사고를 하고 싶었다. 이 '시스템 사고' 방법은 내가 경력을 쌓는 동안 경제의 여러 부문에서 나타난 이질적인 신호들을 연결해 큰 추세를 파악하는 데 도움을 줬다.

이번 세기 초에 모바일 웹 기술이 본격적으로 개발되기 시작했다. 이 변화에 영감을 얻은 나는 MIT 박사과정을 그만뒀다. 어머니는 지금도 이 일을 용서하지 않고 계시다! 모바일 분야 창업에 나선 나는 친구들과 함께 애플리케이션을 쉽게 개발할 수 있도록 돕는 소프트웨어 회사를 만들었다. 우리의 사명은 개발자들이 1980~1990년대에 만든 소프트웨어를 사람들이 더욱 자연스럽게 활용할 수 있도록 재구성하는 작업을 돕는 것이었다.

돌이켜보면, 우리는 이 사명을 너무 빨리 포기하고 두어 해 만에 회사를 팔아버렸다. 당시에는 기기와 통신망이 우리의 비전을 밀어줄 준비가 돼 있지 않았다. 나는 2001년에 회사를 정리하고, 보스턴에서 사업을 시작한 지 1년 된 벤처투자사인 제너럴 캐털리스트General Catalyst에 합류했다.

처음에는 전통적인 소프트웨어 제작 회사에 투자했지만 별로 파급력이 없었다. 그래서 새롭고 더욱 원대한 개척지를 찾아 나선 끝에 기후변화 문제를 해결한다는 목표에 따라 에너지 분야를 선택했다. 당시 나는 모바일, 소셜, 클라우드 혁명과 인공지능의 가능성을 보지 못했다. 내가 2006년에 에너지 분야로 눈길을 돌린 부분적인 이유는 소프트웨어 기술이 정체됐다고 생각했기 때문이다. 그러다 에너지산업에 투자하는 과정에서 탈규모화에 대한 현재의 생각으로 이어진 중요한 교훈을 얻었다.

규제 산업에 속한 기업들은 고객이 아니라 규제 당국을 중심으로 생각하는 경우가 너무나 많다. 또한 혁신을 일으키려 노력하게 만드는 동기가 거의 없다. 그래서 에너지 분야 같은 규제 분야는 신선한 아이디어가 있는 창업자들에게 좋은 목표가 된다.

기술 기업에 투자하는 일을 하는 동안, 이 모든 경험이 점차 통합되면서 일정한 패턴을 드러냈다. 내가 관여한 산업들은 각각 고유한 변화를 거치는 것이 아니다. 세계경제 전체가 같은 변화를 겪고 있으며, 이 변화가 모든 산업과 분야를 이끌고 있다.

우리는 최대한 많은 사람에게 판매되는 대량 생산 제품에서, 작은 틈새시장을 이룬 열성적인 고객들을 기쁘게 하는 고도로 개인화된 제품으로 옮겨가고 있다. 또한 그 가격은 종종 대중시장용 제품보다 낮다. 물론 고객들은 대중시장용 제품보다 개인화된 제품을 선호한다. 애초에 개별 고객에 맞게 만들어졌기 때문이다. 탈규모화를 지향하면 '개개인을 행복하게 만들 수 있는 제품이 무엇인지' 고민한다. '최대한 많은 사람에게 팔 수 있는 제품이 무엇인지' 고민하던 지난 세기의 태도와 크게 다르다.

나는 이런 변화를 깨닫고, 탈규모화를 이끄는 창업자들과 가까워지기 위해 실리콘밸리로 이사했다. 내가 처음 투자한 곳은 결제 대행 기업인 스트라이프였다. 스트라이프의 창업자들은 나와 거의 같은 시기에 보스턴에서 베이에어리어Bay Area로 왔다. 스트라이프는 신생 온라인 기업들이 쉽게 결제를 진행하도록 돕는 데 집중했다. 그래서 대개 대형 은행들을 통하던 서비스를 전용 프로그램으로 훨씬 저렴하게 전 세계 중소기업에게 제공한다. 이후 다양한 대행 기업이 등장하면서 스타트업도 〈포천Fortune〉 500대 기업만큼 효율적으로 운영할 수 있게 됐다. 이런 플랫폼들은 스타트업이 가장 중요한 일, 바로 뛰어난 제품과 서비스로 고객을 기쁘게 만드는 일에 집중하도록 해준다.

내 미래관은 2012년에 이루어진 인상적인 만남 이후로 크게 바뀌었다. 당시 우리 회사에 스탠퍼드 출신 신입 사원이 있었다. 그가 우리에게 아직 학교에 남아 있는 친구들이 만드는 흥미로운 앱 이야기를 해줬다. 사용자들이 나눈 문자와 사진을 사라지게 만드는 앱이었다. 나중에 이 앱은 스냅챗으로 불리게 됐다. 우리는 개발자인 에번 스피겔, 보비 머피Bobby Murphy와 만나 그들의 아이디어가 큰 맥락 속에서 어떤 의미를 가지는지 이야기했다. 에번은 우리가 거의 20년 동안 극도로 부자연스러운 디지털 대화를 나눴다는 사실을 지적했다. 인류사 대부분에 걸쳐, 사람들이 나누는 대화는 아무 기록도 남지 않았다. 그래서 복사해 다른 사람에게 보내거나 광고 목적으로 분석할 수 없었다. 다시 말해 이메일, 페이스북 포스트, 채팅, 트윗과 달랐다. 스냅챗은 실제 대화처럼 아무 기록이나 자취를 남기지 않고 소통할 수 있는 수단을 제공할 것이었다.

그때 나는 처음으로 중대한 깨달음을 얻었다. 우리는 기술이 마침내 인간에게 맞춰주는(그 반대가 아니라) 시대로 진입하고 있었다. 나는 이 깨달음에서 출발해 기술에 대해 배운 것들을 재고했다. 그리고 우리가 거의 모든 것을 재창조하려는 시점에 이르렀음을 깨달았다. 2007년부터 2017년까지 모바일, 소셜, 클라우드 덕분에 우리는 전 세계에 걸쳐 거의 보편적이고도 무한하게 네트워크에 연결돼 컴퓨터를 활용할 수 있게 됐다. 컴퓨팅 능력은 클라우드를 통해 언제든 바로 제공된다. 그래서 필요한 만큼 얼마든지 쓸 수 있다. 네트워크도 대부분 지역에서 저렴하고 간편하게 주어진다.

네트워크의 기하급수적 힘

무어의 법칙은 오랫동안 컴퓨팅 능력의 변화 속도를 말해줬다. 실리콘밸리 개척자이자 인텔 공동 창립자인 고든 무어Gordon Moore는 1965년에 마이크로프로세서에 들어가는 트랜지스터의 수가 18개월마다 두 배로 늘어나며, 제품 가격은 동일하게 유지될 것이라고 예측했다.[3] 즉 18개월마다 같은 가격에 컴퓨팅 능력을 두 배로 쓸 수 있다는 뜻이었다. 이 역학에 따라 컴퓨터는 계속 나아지고 저렴해지면서 사람들의 일상으로 들어왔다.

그러다가 1980년대에 초기 컴퓨터 네트워크 시스템 중 하나인 이더넷Ethernet을 발명한 밥 멧캐프Bob Metcalfe는 네트워크의 가치가 거기에 연결된 사용자 수의 제곱에 비례한다는 사실을 보여줌으로써 네트워크의 기하급수적 힘을 설명했다.

이 기하급수적 역학에 비춰보면, 1995년부터 2015년까지 30억 명 넘게 접속한 인터넷은 그 힘과 가치를 크게 키우면서 사용자 수보다 더 큰 사회적, 경제적 영향력을 미쳤다. 무어의 법칙은 컴퓨터를 저렴하고 보편적으로 만들었다. 이제는 거의 모든 사람이나 사물이 컴퓨팅 능력을 갖췄다.

멧캐프의 법칙은 콘텐츠, 커뮤니티, 커머스를 온라인으로 이동시키는 데 따른 가치를 높였다. 해당 기술들은 변화를 이끄는 엄청나게 강력한 힘이었다. 그러나 이제 무어의 법칙과 멧캐프의 법칙은 수확체감의 단계에 이르렀다. 물리법칙에 따라 마이크로프로세서는 더 이상 훨씬 더 작아지고 빨라질 수 없다. 또한 대부분 지역이 이미 네트워크에 연결되면서 멧캐프의 법칙이 안기는 혜택도 줄어들고 있다.

이제는 무어의 법칙과 멧캐프의 법칙을 뒤따르는 새로운 역학이 작용한다. 클라우드는 근본적으로 두 법칙의 접합점이다. 즉 데이터, 컴퓨팅 자원, 연결성이 결합하는 지점이다. 이제는 모든 사람의 호주머니, 모든 사물에 마이크로프로세서를 넣을 수 있다. 또한 거의 모든 사람과 사물이 인터넷에 연결돼 있어 방대한 실시간 피드백 고리를 만들 수 있다. 이 피드백 고리는 탈규모화에 힘을 부여한다. 인공지능 주도 소프트웨어가 고객과 세상에 대한 정보를 계속 학습해, 기업들이 개별 고객의 수요를 정확하게 충족할 수 있도록 해주기 때문이다.

무어의 법칙과 멧캐프의 법칙이 만나는 지점에서 탈규모화는 클라우드에 연결된 사람 수에 비례하는 힘을 지닌다. 탈규모화 능력은 클라우드에 접속하는 사람 수에 따라 선형적[linearly]으로 증가한다. 이 추세선들이 한데 뭉쳐 새로운 기술 시대를 이끌어 간다.

우리는 20세기 초에 전신, 전화, 텔레비전, 자동차, 항공기, 대규모 전력망이 느리고 지역적인 삶을 빠르고 세계적인 삶으로 바꿀 때 지금과 비슷하게 거대한 혁명을 겪었다. 1800년대 말에 살았던 사람은 누구도 1920년대의 세계를 알아보지 못할 것이다.

경제학자 카를로타 페레즈[Carlota Perez]는 《기술혁명과 금융자본[Technological Revolution and Financial Capital]》에서 기술혁명의 영향력을 이렇게 설명했다. "기술혁명이 일어나면 단지 이전의 생산 구조에 역동적인 신산업이 추가되는 정도에 그치지 않는다. 기술혁명은 기존의 모든 산업과 활동을 현대화할 수 있는 수단을 제공한다." 그가 보기에 우리는 지금 인공지능 주도 탈규모화의 '설치' 단계에 있다. "이 시기에는 임계치에 이른 산업과 혁명의 인프라가 기존 패러다임에 맞서 자리를 잡는다." 향후 20년 동안 이 혁명은 전환점에 이를 것이며, 뒤이어 '전개' 과정에 들어가 "궁극적으로 다른 '생활방식'으로 이어질 것"[4]이다.

이 글을 쓰는 현재 IBM, 구글, 페이스북, 아마존, 애플을 비롯한 많은 기업이 서둘러 인공지능 플랫폼을 만들고 있다. 가상현실 플랫폼과 증강현실 플랫폼 부문에서도 비슷한 경쟁이 벌어지고 있다. 사물인터넷, 유전체학, 블록체인, 3D 프린팅의 경우도 마찬가지다. 이 모든 기술(그리고 다른 많은 기술)은 2007년에 부상한 모바일, 소셜, 클라우드보다 훨씬 중요한 의미를 지닐 가능성이 높으며, 서로 상승효과를 일으킬 것이다.

의료, 에너지, 정부처럼 디지털 전환^{digital transformation}이 어려울 것 같은 오래된 부문을 비롯해 모든 산업이 영향을 받을 것이다. 2007년부터 2017년 사이에 처음 발동된 탈규모화의 힘은 우리가 만드는 기술들끼리의 상승작용 때문에 2017년부터 2027년까지 10배로 커질 것이다.

탈규모화된 세상 엿보기

탈규모화의 모든 결과를 예측할 수는 없다. 그러나 탈규모화된 세상의 일부는 예측할 수 있다. 모바일, 클라우드, 사물인터넷, 증강현실, 소프트웨어, 인공지능을 한데 모으면 완전히 연결되고 계기화된 세상, 특히 사람과 장소 그리고 사물을 하나로 묶는 글로벌 시스템이 만들어질 것이다. 거의 모든 것에서 데이터를 얻고, 거시적 차원과 미시적 차원에서 세상이 돌아가는 방식을 훨씬 잘 이해할 수 있을 것이다.

탈규모화는 소유에서 벗어나 서비스 이용으로 나아가는 변화를 수반할 것이다. 가령 자동차도 필요할 때만 쓰게 될 것이다.

자동차는 대다수 사람에게 여전히 값비싼 소유물이다. 탈규모화된 사회에서는 도시에 사는 사람들은 자동차를 소유할 필요가 없어질 것이다. 대신 우버 같은 서비스를 활용해 자율주행차를 타게 될 것이다. 로봇차를 소유한 사람들은 타지 않고 그냥 세워두는 90퍼센트의 시간에 우버(혹은 후계 기업들)에게 임대할 것이다. 20년 안에 도로와 주차장에 있는 차가 줄어들고, 현재 미국에서 연간 3만 명에 이르는 교통사고 사망자도 급감할 것이다.

대다수 사람에게 성공의 열쇠는 개인 사업자로서 클라우드를 통해 많은 고객에게 서비스를 판매하는 일이 될 것이다. 이는 사업가뿐 아니라 모두에게 해당될 것이다. 좋든 나쁘든 전통적인 고용에 의존하는 인구는 줄어들고, 살아가는 동안 짧은 경력들을 이어가며 자신의 사업을 하는 편이 나은 인구는 늘어날 것이다.

초중고든 대학이든 평생 학습이든, 기기 혹은 궁극적으로 가상현실을 통해 제공되는 주문형 서비스로 교육을 받는 사람이 늘어날 것이다. 이미 그렇게 되고 있다. 인공지능이 제공하는 칸 아카데미나 코세라Coursera의 온라인 강의는 대학 교육을 대체하면서 평생 학습을 돕고 있다. 머지않아 탈규모화 학습이 대형 대학과 고등학교로 이루어진 대규모 교육 체제를 파괴할 것이다. 수만 달러의 학자금 대출 상환으로 고생하는 많은 사람들은 이미 대학에서 보내는 4년의 가치에 의문을 품고 있을지도 모른다.

의료는 치료가 아닌 예방에 치중하는 방향으로 나아가고 있다. 유전자 정보 분석은 신생아들의 질병 예측을 도울 것이다. 사물인터넷 기기는 우리의 활력징후와 활동을 관찰해 조기에 문제를 포착할 것이다. 휴대전화나 기타 기기에 탑재된 인공지능 소프트웨어 '의사' 앱이 초기 진단을 내릴 것이며, 필요한 경우 전문의와 연결해줄 것이다. 의료 활동은 완전히 방향을 틀어, 병이 생긴 다음 치료하는 데서 사전에 알아내 예방하는 쪽으로 나아갈 것이다. 그러면 지금보다 의료비가 크게 줄어들어 미국의 재정적 난제가 해결될 것이다.

스타트업들이 에너지 부문을 재구성하면, 지붕에는 저렴하고 효율적인 태양전지판, 지하실이나 차고에는 고출력 배터리를 설치해 자가발전을 하는 주택과 건물이 늘어날 것이다. 현재 테슬라가 만드는 것과 같은 배터리는 낮에 생산된 전기를 저장했다가 밤에 쓸 수 있도록 해줄 것이다. 각 건물은 양방향 송전선으로 연결돼 누구라도 이베이 같은 장터에서 필요에 따라 전기를 사고팔 수 있게 될 것이다. 자동차는 주택용 태양전지판과 배터리로 충전할 수 있는 전기차의 형태일 것이다.

추세에 따르면, 식료품도 소규모 지역 농장이나 오래된 창고와 쇼핑몰에 만든 도시 농장에서 더 많이 구하게 될 것이다. 식품업계는 20세기 내내 규모화에 몰두해 농장의 크기를 키우고 기업화했다. 이 농장들은 적은 인력과 거대한 농기계들로 관리

됐다. 향후 10년 안에 소규모 지역 농장들이 기술의 도움을 받아 수익을 내고, 시험관 고기(배양육test-tube meat, 동물 세포를 배양해 만든 고기-옮긴이 주) 생산에 돌파구가 열리면서 소와 닭을 키우는 데 쓰이는 토지가 크게 줄어들 것이다.

3D 프린팅 기술은 제조 부문에 대한 탈규모화와 재구상을 시작하고 있다. 앞으로는 신발이나 의자를 주문하면 멀리 떨어진 대량생산 공장에서 오지 않을지도 모른다. 대신 많은 기업이 주문을 받고 나서 소규모 맞춤식으로 생산할 것이며, 공장은 아마존 웹 서비스처럼 운영되면서 기업들에게 필요에 따른 생산 능력을 제공할 것이다.

탈규모화가 영향을 미치지 않는 산업이나 활동은 거의 없을 것이다. 우리가 어떤 일을 하든, 어디서 살든 탈규모화와 인공지능 때문에 과거 세대와 다른 삶을 살 것이다. 지금부터 어떤 변화가 일어날지, 그리고 그 변화를 유리하게 활용하려면 어떤 식으로 생각해야 하는지 자세히 살펴보도록 하자.

새로운 미래가 온다

미래를 만들어나가는 과정에는 많은 선택지가 있다. 탈규모화는 단절적이며, 구경제를 신경제로 재구성한다. 역사적으로 이런 일이 일어날 때마다 수많은 일자리가 사라졌다. 인공지능이 여러 새로운 작업을 자동화하는 이번 혁신도 다르지 않을 것이다.

도널드 트럼프는 일자리와 경제적 단절에 불만을 품은 많은 사람들의 지지로 2016년 대통령에 당선됐다. 사람들의 불안은 갈수록 심해질 것이다. 퓨 리서치Pew Research가 2016년에 실시한 설문에 따르면, 학력이 고졸 이하인 사람 5명 중 1명은 인공지능 소프트웨어로 대체당할 위험에 처했다고 생각한다. 옥스퍼드대학 연구진은 기계가 현재 인간이 하는 작업의 거의 절반을 차지하게 될 것이라고 주장한다.[5] 언론 매체는 결국 인공지능 때문에 사람이 할 일이 없어질지 모른다는 이야기로 가득하다.

인공지능과 탈규모화는 일과 삶의 의미를 재고하게 만들 것이다. 국가들은 기본소득을 보장하거나 현재 미국의 경우처럼 갈수록 최상위층만 누릴 수 있는 값비싼 교육을 무료로 간편하게 제공하는 방안을 고려해야 할 것이다. 트럼프의 당선이 보여주듯이 기술인과 정치인이 이 문제에 대응해 단절을 극복하도록 돕지 않는다면 뒤처진 사람들은 탈규모화를 저지하거나 되돌리려 할 것이다.

인공지능 소프트웨어가 우리 삶의 더 많은 부분을 관장함에 따라 알고리즘에게 사람과 같은 책임을 부여해 자동화된 차별이나 범죄를 예방해야 한다. 페이스북 뉴스 피드를 뒷받침하는 알고리즘은 공정성이나 공중도덕이 아닌 수익 창출에 최적화돼 있다. 그 결과, 지난 대선에서 정치적 분열이 더욱 심화됐다. 이는 윤리적 지침이 없는 알고리즘이 사회에 영향을 미치는 양상을 보여주는 하나의 이른 사례일 뿐이다.

우리는 기업들이 알고리즘에 공적 책임을 더 많이 부여하도록 요구해야 할지 결정해야 한다. 기업들은 공정성이나 투명성이 아니라 주주의 이익에 최적화된 인공지능 소프트웨어를 만든다는 사실을 명심하라. 이런 점은 바뀌어야 하며, 기업들은 자발적으로 알고리즘에 책임성을 부여하는 데 앞장서야 한다.

기대수명을 수십 년 늘리기 위한 여러 대규모 프로젝트가 진행되고 있다. 구글의 칼리코Calico는 근본적 노화 원인을 파악하기 위한 연구에 15억 달러를 투입했으며, 제프 베조스가 후원하는 유니티 바이오테크놀로지Unity Biotechnology는 노화 조직을 젊게 만드는 약물을 개발하고 있다. 또한 우리 제너럴 캐털리스트가 투자한 엘리시움 헬스Elysium Health의 노화 전문가와 생리학자 들은 20대부터 감소하는 중요한 조효소, NAD+를 늘리는 방법을 집중적으로 찾고 있다. 인공지능을 활용해 방대한 일자리를 자동화하고 인간 수명을 늘린다면 어떤 일이 일어날까? 차를 운전하던 사람들에게 일자리 없이 늘어난 수명만큼 무위도식하라고 해야 할까?

내 친구이자 기술 인큐베이터인 와이 콤비네이터Y Combinator를 운영하는 샘 올트먼Sam Altman과 페이스북의 공동 창립자 크리스 휴스^{Chris Hughes}는 고용 기반 소득을 무조건적 기본소득으로 대체하는 방안을 연구하는 보편적 기본소득 프로젝트를 각각 출범시켰다. 두 사람은 우리가 향하고 있는 고도로 자동화된 노동 이후의 세계가 가져올 충격에 미리 대비하려 한다. 그러나 보편적 기본소득은 금전적 손실을 보완할 수는 있지만, 그만큼 근본적인 삶의 목적 문제는 어쩌지 못한다. 과학소설에 나올 법한 내용을 현실화하는 일은 매우 흥미롭다. 그러나 일자리 대부분이 자동화된 이후에도 우리는 120년에 걸친 삶을 보람차게 보낼 방법을 찾아야 한다.

새로운 기술 시대의 또 다른 걱정거리는 독점이다. 디지털산업은 물리적 제품산업보다 더 승자독식 경향이 강하다. 이는 페이스북이 소셜네트워크 부문을 지배하고, 구글이 검색 부문을 지배하는 데서 알 수 있듯이 경제에서 중요한 부분을 장악하는 독점으로 이어질 수 있다. 우리가 신중하게 대처하지 않으면, 이런 독점 기업들은 자신의 이익을 위해 사회에 해로운 규칙과 관행을 강제할 수 있다.

불안 심리를 부추기고 싶지는 않지만, 기술이 삶과 경제를 완전히 바꾼 1900년대 초기의 충격은 1,2차 세계대전, 세계적인 불황, 서구가 주도하는 자유주의 세계 질서로 이어졌다. 지금 진행되는 변화는 더욱 극적이다. 우리는 전 세계 지도자들이 전쟁을 피하길 바라야 한다. 그러나 변화에 고전하는 나라와 변화를 수용하는 나라가 생기는 가운데 이번 여정 내내 어려움이 뒤

따를 것이다. 지난 세기에는 여러 국가들이 천연자원, 특히 석유를 놓고 전쟁을 벌였다. 아마 다음 전쟁은 데이터를 둘러싸고 벌어질 것이다. 세계적인 해킹의 부상이 그 전조다.

그러나 나는 우리가 올바른 선택을 한다면 인공지능의 세기가 엄청난 혜택을 가져오리라 믿는다. 인공지능이 이끄는 탈규모화는 그 어느 때보다 더 낫고, 저렴하며, 쉽게 구할 수 있는 제품과 서비스를 개인에게 맞춰 제공할 것이다.

우리가 좋은 선택을 한다면 삶의 질이 향상될 것이다. 지금까지 개발된 대부분 기술은 소프트웨어에 자동화 기능을 부여해 효율성을 높였다. 앞으로 여러 산업에서 탈규모화가 일어나면, 소프트웨어는 한 단계 더 나아가 유효성을 개선할 것이다. 우버가 차량 공유의 효율성을 높였을 뿐 아니라 택시를 타는 것보다 낫게 만들었듯이 말이다. 생활하면서 무엇이 가장 짜증스러운지 생각해보라. 그 부분을 더 낫고, 저렴하며, 쉽게 해결할 수 있다고 생각해보라.

다가오는 세상에 대비하는 교육은 미래 일자리를 보장하는 데 대단히 중요하다. 학생들은 앞으로도 기계가 할 수 없는 일, 창의성과 철학 같은 '인간적인' 역량을 수반하는 일을 찾아야 하며, 인간의 잠재력을 발휘할 수 있는 방식으로 인공지능 주도 기계와 협력하는 법을 배워야 한다.

결론적으로 우리는 혁신이 나아가야 할 방향, 노동이 진화하는 양상, 알고리즘이 우리의 가치관을 지키도록 만드는 방식을 선택해야 한다. 진취적인 사람과 조직에게 지금처럼 많은 기회가 부여되고, 장벽이 낮아진 때는 없었다. 우리는 놀라운 모험의 문턱에 서 있다. 세상을 재창조해 기후변화부터 암까지 우리가 직면한 큰 문제들을 해결할 기회가 주어졌다. 지난 기술혁명 때와 마찬가지로, 지금의 기술혁명이 마무리되면 세상은 거의 알아볼 수 없게 변해 있을 것이다.

2장

···

인공지능의
시대

인공지능은 이번 세기의 전기다. 20세기가 동틀 때, 대부분 전기와 석유가 뒷받침하는 획기적인 신기술들이 사람들의 삶으로 밀려들어 와 누구도 예상치 못한 방식으로 사회를 바꿔놨다. 이 기술적 돌풍이 100년에 걸친 규모화를 촉발했다.

　1880년대, 에디슨의 설계에 기초한 발전소들이 여러 도시로 퍼져나갔다. 그러나 전기를 공급할 수 있는 범위는 두어 구역에 불과했다. 1890년대 말, 뉴욕의 특허 변호사 찰스 커티스Charles Curtis가 증기터빈발전기를 개발했다. 그 결과, 처음으로 저렴하게 전기를 대량 생산할 수 있게 됐다. 1900년대 초, 건설 열풍을 타고 여러 도시에서 전력망이 구축되기 시작했다.

　전기가 널리 보급되면서 어디든 공장을 지을 수 있게 됐다. 그러자 제조업 단지가 형성되는 양상이 바뀌었다. 전구는 밤에도 공장을 돌릴 수 있게 해줬다. 또한 전력 덕분에 조립라인이 현대화됐다. 굴리엘모 마르코니Guglielmo Marconi는 전기를 활용해 영국의 에드워드 7세에게 54자로 된 인사말을 전하면서 최초로 양방향 무선통신에 성공했다. 전기는 전화도 가능하게 만들었다. 알렉산더 그레이엄 벨이 1876년에 발명한 전화기는 1900년대에 도시 지역에 자리 잡았다. 통신 덕분에 기업들은 먼 거리에 있는 사람들까지 잘 관리해 규모를 키울 수 있었다.

다른 과감한 기술들도 등장했다. 1900년부터 1902년에 걸쳐 독일에서 체펄린 비행선이 개발됐다. 조지 이스트먼George Eastman은 최초의 소비자용 카메라를, 세일즈맨 킹 질레트King Gillette는 최초의 안전면도기를 발명했다. 최초의 전기난로도 가정으로 들어왔다. 사람들은 이전에 없던 비행, 여행, 사진 촬영, 조명의 혜택을 누릴 수 있게 됐으며, 더 많은 것들을 원했다.

이런 환경에서 헨리 포드가 나타났다. 그는 1800년대 말 에디슨 조명 회사Edison Illuminating Company에서 일하는 동안 에디슨에게 강한 영감을 얻었다. 밤에 모터를 단 사륜차를 만드는 실험을 하던 그는 3년 동안 자동차 회사 두 곳을 만들었지만 모두 망했다. 1903년, 40세가 된 그는 포드 모터Ford Motor를 세우고 모델A를 만들기 시작했다. 이 일이 사람들의 인식에 미친 영향은 상상하기 어렵다. 당시에는 말이 너무 많아서 뉴욕 거리에 말똥이 매일 1,100톤씩 쌓였다. 포드는 1908년에 자동차 산업의 토대를 놓은 모델T를 선보였다. 첫해에는 239대밖에 팔리지 않았지만, 이듬해에는 1만 2,176대가 팔렸다. 1910년에 한 만화가가 그린 미래상에는 작은 차를 타고 등교하는 초등학생들의 모습이 그려져 있다. 1913년, 포드의 판매 대수는 17만 9,199대로 폭증했으며, 이후에도 계속 늘어났다. 핵심은 규모에 있었다. 널리 알려진 대로 검은색의 한 가지 모델로만 제작된 모델T는 균일한 대중시장을 노린 최초의 대량 생산 자동차다.

오하이오주 데이턴Dayton에서는 라이트 형제가 엔진 기술의 진전과 비행에 대한 새로운 아이디어를 토대로 비행기 개발에 나섰다. 자전거 매장을 운영하던 그들은 직원 찰리 테일러Charlie Taylor와 함께 엔진을 만들었다. 1903년, 약 12미터 길이 날개를 단 비행기에 이 엔진을 달고 최초로 비행에 성공했다. 1930년대에는 팬 앰Pan Am이 승객을 태우고 전 세계를 누비기 시작했다.

일상생활이 완전히 바뀌었다. 전기로 돌아가는 대형 공장들이 대중시장용 제품을 만들어 메이시스Macy's나 시어스Sears 같은 대형 백화점의 진열대를 채웠다. 라디오는 대중시장 광고라는 개념을 탄생시켰다. 기업들은 제품을 대량으로 생산하고, 운송하고, 한정된 매체로 광고하기 위해 규모를 키워야 했다. 일단 키워놓은 규모는 신생 업체들에게 진입장벽으로 작용했다.

1900년대 초기 기술들은 대중시장 소비자 문화를 창출했으며, 한 세기에 걸쳐 규모의 경제를 구축했다. 기업들은 최대한 규모를 키운다는 목표 아래 세계적 비즈니스의 핵심이 됐다. 1955년, 노골적으로 규모를 찬양하는 〈포천〉 500대 기업 목록이 처음

2장 인공지능의 시대

51

발표됐다. 당시 1위에 오른 GM은 직원이 57만 6,667명이었다. 2016년에 1위에 오른 월마트의 직원 수는 230만 명에 이르렀다.

정부의 규모도 커졌다. 1900년에 약 100만 명이었던 미 연방 공무원은 2015년에 400만 명 이상으로 늘었다.[1] 영화계의 경우, 블록버스터가 아니면 망했다. 버드와이저, 코카콜라, 맥도날드 같은 대형 브랜드들이 모두에게 같은 제품을 제공하면서 틈새 경쟁자들을 쓸어냈다. 월마트는 갈수록 많은 지역에 갈수록 큰 매장을 세우면서 지역 유통업체들을 쓰러뜨렸다. 서구 세계는 조립라인을 본 떠 대중 교육을 실시하는 학교의 규모를 키웠다. 아이들은 유치원에서 출발해 단계별 교육과정을 거치면서 거의 같은 내용을 배우다가 사회로 배출돼 일할 준비를 했다.

규모는 대중에게 교육을 제공하고, 삶의 질을 개선하고, 천연두 같은 질병을 없애고, 수백만 명을 빈곤에서 벗어나게 하는 등 대단한 일들을 이루는 데 도움을 줬다. 전력이 뒷받침한 20세기 기술은 이 모든 일을 가능하게 했을 뿐 아니라 불가피하게 만들었다.

데이터를 삼킨 세상

2007년에 인공지능은 이미 세상에 나온 지 수십 년 된 기술이었으며, 1980년대와 2000년대 초반에는 세상을 바꿀 돌파구로 여겨졌다. 그러나 그런 일은 일어나지 않았다. 아직 학습할 데이터가 충분하지 않았기 때문에 (항공기 자동 운항autopilot 같은) 특별한 용도를 넘어서지 못했다.

그러다 2007년 무렵, 일상의 많은 부분이 방대한 데이터를 수집할 수 있는 모바일, 소셜, 클라우드 플랫폼으로 옮겨 가기 시작했다. 그 결과, 마침내 인공지능이 1900년대 초반의 전기와 맞먹는 영향력을 발휘하게 됐다. 우리는 전기로 규모화 시대를 촉발한 것과 마찬가지로, 인공지능을 세상으로 끌어들여 탈규모화를 촉발하고 있다.

내가 처음 투자한 인공지능 기업은 크리스 딕슨Chris Dixon이 만든 헌치Hunch였다. 딕슨은 1990년대 초 컬럼비아대학에서 철학을 전공하고 MBA 과정을 밟았다. 뒤이어 고빈도 거래high-frequency trading에 주력하는 헤지펀드, 아비트레이드Arbitrade에서 소프트웨어 개발자로 일하다 스팸을 막아주는 사이트어드바이저SiteAdvisor라는 회사를 만들었다. 내가 벤처투자자로 처음 투자한 회사가 이 사이트어드바이저였다. 이 회사는 2006년에 보안 소프트웨어 회사인 맥아피McAfee에 매각됐다.

딕슨은 이듬해인 2007년에 두 동업자와 함께 헌치를 만들었고, 나는 돈을 투자했다. 헌치는 인공지능이나 기계학습 혹은 인지 컴퓨팅이라는 용어로 표현되지는 않았지만, 학습 소프트웨어를 토대로 한 웹 애플리케이션이었다. 물론 지금이었다면 인공지능으로 불렸을 것이다.

헌치의 목표는 인터넷상의 '취향 그래프'를 구축해 사람들과 그들이 좋아할 만한 제품, 가수, 웹사이트를 연결하는 것이었다. 충분히 방대한 취향 그래프를 구축하면 모든 사람이 좋아하는 것을 학습해 정확하게 추천할 수 있었다. 가령 비욘세, 칠리 독, 사우스웨스트 항공을 좋아하는 사람이라면 어반 아웃피터스 Urban Outfitters의 옷을 좋아할 가능성이 높았다. 비슷한 취향을 가진 다른 사람들도 그랬기 때문이다.

이 기술은 쓸모가 있었다. 그러나 한 가지 문제가 있었다. 인공지능은 방대한 데이터를 토대로 학습한다. 즉 데이터가 많을수록 기능이 개선된다. 일개 기업인 헌치는 충분한 사용자로부터 충분한 데이터를 확보할 수 없었다. 그래서 인공지능에 충분한 능력을 부여해 더 많은 사용자를 끌어들이는 선순환을 일으키지 못했다.

2011년에 아주 좋은 길이 열렸다. 우리는 8,000만 달러에 헌치를 이베이에 매각했다. 당시 이베이는 사용자 9,700만 명, 실제 거래 항목 2억 개, 일일 페이지 조회 수 20억 회, 데이터 약 9페타바이트를 기록하고 있었다. 딕슨은 매각 사실을 발표하면서 "이베이의 데이터를 활용하면 헌치가 훨씬 나아질 것"이라고 말했다. 우리는 마침내 인공지능을 훌륭한 수준으로 훈련시킬 데이터를 확보했다. 이베이의 최고기술경영자CTO, Chief Technology Officer 마크 카지스Mark Carges는 인수 기자회견에서 이렇게 말했다. "헌치는 금화를 사는 특정 사용자들이 금화를 검사하는 현미경도 많이 산다는 사실을 발견했습니다. 사람은 이런 특이한 연관 관계를 결코 찾아내지 못할 겁니다."[2] 페이스북은 '좋아요' 버튼으로 취향 그래프를 훨씬 효과적으로 구축했다. 10억 명이 넘는 사용자들이 선호하는 대상에 대한 데이터를 종일 수집하기 때문이다.

헌치의 여정은 시대적 징후와 같았다. 인공지능이라는 개념은 60년 전부터 있었지만, 실질적인 효력을 갖는 데 필요한 데이터는 없었다. 그런데 2007년부터 10년 동안 구축한 기술 덕분에 데이터가 확보됐다.

10년이 채 안 되는 기간에 우리 생활이 얼마나 변했는지 생각해보라. 2016년, 세계 인구의 절반 이상이 스마트폰을 가졌으며, 무선통신망은 멋진 새로운 플랫폼으로 부상했다. 휴대전화로 앱을 내려받으면 거의 보편적인 고속 무선망을 통해 어딘가에 있는 데이터 센터에서 호스팅하는 강력한 소프트웨어로 연결된다. 이 앱들은 소셜네트워킹, 채팅, 이메일, 쇼핑, 미디어뿐 아니라 우버나 에어비앤비 같은 서비스를 제공한다. 정확한 GPS 지도는 어디든 길을 안내한다. 휴대전화에 음악과 책을 담을 수도 있다. 휴대전화로 스포츠 생중계를 시청할 수도 있다. 세일즈포스닷컴Salesforce.com 같은 기업이 만든 기업 앱은 세계 거의 모든 곳에서 휴대전화로 업무를 볼 수 있도록 해준다. 모바일 콘텐츠, 커뮤니티, 커머스는 금세 생활의 방식이 됐다. 이 기술 없이 하루를 보내는 것은 이제 상상할 수 없다. 10년 전만 해도 이런 일들이 불가능했다는 사실을 생각하면 기분이 이상하다.

우리는 10년 동안 사람들을 연결하고, 수많은 활동을 온라인으로 옮겼다. 온라인에서 이뤄지는 모든 활동은 데이터를 생성한다. 근래에는 사람뿐 아니라 '사물'까지 글로벌 네트워크로 끌어들이는 사물인터넷을 통해 세계적인 데이터 생성 체제가 한층 강화됐다. 비디오카메라, 열 감지기, 핏비트Fitbit 건강 모니터, 멸종 위기 동물에 부착된 GPS 꼬리표가 이에 해당한다. 데이터 분석 기업인 IDC에 따르면, 이미 2015년에 네트워크와 연결된 기기가 90억 개에 달했다. 2020년에는 300억 개, 2025년에 800억 개로 늘어날 것이다.[3]

시스코Cisco, IBM, GE 같은 기술 대기업들은 사물인터넷 센서와 데이터에 엄청난 자금을 투자하고 있다. 나도 벤처투자사인 앤드리슨 호로위츠Andreesen Horowitz의 전설적인 투자자, 마크 앤드리슨Marc Andreessen과 함께 삼사라Samsara라는 스타트업에 투자했다. 이 기업은 센서로 데이터를 수집하고 관리하는 차세대 사물인터넷 플랫폼을 구축하고 있다. 센서가 거의 모든 물건에 탑재되면 일종의 정량화된 세계가 만들어질 것이다. 2000년대에는 실리콘밸리 사람들이 즐겨 말하던 대로 소프트웨어가 세상을 삼키면서 생활과 비즈니스의 모든 측면을 포괄했다. 2010년대에는 세상이 소프트웨어를 삼키고 있다. 모든 것이 소프트웨어를 품어서 더욱 똑똑해지고 글로벌 인터넷에 연결되고 있다.

인공지능의 동력, 사물인터넷

사물인터넷이 데이터 수집에 어떤 영향을 미칠지 감을 잡고 싶다면 흔한 전등 소켓을 생각하면 된다. 한 추정치에 따르면 전 세계에는 가로등이 40억 개 있다. 미국만 해도 전체 가정에 전등 소켓이 40억 개 있다. 이는 가구당 평균 52개에 해당하는 수치다.[4] 여기에 기업, 학교, 공항 터미널 등을 더하면 모든 인구 밀집 지역에 걸쳐 전등 소켓이 수백억 개 있을 것으로 추정된다. 각 소켓은 전구에 내장된 센서와 무선 네트워크 장치에 전력을 공급할 수 있다. 과거에는 단순하고 고립돼 있던 전구가 네트워크와 연결된 스마트 기기가 되는 것이다. 그러면 일상생활에 대한 수많은 데이터를 수집해 인공지능이 더 똑똑해지도록 도울 수 있다.

사물인터넷 기기는 장신구와 의류부터 상하수도관, 심지어 야생동물과 반려동물에게 붙이는 인식표까지 모든 곳으로 퍼져 나가고 있다. 산업 환경에서는 공장 전체 혹은 트럭이나 제트엔진 같은 자산에 설치된 센서들이 사물과 사람을 연결하는 클라우드 플랫폼인 GE의 프리딕스Predix 같은 시스템을 통해 피드백을 보낼 수 있다. 사물인터넷은 건물에도 침투하고 있다. 일본 제조업체 코네KONE는 사물인터넷 기기를 하루에 10억 명이 쓰는 엘리베이터, 에스컬레이터, 회전문, 자동문에 추가하고 있다. 킴벌리클라크Kimberly-Clark는 건물에 있는 모든 화장실용품 디

스펜서를 네트워크로 연결하는 스콧 인텔리전트 레스트룸^{Scott}
^{Intelligent Restroom}을 개발하고 있다. 이 시스템은 모든 용품의 현황을 점검해 화장실 관리 방식에 변화를 일으킬 것이다. 그러면 화장실에서 손을 씻고 나서 종이 타월이 없어 곤란해하는 일은 사라질 것이다.

이처럼 엄청난 데이터를 제공하는 사물인터넷은 인공지능을 통해 세상이 돌아가는 양상을 깊이 분석할 수 있게 해줄 것이다. 또한 심전도검사 장치를 연결한 것처럼 세계의 맥박을 실시간으로 즉각 확인할 수 있도록 해줄 것이다.

인공지능의 핵심은 데이터에 내재된 패턴을 분별하고, 행동을 예측하며, 적절한 대응을 결정하는 것이다. 학습할 데이터가 없는 인공지능은 아기의 두뇌와 같다. 그래서 지력은 있지만 세상에 대한 지식이 너무 적어 무슨 일이 일어나는지 이해하지 못한다. 가령 꼬리를 당기면 고양이가 할퀸다는 사실을 모른다. 반면 더 많은 데이터에 노출되면 두뇌처럼 패턴을 파악하고, 더욱 정확하게 행동을 예측할 수 있다. 입력되는 데이터가 많을수록 성능이 나아진다.

우리는 이미 인공지능을 매일 접하고 있다. 구글의 인공지능 주도 검색 알고리즘은 모든 검색 내역을 학습해 성능을 개선한다. 페이스북의 인공지능은 사용자들의 포스트와 '좋아요'를 학습해 연관성 높은 피드들로 타임라인을 채운다. 넷플릭스는 개별 사용자의 시청 습관을 학습한 뒤, 다른 수많은 사용자들을 통해 학습한 내용을 토대로 좋아할 만한 영상을 추천한다. 또한 인공지능 기반 학습을 활용해, 최대한 많은 사용자에게 어필하려면 어떤 영화나 드라마를 제작하면 되는지 결정한다. 헤지펀드들은 인공지능을 토대로 사람은 결코 찾지 못하는 거래 패턴을 분간한다. 보안 소프트웨어는 인공지능을 토대로 시스템에서 이뤄지는 정상적인 활동을 학습해 침입자를 파악하고 저지하는 데 활용한다. 2016년, IBM은 인공지능 왓슨^{Watson}에 날씨 데이터를 입력하기 위해 전 세계에 설치된 센서에서 방대한 날씨 데이터를 모으는 웨더 컴퍼니^{The Weather Company}를 인수했다. 이제 왓슨은 말 그대로 날씨가 어떻게 돌아가는지 '학습'해 지역에 따라 자세히 예측할 수 있다. 가령 야외에서 열리는 올림픽 다이빙 대회에서 바람이 어떻게 불지 예측할 수 있다.

이 글을 쓰는 2017년 현재, 구글, 테슬라, GM을 비롯한 기업들이 자율주행차를 개발하고 있다. 인공지능이 관련 기술을 가능하게 만들었다. 오토파일럿 기능으로 달리는 자동차가 늘어날수록 인공지능 시스템이 수집하는 데이터가 늘어나 자율주행차의 성능이 개선된다. 아마존의 알렉사와 애플의 시리 같은 인공지능 비서들이 일상생활로 들어오고 있다. 이 인공지능 프로그램들은 지금까지 사람들이 하는 말과 관련된 데이터를 보유해 사람보다 말을 더 잘 알아듣는다. 여전히 복잡한 질문이나 명령은 이해하지 못하지만, 사용자가 늘어날수록 나아질 것이다. 그것이 인공지능의 속성이다.

인공지능은 내가 투자하는 거의 모든 조직의 기반을 이룬다. 칸 아카데미는 인공지능을 활용해 학습 방식을 바꾸고 있다. 그래서 학생의 학습 속도에 맞춰 교육과정이 설계된다. 앞서 설명한 대로, 리봉고는 당뇨병 환자들의 건강과 행동을 학습할 수 있도록 인공지능을 소프트웨어에 구축하고 있다. 그러면 개별 환자가 당뇨병을 관리하는 데 도움을 줄 수 있기 때문이다. 나는 인공지능을 활용하지 않는 기술에 투자할 생각이 없다.

현재 우리 활동 중 아주 많은 부분이 스마트폰의 도움을 받거나 네트워크에 연결된 사물인터넷 센서를 내장한 기기에 접촉하는 방식으로 온라인에서 이뤄지면서 데이터를 생성한다. 데이터는 1900년대 산업혁명을 뒷받침한 화석연료와 전기처럼 이 새로운 혁명의 연료다. 인공지능은 거의 모든 곳에서 거의 모든 것으로 흘러들어 유용한 동력이 되는 전기처럼 데이터를 유용하고 접근 가능하게 만든다. 인공지능은 컴퓨팅 능력을 갖춘 모든 것에 내장되고 있다. 10년 뒤에는 인공지능이 들어가지 않은 것은 무기력하고 뒤떨어진 인상을 줄 것이다. 냉장고가 발명된 뒤의 아이스박스처럼 말이다.

2010년대 중반, 인공지능에 대대적인 투자가 이뤄졌다. 데이터 분석 기업인 CB 인사이트CB Insights에 따르면, 2016년에 인공지능 기술을 개발하는 스타트업에 대한 투자액이 10억 달러 이상으로 급증했다. 2015년에는 6억 8,100만 달러, 2011년에는 1억 4,500만 달러, 그보다 전에는 미미한 수준에 불과했다.[5]

(내가 헌치에 투자할 무렵에는 인공지능 기업이라고 소개하는 곳을 찾기 힘들었다.)

우리 사회는 인공지능을 필요로 한다. 세상의 시스템이 너무 복잡해지고 데이터의 흐름이 너무 빨라져서 인공지능을 채용해야만 그 모든 것을 다룰 수 있게 됐다. 지금 가동되는 모든 인공지능 프로그램을 꺼버리면 선진화된 모든 지역이 멈춰버릴 것이다. 네트워크는 마비될 것이고, 항공기는 날지 못할 것이고, 구글은 다운될 것이고, 스팸메일이 수신함을 가득 채울 것이고, 우체국은 우편물을 분류하지 못할 것이다. 시간이 지날수록 인공지능은 전 세계의 시스템을 돌리는 데 더욱 필수적인 요소가 될 것이다.

최고의 인공지능 소프트웨어는 믿을 만한 조력자가 될 것이다. 회의실에 도입된 인공지능 소프트웨어는 회의에서 오가는 대화를 듣고 관련 정보를 계속 인터넷에서 검색하다가 요청이 있을 때 제시할 것이다. 스탠퍼드 신경역학 연산 연구소Neural Dynamics and Computation Lab에서 인공지능과 뇌과학을 연구하는 수리아 강굴리Surya Ganguli에 따르면 "인공지능은 사람이 인식하지 못한 외부 지식을 제공"할 수 있다. 그러면 우리는 더 나은 결정을 내릴 수 있다. 그의 말을 들어보자. "인공지능은 거대한 미개척지와 같습니다. 1시간 전에 논의된 내용, 해당 분야의 역사, 문제를 해결하려는 사람들의 목표를 알고 적절한 제안을 할 수 있죠."[6]

강굴리는 2020년대 초반이 되면 인공지능이 의사보다 병을 더 잘 진단하고, 변호사보다 판례를 더 잘 찾아낼 것이라고 말한다. 미국 변호사협회American Bar Association는 "인공지능은 단순한 기술 이상의 의미를 지니며, 법조계에 큰 변화를 일으킬 차세대 희망"[7]이라고 밝혔다. IBM의 왓슨은 방대한 의학 연구 자료를 흡수해 진단을 보조한다.

전 세계 과학자들이 뇌가 작동하는 방식을 이해하려 애쓰고 있다.[8] 이 지식은 컴퓨터공학에도 보탬이 된다. 기술업계는 보다 뇌에 가깝게 작동하는 컴퓨터를 만드는 쪽으로 서서히 나아가고 있다. 이런 컴퓨터들은 프로그래밍을 할 필요가 없다. 아기의 백지 같은 뇌처럼 스스로 관찰하고 학습하기 때문이다. 또한 속도와 저장 용량 측면에서는 오히려 우위를 차지할 것이다. 그래서 한 번에 한 권씩이 아니라 세상의 모든 책을 메모리로 붙여 넣을 수 있을 것이다.

뇌와 비슷한 소프트웨어를 만드는 누멘타Numenta의 CEO이자 팜파일럿PalmPilot을 발명한 제프 호킨스Jeff Hawkins는 이렇게 설명한다. "우리는 인공지능 분야에서 탁월한 진전을 이뤘으며, 여러 측면에서 사람보다 빠르고 유능한 지능형 기계를 만들 수 있는 길이 있음을 분명하게 인식하고 있습니다." 예를 들어 나중에는 탁월한 수학자 같은 기계를 만들 수 있을 것이다. "수학자는 증명과 수학적 구조를 찾아내고, 머릿속에서 고차원적 공간이 지닌 정교성을 인지합니다. 이런 일을 하도록 설계된 지능형 기계를 만들 수 있어요. 수학적 공간에 살면서 자연스럽게 수학적 행동을 하는 기계죠. 이 기계는 뇌보다 100만 배나 빨리 돌아가고, 지치는 일이 없습니다. 그래서 뛰어난 수학자가 되도록 설계할 수 있어요."[9]

인공지능은 이미 플랫폼에 내장되기 시작했다. IBM은 크고 작은 기업에게 왓슨을 토대로 한 제품 개발을 허용했다. 아마존 웹 서비스는 갈수록 인공지능 기능을 강화하고 있다. 구글과 마이크로소프트의 클라우드 컴퓨팅 서비스도 마찬가지다. 모든 창업자는 신용카드만 있으면 인공지능 역량을 빌려 거의 모든 앱이나 서비스에 도입할 수 있다.

인공지능은 성능이 개선될수록 탈규모화를 더욱 힘차게 이끌 것이다. 인공지능은 자동화를 통해 모든 것을 수익성 있게 맞춤화할 수 있도록 해준다. 생각해보라. 맞춤식 제품과 서비스는 항상 있었다. 다만 사람이 맞춤 작업을 하기 때문에 상당한 시간과 노동력이 필요했다. 그래서 맞춤식 제품 혹은 운전기사 같은 개인적인 서비스는 대중시장의 소비자들이 감당할 수 없을 만큼 비싸야만 수익성을 확보할 수 있었다. 반면 기계화된 공장은 같은 품목을 빠르고 저렴하게 대량 생산하기 때문에 수익을 올릴 수 있었다.

인공지능은 다르다. 인공지능은 개별 소비자나 사용자에 대한 데이터를 학습한 다음 자동으로 제품이나 서비스를 맞춰준다. 리봉고의 인공지능 기반 서비스는 개인적 차원에서 당뇨병을 관리하는 방법을 안다. 인공지능에 토대를 둔 우버는 아주 저렴한 비용으로 사용자가 개인 기사를 둔 것처럼 원할 때 교통편을 제공한다. 나중에는 인공지능이 운전하는 자율주행차가 사용될 것이다.

인공지능은 대중시장과 상반되는 여건을 조성한다. 모든 종류의 기술, 제품, 서비스로 흘러들어가 한 사람만을 위한 시장의 수요에 수익성 있게 대응할 수 있다. 또한 인공지능은 규모화와 상반되는 여건도 조성한다. 개인에게 맞춰진 제품은 대중을 위해 만들어진 제품을 능가한다.

규모화는 대중시장 제품을 경제적으로 생산하는 방법이었다. 그러나 모바일, 소셜, 클라우드 그리고 다른 21세기 플랫폼에 추가된 인공지능은 작고 진취적인 기업이 빠르고 간단하게 맞춤식 제품과 서비스를 개발하고 판매할 수 있도록 해준다. 탈규모화와 집중화로 다양한 플랫폼을 활용하고, 특정 고객을 위한 제품이나 서비스를 구축할 수 있게 되면 더 이상 규모만으로는 우위를 누릴 수 없다.

탈규모화에 기여할 가상현실과 증강현실

인공지능은 일과 삶을 바꿀 온갖 중대한 신기술과 기업에 동력을 제공한다.

2010년대 중반, 가상현실과 그 사촌인 증강현실이 덕후들의 공상에서 현실성 있는 기술이 됐다. 나는 가상현실 고글 제조사 오큘러스Oculus가 킥스타터Kickstarter에서 첫 제품을 생산할 자금을 모을 때 가상현실 기술에 대한 깨달음을 얻었다. 시제품 시연을 보고, 우리가 물리적 현실 세계와 나란히 존재하는 가상의 온라인 세계를 만들어내리란 것을 깨달았다. 사람들이 가상 세계에서 보내는 시간이 늘수록 그 세계에서 서비스, 예술, 게임, 오락에 대한 수요가 늘어날 것이다.

탈규모의 경제는 가상 세계에서 더욱 두드러질 것이다. 가상 세계에서는 거의 모든 것이 디지털화될 것이고, 거의 모든 활동이 데이터를 생성해 인공지능 기반 제품이나 서비스를 개선할 것이기 때문이다. 나는 가상현실과 증강현실 부문에 투자할 방법을 생각했다. 그 과정에서 기업과 개인이 재미를 위해서든, 수익을 위해서든 가상의 건물과 가구부터 서비스까지 모든 것을 창조하도록 도와줄 도구를 원하리란 것을 깨달았다. 이 깨달음이 나를 앵글 테크놀로지Angle Technologies로 이끌었다.

데이비드 코슬린David Kosslyn과 이언 톰슨Ian Thompson은 2000년대 중반에 하버드대학을 다니는 동안 종종 함께 코드를 해킹하고, 마인크래프트를 즐겼다. 톰슨은 가상현실 부문이 진전되는 상황을 주시했다. 그는 건축가 친구가 준 고글을 쓰고 가상으로 구현한 바트BART, Bay Area Rapid Transit의 새 기차역을 구경한 일을 이렇게 회상한다. "처음에는 어지러웠지만(가상현실 초기의 흔한 문제점) 동시에 놀랍기도 했어요! 완전히 빠져버릴 정도였죠."[10]

톰슨은 코슬린과 함께 가상현실에서 무엇을 만들면 좋을지 열정적으로 아이디어를 나눴다.

이후 코슬린은 구글과 유튜브에서 일했고, 톰슨은 스타트업 몇 곳을 옮겨 다녔다. 그동안에도 두 사람은 계속 가상현실 이야기를 나누며 그 발전과정을 지켜봤다. 2014년 중반, 페이스북이 오큘러스를 20억 달러에 사들였다. 코슬린에 따르면 "그일이 모든 것을 빠르게 변화시켰다." 구글이 페이스북의 움직임에 대응하기 위해 본격적으로 가상현실을 연구하기 시작했다. 벤처투자사들은 가상현실 부문에서 투자 대상을 찾기 시작했다. 코슬린과 톰슨은 가상현실이 사업을 위한 또 다른 플랫폼이자 스타트업들이 강력한 역량을 구축하고, 수백만 혹은 수억 명의 사용자들에게 도달하며, 물리적 세계에 자리 잡은 기업들에게 도전할 수 있는 또 다른 수단임을 깨달았다.

나는 두 사람의 아이디어가 마음에 들었다. 그래서 앵글 테크놀로지를 세우는 데 필요한 자금을 투자했다. 이 회사는 누구라도 쉽고 빠르게 가상현실에서 앱이나 사업을 구축할 수 있도록 해주는 도구를 만들고 있다. 코슬린은 "아이디어만 있으면 혼자서도 가능하다"고 말한다.

가상현실은 먼 도시나 우주선 등 다른 곳에 있는 느낌을 줄만큼 나아졌다. 2017년에 선보인 오큘러스의 어드벤처 게임은 여전히 게임처럼 보이지만, 산더미 같은 자금과 인재가 가상현실 부문으로 흘러들고 있다. 한 추정치에 따르면 스타트업과 페이스북, 마이크로소프트, HTC, 구글 같은 대기업들이 2015년 한 해 동안 20억 달러가 넘는 돈을 가상현실 부문에 투자했고, 사업은 빠르게 발전하고 있다. 오큘러스에서 일하다 가상현실 스타트업인 펜로즈 스튜디오Penrose Studios를 세운 유진 청Eugine Chung은 "10년이 걸릴 거라 생각했던 일들이 1~2년 만에 이뤄지고 있다"고 말한다.[11]

가상현실 기업인 하이 피델리티High Fidelity를 설립한 필립 로즈데일Philip Rosedale은 가상현실 세계와 이어진 가상현실 인터넷을 만들고 있다. 이 일이 실현되면 인터넷과 현실 세계를 오가듯 두 세계를 오갈 수 있을 것이다.[12] 그러면 가상현실은 혼자 즐기는 게임이 아니라 콘텐츠, 커뮤니티, 커머스 그리고 일을 포괄하는 범지구적 세계에 가까워질 것이다. 2020년대 중반이 되면 사람들은 실제 세계와 가상 세계에서 얼마나 많은 시간을 보낼지 선택할 수 있을 것이다.

증강현실은 가상 세계와 현실 사이에 있으면서 두 세계를 통합한다. 디지털 안경이나 스마트폰 화면을 통해 디지털 정보나 이미지가 물리적 세계에 중첩된다. 증강현실은 가상현실보다 더 큰 영향을 미칠 수 있으며, 동시에 해결하기 더 어려운 문제를 안고 있다. 증강현실 초기 단계에서는 휴대전화로 벽을 비춰 페인트들이 어떻게 보일지 가늠하거나, 도시 모퉁이를 비춰 100년 전에는 어떤 모습이었는지 볼 수 있었다. 2016년에 포켓몬 고Pokemon Go는 포켓몬에 등장하는 캐릭터들을 실제 세계에 투영해 수백만 명이 증강현실 기술을 맛보도록 해줬다.

매직 리프Magic Leap, 구글, 스냅 그리고 다른 몇몇 기업은 안경으로 실제 세계와 증강현실을 동시에 보도록 해주는 진전된 기술을 개발하고 있다. 초기 시연에서는 주방에서 진짜 같은 R2-D2 로봇을 볼 수 있었다. 앞으로는 회의실에 앉아 증강현실 안경을 쓰면 마치 맞은편에 있는 것처럼 생생하게 구현된 전 세계의 동료들과 회의할 수 있을 것이다.

가상현실과 증강현실이 어떻게 탈규모화에 기여할지 예상할 수 있는 몇 가지 명백한 양상이 있다. 우선 스포츠 분야에서 탈규모화가 일어날 것이다. 5만 명을 수용할 수 있는 거대한 경기장을 짓고 거액을 들여 메이저리그 팀을 운영하는 대신, 가상현실을 통해 현실에서는 불가능한 방식으로 경기를 즐기도록 해주는 틈새 리그들이 생길 것이다. 가령 가상현실에서는 관중이 경기 내내 필드에 있을 수 있다. 교육 분야에서는 굳이 규모가 큰 대학에 진학해 다른 학생들과 같이 강의를 듣지 않아도 가상현실이나 증강현실로 공동체 및 협력을 느껴볼 수 있을 것이다.

똑똑한 로봇의 등장

로봇은 인공지능을 물리적으로 구현한 존재가 되고 있다. 학습을 통해 스스로 작동하는 능력을 키울수록 탈규모화를 더욱 추동할 것이다.

로봇이 만들어진 지는 수십 년이 됐다. 로봇은 공장 조립라인을 가동하고, 창고에서 물품을 꺼내고, 지하 터널을 뚫고, 집을 청소한다. 로봇은 일련의 정해진 지시를 하는 소프트웨어로 돌아간다. 그래서 새로운 것을 학습하지 못한다. 룸바^{Roomba} 로봇 청소기는 러그를 구석구석 지나도록 동선을 파악할 수 있지만 그게 전부. 이런 로봇은 대개 공장에서처럼 대규모 작업을 더욱 효율적으로 만들어 규모의 경제를 촉진한다.

그러나 인공지능이 들어가면 이야기가 달라진다. 가령 자율주행차가 고도로 규모화된 글로벌 자동차 복합체에 미칠 영향은 생각만 해도 아찔하다. 전통적인 자동차는 모든 것의 규모를 키우도록 만들었다. 누구나 자동차가 필요했다. 설령 하루 중 90퍼센트는 그냥 세워둔다고 해도 말이다. 인구가 많을수록 더 많은 자동차가 필요했고, 그에 따라 공장, 고속도로, 주차장의 규모는 계속 커졌다. 1956년에 건설되기 시작한 미국의 고속도로망은 2016년에 총 연장 7만 7,000킬로미터에 이르렀다.[13]

이 글을 쓰는 지금도 자율주행차는 빠르게 발전하고 있다. 테슬라 자동차는 이미 자율주행에 나섰다. 대다수 주요 자동차 제조사들도 자율주행 기술을 개발하고 있다. 앞으로는 자동차들이 무선망으로 서로 연결될 것이다. 네트워크로 연결된 자율주행차를 사는 사람들은 차를 대부분의 시간 동안 그냥 세워두는 것을 어리석다고 생각할 것이다. 스스로 알아서 우버나 리프트^{Lyft} 혹은 다른 차량 공유 서비스를 위해 일하도록 하면 어떨까? 네트워크에 연결된 많은 차들이 하나의 플랫폼이 될 것이다. 그러면 누구라도 그 플랫폼의 역량을 임차해 운행 서비스를 제공하는 전국적인 사업을 바로 시작할 수 있다. 차를 사거나 운전기사를 고용하는 데 많은 돈을 들일 필요가 없다. 플랫폼을 적절하게 구축하기만 하면 된다.

로봇차가 흔해지면 한 대를 여러 명이 쓸 수도 있다. 도시 거주자들은 자동차를 소유하기보다 저렴하고 간편한 주문형 운행 서비스를 선택할 것이다. 이들에게 필요한 서비스를 제공하는 틈새기업들이 생길 것이다. (출근하는 동안 자녀를 학교로 데려가거나, 축구팀 전원을 연습장으로 데려가는 등 무엇이든 가능할 것이다!) 자동차 회사들은 지금보다 더 작은 공장에서 훨씬 적은 수량을 생산할 것이다. 고속도로는 더 이상 늘릴 필요가 없어질 것이다. 주차장은 공원 등으로 바뀔 것이다.

드론은 근본적으로 날아다니는 로봇이다. 차세대 드론은 인공지능을 탑재해 학습 능력을 갖출 것이다. 드론이 아마존의 배송품이나 도미노의 피자 혹은 캐나다 우체국을 위해 농촌 지역 우편물을 배달하려면(실제로 그런 계획이 진행되고 있다) 경로를 탐색하고, 사람들을 피하고, 개나 전선 같은 것을 인식해 정확하게 대응할 수 있어야 한다. 구조대들은 인공지능 드론을 홍수 피해 지역으로 보내 도움이 필요한 사람들을 스스로 찾도록 만들 수 있다. 인공지능 드론은 건설 현장을 날아다니며 인부들이 말로 요구하는 부품이나 연장을 가져다줄 수 있다. 나는 에어맵Airmap이라는 회사에 투자했다. 이 회사는 전 세계 영공을 지도로 구현하고, 모든 영역에 대한 규칙을 중첩시키는 인공지능 플랫폼을 구축한다. 에어맵의 기술은 이미 덴버나 로스앤젤레스 같은 대도시의 공항을 운영하는 시스템에 적용됐다. 또한 애플워치 앱이 드론 비행 지역에 대한 경보를 보낼 수 있도록 한다. 드론은 에어맵 데이터베이스와 지속적으로 교신해 특정 주택이나 대학 위로 비행해도 되는지 파악한다. 이는 드론을 자동차처럼 자율적이고, 안전하게 만드는 데 중요한 부분이다.

로봇차와 드론은 물류 플랫폼으로 진화해 과거에는 기업들이 직접 구축했던 역량을 창업자와 소규모 틈새기업 들에게 간편하게 제공할 것이다. 모든 스타트업은 해당 플랫폼에 접속해 설정만 하면 사람이나 물건을 세계 어디든 보낼 수 있을 것이다. 어떤 측면에서는 페덱스나 우체국이 이미 그런 플랫폼으로 기능하고 있다. 그러나 인공지능을 탑재한 로봇과 드론은 특정 물품을 특정 장소에 가장 빠르고 효율적으로 보내는 방법을 학습해 소규모 시장의 수요를 수익성 있게, 더 잘 충족하는 능력을 개선한다.

다른 종류의 인공지능 주도 로봇은 다른 종류의 일을 자동화화고 탈규모화할 것이다. 가령 유리창 청소 드론은 집 밖을 날아다니며 모든 유리창을 청소할 것이다. 산업용 로봇은 이미 창고에서 물건들을 꺼내고 있으며, 소비자 차원에서도 비슷한 일을 하게 될 것이다. 가령 로봇 웨이터나 쇼핑 도우미 혹은 다락

방에서 사용자가 원하는 물건을 찾아주는 똑똑한 소형 로봇이 등장할 것이다. 나는 로봇 플랫폼이 수많은 분야에서 생겨나 임차 가능한 자동화된 노동력을 창출하리라 예상한다. 그에 따라 창업자들이 협소한 시장의 수요를 충족하면서 탈규모화 과정은 계속될 것이다.

3D 프린팅과 블록체인

20여 년 전 디지털 기술이 신문 기사와 통화를 데이터로 바꿨듯이 3D 프린팅은 사물을 데이터로 바꾸고 있다. 3D 프린터란 디지털 설계도를 토대로 플라스틱 가루, 스테인리스강 같은 원료를 특정한 물건으로 가공하는 로봇 장치를 말한다. 가정용 프린터가 디지털 문서를 물리적 문서로 바꾼다면 3D 프린터는 디지털 설계도를 물리적 대상으로 바꾼다. 어떤 물건에 대한 데이터는 네트워크로 어디든 쉽게 보낼 수 있기 때문에 누구라도 저렴하고 쉽게 설계도를 조정할 수 있다. 또한 3D 프린터를 여러 대 연결하면 주문에 따라 효율적으로 소규모 생산을 할 수 있는 자동화된 클라우드형 공장이 된다.

이는 내가 2017년에 투자한 부두 매뉴팩처링Voodoo Manufacturing이라는 회사를 뒷받침하는 아이디어다. 이 회사는 2015년에 맥스 프라이펠드Max Friefeld, 올리버 오틀리브Oliver Ortlieb, 존 슈워츠John Schwartz, 패트릭 딤Patrick Deem이 설립했다. 이들은 지금의 클라우드 컴퓨팅과 흡사한 클라우드 기반 제조업을 개척하겠다는 이상을 품고 사업을 시작했다. 부두를 클라우드 제조 부문의 아마존 웹 서비스로 만들고자, 먼저 뉴욕시 브루클린의 부쉬윅Bushwick에 3D 프린터 160대를 네트워크로 연결하고, 지능형 소프트웨어로 제어하는 공장을 차렸다. 2017년의 기술 수준으로는 단순한 플라스틱 제품밖에 만들 수 없었다. 그래도 이들은 장난감 부품이나 홍보용 물품을 만드는 시장을 찾아냈다. 프라이펠드는 "누구라도 소량의 제품을 아주 빠르게 제조할 수 있는 시스템을 구축했다"[14]고 말한다. 대량 생산 공장과 달리 주문형 3D 프린팅 센터는 10만 개 혹은 100만 개 중 하나를 만드는 것과 거의 같은 비용으로 하나의 제품을 만들 수 있다. 또한 주문을 받은 만큼만 생산할 수 있어 수요를 예측하거나 팔리지도 않을 제품을 산더미처럼 생산하고 운송할 필요가 없다. 프라이펠드는 이런 장점이 규모의 경제를 뒤집고 "200년에 걸친 제조업의 진화를 되돌릴 것"이라고 말한다. 그는 물리적 제품을 만드는 대다수 기업이 필요에 따라 클라우드 컴퓨팅 능력을 임차하듯이 나중에는 필요에 따라 생산 능력을 임차하게 될 것이라고 생각한다.

지금 그리고 향후 몇 년 동안 3D 프린터는 복잡한 제품을 만들지 못할 것이다. 그러나 이 점도 바뀔 것이다. 가령 3D 프린터가 좋은 운동화를 만드는 것도 불가능하지 않다.(2019년 현재,

3D 프린터를 사용해 실제 소비자가 구매할 수 있는 제품이 아디다스에서 출시되었다.—옮긴이 주) 이 사실이 운동화 제조업계에 어떤 의미일지 생각해보라. 현재 나이키는 운동화 대부분을 중국이나 인도네시아 혹은 다른 아시아 국가에서 생산한다. 인건비가 운동화 생산비에서 큰 부분을 차지하고, 서구 국가들보다 아시아 국가들의 인건비가 훨씬 싸다는 사실을 감안할 때 타당한 일이다. 나이키는 규모의 경제를 이루기 위해 수요예측에 따라 운동화를 대량으로 만들어 전 세계에 있는 유통업체로 운송하는 대규모 공장을 운영한다. 그러면 유통업체는 고객에게 운동화를 팔고 나머지는 처분한다. 이런 방식에서는 상당한 낭비와 운송비도 감당할 가치가 있다.

이제 부두 같은 업체가 어떤 운동화든 20분 만에 경제적으로 찍어낼 수 있다고 가정해보라. 매장은 재고 없는 전시장이 될 것이다. 모든 운동화는 주문을 받은 뒤 만들어질 것이다. 탈규모화된 신발 회사는 디자인과 마케팅에 집중하고, 3D 프린팅 역량을 임차해 최종 제품을 생산할 것이다. 3D 디자인 변경은 파워포인트 슬라이드에서 서체를 바꾸는 것만큼 쉬워서 고객이 직접 원하는 디자인을 만들 수도 있다. 이것이 '분산 제조distributed manufacturing'가 약속하는 미래다.

세계경제포럼The World Economic Forum은 2015년에 3D 프린팅 기술을 주목해야 할 주요 기술로 꼽았다.[15] 3D 프린팅 기술은 일자리, 지정학, 기후에 상당한 영향을 미칠 것이다. 가령 인건비라는 요소를 제거하면 생산을 다른 나라로 외주할 가장 중대한 이유가 사라진다. 대다수 제품이 판매되는 국가에서 생산될 것이며, 전 세계로 제품을 배송하는 데 따른 에너지 소비량도 줄어들 것이다.

그러나 제조업 부문 일자리는 다시 늘어나지 않을 것이다. 주문형 제조 센터는 사람이 개입할 필요 없이 인공지능 주도 소프트웨어로 돌아갈 것이다. 사실 제조업의 미래는 부두가 제시한 개념이 자리 잡을 경우, 거대한 제조업 중심지들, 특히 중국은 심각한 일자리 부족에 시달릴 것이다.

블록체인 기술도 탈규모화에 기여하고 있다. 블록체인은 컴퓨터 수천 대 혹은 수백만 대로 거래 내역을 관리하는 정교한 분산 장부다. 이 장부들은 동시에 갱신돼 디지털 원본이 단 하나만 존재하도록 한다. 비트코인 같은 화폐가 블록체인 기술의 출발점이 된 이유가 여기에 있다. 사람들은 고양이 동영상을 찍으면 최대한 많은 사람이 복사해 퍼뜨리길 원한다. 반면 디지털 화폐는 한 사람에게서 다른 사람에게로 전달된 뒤에는 전자에게 복사본이 남아서는 안 된다.

블록체인이 개발되면, 정보와 콘텐츠를 온라인에 올리는 인터넷 대신 근본적으로 검증 과정을 자동화하는 시스템이 갖춰진다. 회계사, 변호사, 은행, 정부가 하고 있는 일을 맡길 수 있는 것이다. 그러면 블록체인에 속한 화폐, 증서, 신원 정보 등이 진짜임을 알 수 있다. 게다가 모든 것이 디지털로 돼 있어 프로그래밍이 가능하다. 또한 모든 사용자를 관리할 수 있도록 화폐를 프로그래밍할 수 있다. 소프트웨어 기반 계약은 굳이 중개인을 두지 않아도 작업이 완료됐는지, 결제는 끝났는지 알 수 있다. 노래도 결제 후 들을 수 있도록 만들고, 아이튠즈나 스포티파이 없이 창작자에게 돈을 보낼 수 있다.

이처럼 블록체인은 자동화된 싱업의 또 다른 형태다. 블록체인 기반 소프트웨어는 직원들이 가득한 사무실과 전통적인 기관이 하던 일을 대신한다. 창업자들은 직접 역량을 구축할 필요 없이 블록체인 기술을 활용할 수 있다. 이는 규모를 임차하는 또 다른 방식이다.

가령 에버레저Everledger는 다이아몬드를 블록체인으로 끌어들이고 있다. 먼저 에버레저의 소프트웨어가 연마 다이아몬드에서 40군데를 측정해 디지털 지문을 만든다. 형태가 정확하게 같은 다이아몬드는 없기 때문에 이 디지털 지문은 고유하다. 이후 블록체인이 다이아몬드 거래 과정을 담은 수정 불가능한 기록을 만든다. 합법적인 원천을 추적할 수 없는 다이아몬드는 전쟁 자금에 보태졌거나 도둑맞았다고 간주할 수 있다.

또 다른 블록체인 기업인 아브라Abra는 전 세계에 걸쳐 송금 방식을 바꾼다. 새로운 방식에 따르면, 한쪽에는 사람들이 우버 같은 방식으로 가입해 가상 은행원 역할을 한다. 다른 쪽에는 미국에서 일하면서 필리핀에 있는 어머니에게 돈을 보내려는 이민자 같은 사용자들이 있다. 사용자는 지도처럼 생긴 앱으로 가장 가까이에 있는 가상 은행원을 찾아서 만날 약속을 한다. 가상 은행원은 사용자에게 돈을 받고, 자신의 계좌로 해당 금액을 아브라의 블록체인 기반 시스템에 입력한다. 필리핀에서는 사용자의 어머니가 마찬가지로 가상 은행원을 찾아서 현지 화폐로 사용자가 보낸 금액을 받는다. 이 전체 과정은 은행을 배제하고, 은행 수수료보다 아주 적은 수수료를 부과하며, 10영업일이 아니라 즉시 송금을 처리한다.

IBM은 2016년에 공급사슬을 위한 블록체인 기술을 제공하기 시작했다. 모든 곳에 내장돼 네트워크로 연결된 센서들이 블록체인 기반 장부와 통신해 계약 내용을 갱신하거나 검증한다. 그러면 계약 조건이 충족됐는지 모든 관련 업체들이 알 수 있다. 가령 물품이 여러 물류 지점을 이동하는 동안 장소와 온도 정보가 블록체인으로 갱신된다. 운반 과정에서 온도가 물품을 보존하는 특정 범위를 벗어난 경우, 공급사슬에 속한 모든 관련 업체들이 이 사실과 함께 언제, 어디서 그런 일이 일어났는지 알 수 있다. 이 기술은 공급사슬을 따라 결제가 이뤄지는 방식도 바꿀 수 있다. 그래서 물품이 전달되자마자 자동으로 결제가 이뤄진다.

이 모든 요소를 망라하면 1인 기업이 고도로 규모화된 기업을 상대로 경쟁할 수 있도록 해주는 디지털 상업 플랫폼이 된다. 이는 '현실 세계'의 더 많은 측면을 소프트웨어로 바꿔 대기업 독점 영역이던 세계적 사업이나 공급사슬을 누구나 구축하고 설정할 수 있게 해주는 또 다른 방식이다.

데이터가 주도하는 의료 시장의 변화

2001년 2월, 인간 게놈 프로젝트Human Genome Project와 크레이그 벤터Craig Venter의 셀레라 지노믹스Celera Genomics가 하루 사이에 각각 인간 유전체 염기서열 분석 결과를 발표했다. 인간 유전체를 구성하는 염기쌍 30억 개를 90퍼센트나 분석한 결과였다. 벤터가 나중에 밝힌 바에 따르면, 슈퍼컴퓨터로 이 분석 작업을 하는 데 2만 시간이 걸렸다. 최초로 유전체 염기서열을 분석하는 일은 최초로 인간을 달에 보내는 일만큼 어려웠다.

그로부터 20년이 채 지나지 않은 지금, 내가 투자한 컬러 지노믹스Color Genomics는 249달러에 대다수 연관 유전자의 염기서열을 분석해주는 유전자 검사 서비스를 제공하고 있다. 이 회사가 추구하는 목표는 유전자 염기서열 분석을 저렴하고 간편하게 만들어서 모든 아기에게 실시하고, 그 데이터를 평생 의료에 참고할 수 있게 만드는 것이다.

의료계 전반에 걸쳐 유전자 데이터와 인공지능이 정밀의료, 다시 말해 대중시장 의료에서 1인 시장 의료로 나아가는 변화를 이끌고 있다. 앞으로 의료는 표준 관행이 아니라 각 개인의 신체 상태에 초점을 맞출 것이다. 컬러 지노믹스 같은 기업들은 유전자 구성에 대해 방대한 데이터를 제공할 것이다. 또 심박수나 운동량 데이터를 수집하는 핏비트나 혈당치를 관리하는 리봉고 측정기를 비롯한 온갖 기기가 다른 정보들을 수집할 것이다. 인공지능과 데이터는 의료의 방향을 조치에서 예방으로 바꿀 것이다. 즉 의사들은 암 같은 질병이 드러나기도 전에 치료할 수 있을 것이다. 또 사람들은 무엇이 건강에 가장 좋은지 파악할 수 있을 것이며, 치료가 아닌 건강 유지에 집중하는 새로운 의료산업이 생길 것이다.

이런 변화가 제약업계를 어떻게 탈규모화할지 상상해보라. 지난 50여 년 동안 제약업계의 목표는 규모 키우기였다. 모든 제약사가 가능한 많은 사람에게 팔 수 있는 '대박' 약품을 개발하려 애썼다. 관절염 치료제 휴미라^{Humira}, 고지혈증 치료제 크레스토^{Crestor}, 발기부전 치료제 비아그라가 전형적인 흥행 약품이다. 이런 상품을 개발하려면 약물 수백만 종을 실험할 수 있도록 연구소 규모를 키우고, 수십억 정을 생산할 수 있도록 공장 규모를 키우며, 수백만 명에게 홍보할 수 있도록 마케팅과 광고 규모를 키워야 한다. 그러나 사람의 몸은 저마다 달라 약품이 효과 없을 수도 있고, 심지어 해로울 수도 있다.

데이터는 이런 상황을 바꾼다. 데이터는 어떤 약물이 효과가 좋을지 정확하게 파악해 수백만 명이 아닌 개인에게 맞춰진 약을 조제할 수 있도록 해준다. 제약산업이 이런 방식으로 구축된다고 상상해보라. 스타트업들은 데이터 플랫폼과 계약 생산을 활용해 특정 질환을 가진 사람들에게 초점을 맞추고, 개개인에게 맞는 약품을 만들 것이다. 탈규모화된 경제에서 소기업들은 이런 방식으로 수익성 있게 사업을 운영할 수 있을 것이다. 공장을 짓거나 연구 자금을 확보하기 위해 몇 년을 소비할 필요가 없을 것이다. 규제 당국은 개별 약품을 허가하는 것이 아니라 절차를 인증해 데이터 기반 접근법이 항상 안전한 약품을 만들도록 보장할 것이다.

인공지능 주도 의학은 모든 환자에게 맞춤형 치료를 제공하고, 예방 의료 및 예측 의료에 집중해 입원 및 내원 하는 사람의 수를 크게 줄일 것이다. 의료는 소도시 의사가 환자의 가족을 알고 직접 집으로 찾아갔던 시대의 개인적인 느낌으로 돌아갈 것이다. 진취적인 기업과 의사는 개별 환자나 틈새시장에 초점을 맞춰 규모화된 의료 기업과 수익성 있게 경쟁할 수 있을 것이다.

유전체학 기반 기술은 의료 분야를 넘어서는 영향력을 발휘할 것이다. 스타트업들은 합성생물학을 활용해 소량으로 신소재를 만들고 있다. 대기업이 석유에서 플라스틱을 추출하는 것이 아니라 지역 기반 소기업이 미생물에서 플라스틱을 만들 수 있다고 상상해보라. 유전공학자들은 도시의 소농장에서 잘 자라는 농산물을 개발해 식품 생산과 기업농을 탈규모화할 것이다. 그러면 소기업도 지역 시장에 농산물을 공급하면서 수익을 낼 수 있을 것이다.

전반적으로 유전체학은 무어의 법칙을 통한 빠른 개선과 인공지능의 마법을 생리적 측면에 적용하도록 해준다. 사물인터넷이 자연과 무생물에 대한 데이터와 지식을 생성하듯이 유전체학은 생명에 대한 데이터를 제공한다. 데이터가 있으면 생명을 이해하고, 조정하고, 미세한 수준에서 프로그래밍할 수 있다. 규모의 경제는 대중시장에 대응한다. 탈규모의 경제는 창업자들이 미세시장에 대응할 수 있을 때 번성한다. 유전체학은 의료와 농업 그리고 생명 관리와 관련된 모든 부문의 탈규모화를 추동할 것이다.

변화의 시대, 무엇을 준비할 것인가

지금은 20세기의 여명인 1900년보다 10배나 더 의미 있는 시기다. 우리는 지구와 우리 자신을 재구성하고 있다. 인공지능이 더해진 유전체학을 통해 정밀의료가 대중시장 의료를 물리칠 것이다. 인공지능이 더해진 3D 프린팅을 통해 초점화된 틈새 생산이 대량 생산을 물리칠 것이다. 인공지능이 더해진 로봇공학은 운송 체계를 뒤바꿀 것이다. 인공지능이 더해진 가상현실과 증강현실은 미디어와 개인적 상호작용을 재창조할 것이다. 이 모든 기술이 한데 모여 여러 산업을 차례로 혁신하며 한 세기에 걸쳐 이루어진 규모화를 되돌리고, 탈규모화를 추동할 것이다. 지금은 또한 혼란과 기회의 시대이기도 하다. 피터 디아만디스Peter Diamandis와 스티븐 코틀러Steven Kotler는 《어번던스 Abundance:The Future Is Better Than You Think》에서 "인류는 현재 기술이 세상의 모든 남성과 여성 그리고 아동이 누리는 기본적인 생활수준을 크게 높일 수 있는 획기적인 변화의 시대로 접어들고 있다"[16]라고 썼다. 그들은 신기술이 줄기차게 비용을 낮추고, 우

2 장 인공지능의 시대

81

리 삶을 더 낫게 해줄 제품을 만들리라 믿는다.

그러나 엄청난 기술적 변화는 사람들이 받아들이기에 힘들수 있다. 카를로타 페레즈는 이렇게 말한다. "이전 혁명의 여건에 맞춰 수많은 일과와 습관, 관행과 규제를 확립한 사회는 새로운 혁명에 쉽게 동화되지 못한다. 그래서 제도적 측면에서 창조적 파괴 과정이 진행된다."[17] 언제나 그렇듯 창조적 파괴는 창조자들에게는 다정하지만 그 과정에서 회사, 경력, 자산이 파괴되는 사람들에게는 가혹하다.

모든 신기술은 까다로운 문제를 제기하며, 정책 입안자들은 주의를 기울여 합당한 선택을 해야 한다. 인공지능과 로봇공학은 일자리 수백만 개를 없앨 것이다. 트럭 운전수, 경비원, 배달원은 곧 인공지능, 로봇, 드론으로 자동화될 직업 중 일부에 불과하다. 스트라이프 같은 전자 상업 플랫폼에서 자동화되는 회계와 뱅킹은 금융인과 변호사 수백만 명을 뒤에 남겨둘 것이다. 3D 프린팅에 기초한 새로운 제조 방식으로 엄청나게 많은 일자리가 중국이나 방글라데시의 공장에서 미국과 유럽의 도시에 있는 주문형 제조 매장으로 옮겨 갈 것이다. 이러한 변화는 무시할 수 없다. 정책 입안자들은 국민들이 탈규모화 시대로 나아가도록 도울 방법을 고민해야 한다.

인간 유전체학이 발전하면 심대한 문제가 발생할 것이다. 크리스퍼CRISPR 같은 유전자 편집 기술은 유전자를 바꾸고, 결국 사람까지 바꿀 수 있게 해준다. 우리는 거의 자신의 진화를 제어할 수 있는 단계에 이르렀다. 미래에는 유전자 편집 서비스를 제공하는 스타트업이 등장할 것이다. 고객들은 더 짙은 머리색이나 더 나은 기억력처럼 자신을 업그레이드하는 상품을 구매할 수 있을 것이다. 이런 일이 일어난다면, 지금의 디지털 간극보다 훨씬 파괴적인 생리적 간극이 발생할 위험이 있다. 부유한 사람들은 가난한 사람들보다 더 낫고, 건강하고, 똑똑해질 기회를 얻게 될 것이다. 그에 따라 부와 기회뿐 아니라 재능과 신체적 능력에도 빈부격차가 생길 것이다. 이런 문제는 사회에 엄청난 타격을 입힐 것이다.

지금 나는 탈규모화와 인공지능 그리고 다른 놀라운 신기술이 이끄는 미래와 함께 세계경제의 여러 주요 부문에서 등장할 기회를 본다. 이 부문들에서 과거 대기업이 통합하던 수요는 잘게 나뉠 것이고, 소기업이 그 수요를 충족하며 새로운 방식으로 새로운 수요의 교차점을 재조합해 크게 성장할 것이다. 이처럼 혁신적인 방식으로 시장을 분해하고 재통합하는 주기는 규모가 갈수록 임차하기 저렴하고 간편해지는 한편 소프트웨어와 데이터가 제품에 대한 재발명으로 이어지는 통찰을 창출하면서 계속 빨라지고 있다.

이 지점에서 탈규모화에 대한 생각이 현실과 만나고, 창업자나 투자자가 신경제에서 나아갈 길을 발견하게 된다. 그러면 지금부터 주요 부문들이 앞으로 겪을 재구성과 그것이 우리 모두에게 어떤 의미인지 살펴보자.

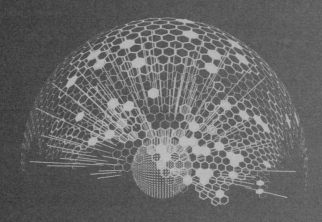

2부

미래 산업은
어떻게 바뀔 것인가

3장

에너지

집집마다 청정 발전소가 생기다

기후변화를 해결하는 일은 우리 시대의 창업자들에게 주어진 최고의 기회 중 하나다. 또한 인공지능과 탈규모 경제는 혁신가들에게 화석연료를 태우는 것에 대한 대안을 창출할 새로운 길을 제공한다. 이런 의미에서 탈규모화는 실제로 지구를 살리는 데 도움이 될 수 있다. 다만 한 가지 걸림돌이 있다. 에너지 부문, 특히 발전 부문에 대한 강력한 규제 때문에 변화가 아주 느릴 수 있다.

    에너지 부문 스타트업인 그리드코 시스템Gridco Systems을 설립한 나이미시 파텔Naimish Patel은 이 모든 문제를 잘 알고 있다. 그는 에너지 분야에 새로운 기회가 있음을 깨달았다. 그의 깨달음은 에너지산업을 진화시킬 방법에 대해 많은 것들을 말해준다. 동시에 규제 중심적 태도와 맞서야 하는 어려움은 그가 앞으로

부딪힐 난관을 보여준다. 파텔은 1998년에 시커모어 네트워크 Sycamore Networks라는 회사의 설립을 도왔다. 그는 광섬유통신망으로 더 많은 데이터를 전달하는 광 스위치 및 소프트웨어를 만드는 이 회사에서 최고기술경영자로 일했다. 이 회사는 대중이 1세대 인터넷 기업에 열광하던 1990년대 말에 큰 인기를 끌었다. 덕분에 2000년에 시가총액이 450억 달러로 급상승했다. 그러다 그해 말에 거품이 꺼졌다. 당시 인터넷이 과대평가됐다는 정서는 시커모어를 비롯한 통신 기업들의 가치를 끌어내렸다. 파텔은 2000년대 중반에 회사를 떠나 다음 기회를 찾았다. 나는 그를 제너럴 캐털리스트로 영입해 새로운 사업을 찾는 데 필요한 시간과 자금을 줬다.

2007년, 파텔은 데이터 센터 설립을 돕기 위해 아이슬란드로 출장을 갔다. 원래 목적은 통신에 대한 조언이었다. 그는 전력이 대규모 데이터 센터에서 가장 큰 비용을 초래한다는 사실을 알게 됐다. 해당 데이터 센터는 날이 흐리고 서늘해 온도를 낮추는 데 도움이 되는 아이슬란드에 지어졌다. 외부에서 그냥 끌어들인 공기는 에어컨에서 나오는 바람 같았다. 파텔은 당시 경험을 이렇게 회고한다. "거기 있을 때 전력 공급과 관련된 여러 사실을 알았어요. 통신 부문에서는 당연한 많은 것들이 전력 부문에서는 아직 미비했죠."[1]

전력 공급 시스템은 기술적으로 많이 뒤처져 있어서 자동화를 이루고, 효율성을 관리하고, 문제가 생겼을 때 즉시 경로를 재설정하는 데 필요한 소프트웨어나 디지털 장비가 별로 없었다. 요컨대 전력망이 거의 제어되지 않은 채 강과 비슷하게 한 방향으로만 계속 흘러갔다. 파텔은 전력망을 인터넷망처럼 구성하면 소프트웨어와 스위치를 통해 바로 경로를 바꿀 수 있으리라 생각했다. 그래서 전력 시스템을 자동화할 수 있는지 살피기 시작했다.

파텔은 전력산업을 분석하며 탈규모화된 접근법에 대한 고객들의 새로운 요구를 기존 전력 회사들이 충족하지 못한다는 사실을 확인했다. 고객들은 지붕에 태양전지판을 설치해 남는 전력을 전력망으로 되돌리고 있었다. 강과 비슷한 기존 전력망은 전력을 되돌리는 데 잘 맞지 않았다. 고객들은 전력 사용을 더 잘 제어하기 위해 네트워크에 연결된 기기를 설치했다. 이런 변화는 테슬라가 선보인 첫 전기차 같은 제품 및 서비스와 더불어 전력 사용 패턴을 바꾸고 있다. 수백만 명이 밤새 전기차를 충전하면 전력 회사들이 소비량을 낮게 예측한 시간에 소비량이 급증한다. 전력망은 이런 고객들의 행동 변화를 쉽게 감지하고, 거기에 대응하도록 구축돼 있지 않았다.

파텔은 이렇게 말한다. "고객이 주도하는 변화가 시작되고 있습니다. 모두를 위한 획일적 서비스는 더 이상 충분치 않습니다." 그는 이런 판단을 토대로 전력망에 들어가는 인터넷식 스위치와 소프트웨어를 만들기 위해 그리드코를 세웠다. 인터넷은 장소에 상관없이 제공자와 사용자 사이에 정보를 양방향으로 전송할 수 있다. 라우터와 그 안에 든 소프트웨어로 이루어진 시스템 덕분이다. 21세기 전력망은 이와 비슷한 방식으로 작동하면서 필요에 따라 가장 효과적인 방식으로 전력을 공급하고, 전력을 생산하는 사용자가 남는 전력을 되팔 수 있도록 해야 한다. 파텔은 이를 "능동형 전력 인프라"라고 부른다.

그리드코는 작은 회사다. 전력망을 바꿀 수도 있고, 바꾸지 못할 수도 있다. 그러나 분명 그리드코 같은 회사가 에너지 부문에 심대한 혁신을 일으킬 것이다. 컴퓨팅의 역사를 살펴보면 그 이유를 알 수 있다. 기업이 소유한 대형 메인프레임에서만 컴퓨팅이 이뤄지던 과거에는 전문가만이 소프트웨어를 만들고 새로운 방식으로 컴퓨터를 활용했다. 그러다가 개인용 컴퓨터에 이어 인터넷을 통한 클라우드 컴퓨팅의 등장으로 컴퓨팅이 분산되고 민주화되면서 거의 모두가 새로운 애플리케이션이나 제품을 만들 수 있게 됐다. 그 결과 컴퓨팅을 활용하는 사람이 기하급수적으로 늘어났다.

이제 기존 전력망이 메인프레임 컴퓨터처럼 특정 전문가만 접속하고 수정할 수 있는 폐쇄적이고 접근 불가능한 시스템이라고 상상해보라. 파텔 같은 혁신가들이 보기에 전력을 생산하고 전송하는 방식은 개인용 컴퓨터에 이은 클라우드 컴퓨팅과 비슷한 경로를 따라 점진적 개방과 민주화를 이룰 수 있다. 창업자들은 인터넷을 통해 클라우드 컴퓨팅을 활용하는 것만큼 쉽게 전력망에 접근해 전력을 생산하고, 관리하고, 거래하는 새로운 방식을 구상할 수 있다. 컴퓨팅의 민주화가 새로운 서비스와 애플리케이션을 창출할 기회를 연 양상을 생각해보라. 인터넷처럼 운영되고 인공지능이 관장하는 전력망도 비슷한 기회를 제공할 것이다. 소규모 개인 태양발전 단지(혹은 뒤에서 살필 소규모 핵반응로), 그리고 고가에 더 안정적인 전력을 기업들에게, 혹은 저가에 보장이 적은 전력을 개인들에게 판매하는 차별화된 서비스를 포함하는 새로운 제품과 서비스가 등장할 것이다. 누구도 어떤 변화가 생길지 확신할 수 없다. 개방된 인터넷 같은 전력망은 아직 대단히 새로운 개념이기 때문이다.

이 글을 쓰는 현재 그리드코는 혁신을 가로막도록 구축된 산업을 상대로 고전하고 있다. 그리드코는 2016년에 자금을 1,200만 달러 모았다. 우버 같은 회사가 조달한 10억 달러와 비교하면 적다. 사실 혁신에 대한 업계의 저항과 규제 때문에 에너지 부문은 마땅한 수준의 자금을 끌어들이지 못한다. 그리드코가 계속 살아남을지 여부는 불투명하다. (2019년 현재, 그리드코는 운영을 중단한 상태다.—옮긴이 주) 그러나 그리드코는 산업의 태도를 바꿀 기업가적 사고를 드러내는 징후다.

기후변화에 대한 대처를 둘러싼 많은 논의가 절제를 중점적으로 다룬다. 특히 반대파들은 절제가 기껏해야 희생과 마지못한 의무에 불과하고, 최악의 경우 경제를 망칠 것이라 주장한다. 트럼프 미 대통령은 이런 관점을 토대로 탄소 배출량을 제한하기 위한 파리기후협정에서 탈퇴하는 결정을 내렸다.

반면 에너지 부문 창업자들은 보다 긍정적으로 접근한다. 그들은 혁신가들이 대기 중 탄소를 줄이려는 세계적 동력을 활용하도록 돕고, 번영을 이룰 기회를 본다. 다만 그러기 위해서는 에너지 부문을 규제하고 운영하는 방식이 바뀌어야 할 뿐 아니라 금융인들도 에너지 부문 스타트업들에게서 큰 투자 수익을 얻을 수 있음을 깨닫고 태도를 바꿔야 한다.

인터넷 기업들이 통신, 유통, 미디어 같은 부문을 재정의했듯 에너지 부문 스타트업들은 전력망의 효율성을 개선하고 탄소 기반 에너지를 청정한 첨단 에너지 기술로 대체할 신선한 접근법을 도입할 것이다. 인터넷의 역사를 토대로 에너지 부문의 민주화가 일으킬 변화를 가늠한다면 스타트업들은 일자리를 창출하고 경기를 촉진할 것이다. 탄소를 줄이는 일은 세계경제에 큰 보탬이 될 것이다.

에너지와 교통 부문에 부는 탈규모화 바람

1900년에 전 세계가 소비한 에너지의 거의 절반은 나무, 옥수숫대, 말린 똥 같은 생리적 물질을 태우는 데서 나왔다.[2] 나머지 절반은 석탄을 태우는 데서 나왔다. 주로 난방에 쓰이던 석탄은 점차 전기를 생산하는 데 많이 사용됐다. 기차와 선박은 석탄을 연료로 운행됐다. 이런 에너지 방정식은 20세기 내내 승용차, 트럭, 항공기가 빠르고 폭넓게 개발되면서 크게 변했다. 2000년 무렵 전 세계의 거의 모든 에너지가 석유, 석탄, 천연가스 연소에서 나왔다. 수력발전, 원자력발전, 바이오연료발전은 역할이 훨씬 적었다. 그동안 전 세계에서 1인당 에너지 소비량은 두 배 이상 늘었다. 특히 선진국에서 소비량이 급증했다. 개도국의 증가폭은 훨씬 적었다. 그러나 경제가 발전해 사정이 나아진 사람들은 에너지를 더 많이 소비하는 경향이 있다.

수요 증가에 대처하는 수단은 규모화였다. 세계는 일찌감치 작은 규모로 에너지 부문을 운영할 수 없다는 결론을 내렸다. 소량으로 석유나 천연가스를 채굴하고, 운송하고, 정제하고, 시장에 내놓으려면 비용이 너무 많이 들었다. 전기를 생산하고, 전력망을 유지하고, 소비자에게 전기를 공급하는 일도 마찬가지였다. 규모가 클수록 규모의 경제에 따른 혜택도 커졌다.

우리는 수천 가구에 전기를 공급할 수 있도록 거대한 발전소를 지었다. 거의 모든 가정과 기업에 같은 전기를 같은 방식으로 공급하는 획일적 전력망을 구축했다. 대중시장에 대응하도록 석유산업의 규모를 키웠다. 엑손모빌Exxon Mobil은 〈포천〉이 500대 기업을 선정한 이래 줄곧 상위권을 차지했다. (1955년에 처음 발표한 목록에서는 GM이 1위, 엑손모빌의 전신인 저지 스탠더드 Jersey Standard가 2위, US 스틸이 3위였다.)

20세기 내내 전 세계에 걸쳐 에너지 부문의 모든 측면이 최대한 규모를 키우는 데 집중했다. 가령 전력 부문에서는 최대한 규모를 키워 규모의 경제를 추동하기 위해 의도적으로 지역별 독점 체제를 만들었다. 한 지역에서 두 전력망이 경쟁하는 것은 타당치 않았다. 독점 회사가 한 지역의 모든 수요를 빨아들였다. 전력 공급을 독점하는 데 따른 대가는 규제 수용이었다.

철저하게 규모화돼 있고, 독점적이며, 규제에 지배당하는 업종은 혁신을 일으키거나, 재생에너지에 투자하거나, 대중시장이 아닌 틈새시장의 수요를 더욱 효율적이고 효과적으로 충족할 동기가 적다. 독점적 전력 회사들은 낭비가 심하다. 자본의 일정 비율만큼 매출을 보장하는 고정수익률fixed-rate-of-return model을 누리기 때문이다. 규모를 키운 에너지업계가 자신들이 초래하는 기후변화 문제를 해결할 경제적 동기는 거의 없다.

이런 문제는 에너지 기업 경영진의 잘못만은 아니다. 시스템이 그렇게 구축돼 있다. 규제 당국은 에너지에 대한 평등한 접근과 안정성에 주력했다. 이는 여러 측면에서 좋다. 선진국의 접근법은 거의 모든 시간 동안 불을 밝혀준다. 그러나 위험을 감수하지 못하게 하고, 안전과 예측성을 중시하게 만든다. 그 결과, 대단히 안정적인 한편 위험을 회피하고 낭비가 심한 에너지산업이 형성됐다. 이는 기후변화를 적극적으로 해결하거나 전기차의 부상과 함께 빠르게 변하는 수요에 대응하는 데 뛰어난 모델이 아니다. 인도처럼 경제와 인구가 급성장하는 개도국에서는 종종 서구의 전력산업 모델이 와해된다. 새 발전소를 지으려면 10억 달러의 자금과 오랜 시간이 필요하며, 부실하게 관리된 전력망은 안정성이 부족하다. 기업가정신을 살리는 분산된 발전 및 송전 모델은 필요한 곳마다 태양광발전소나 풍력발전소를 만들고, 잉여 전력을 전력 회사로 되돌리거나 수요가 급증할 때 전력망에서 추가 전력을 끌어올 수 있도록 해준다. 전 세계에 걸쳐 전력 시장에서 변화가 일어나고 있다. 에너지 부문이 이 변화에 보조를 맞추려면 기민하고 혁신적이어야 한다.

규모화가 만드는 시스템 비효율성

에너지 부문과 교통 부문은 밀접한 관계에 있다. 에너지 부문은 교통 부문을 뒷받침했고, 교통 부문은 에너지 부문을 위한 거대 수요를 창출했다. 에너지 부문이 규모화를 추구했듯 교통 부문도 마찬가지였다. 각국 정부는 고속도로와 공항을 만들었다. 자동차 제조사들은 합병을 거쳐 몇몇 세계적인 대기업이 됐다. 항공사와 운송사 들은 최대한 규모를 키워 우위를 차지했다. 에너지-교통 시스템의 규모를 키우는 일은 사회에 엄청난 혜택을 안기면서 이동을 한결 쉽게 만들었고, 역사의 방향을 바꾸었다.

그러나 지금은 고도로 규모화된 에너지-교통 시스템이 지구를 위협하고 있다. 지난 100년 동안에는 규모를 키우는 것이 정답이었다. 그러나 기후변화에 맞서야 하는 지금은 경로를 되돌려야 한다. 즉 유통이나 미디어 같은 다른 산업과 마찬가지로 규모를 줄여 창업자들이 혁신을 일으키고, 더욱 효율적으로 시장의 수요를 충족할 수 있도록 만들어야 한다.

규모화 접근법은 시스템을 비효율적으로 만들었다. 전력망과 고속도로는 최대 수요 시간대에 최대한 많은 수요를 충족할 수 있도록 과도하게 구축됐다. 아마도 자동차는 방만한 비효율성을 보여주는 가장 가시적인 예일 것이다. 우리 거의 모두가 종종 자동차를 두 대 이상 굴릴 수 있도록 만들기 위해 엄청난 에너지를 낭비하고 있다. 게다가 자동차 대부분은 90퍼센트의 시간 동안 그냥 세워져 있다. 탈규모화에 따라 자동차 공유와 주문형 교통을 중심으로 집중적이고 혁신적인 기업들이 생긴다면 더 적은 차로 더 많은 수요를 충족할 수 있을 것이다. 그러면 에너지 효율성이 크게 개선되고, 교통은 차를 소유하는 것보다 더 실용적인 맞춤형 서비스가 될 것이다. 어차피 대다수 사람들은 A지점에서 B지점으로 이동할 수만 있으면 된다. 크고 비싼 차를 소유하는 것은 대부분 지역에서 오랫동안 이동을 위한 최고의 방식이었다. 그러나 앞으로는 반드시 그렇지도 않을 것이다.

에너지와 교통 부문은 각각 탈규모화를 거치며 엄청나게 변할 것이다. 그러나 서로에게 미치는 영향 때문에 두 부문을 따로 떼어놓기는 불가능하다. 즉 각 부문이 탈규모화를 이루려면 다른 부문의 탈규모화가 필요하다. 교통은 근본적으로 현대적인 에너지 플랫폼에 구축된 임차 서비스가 될 것이다. 가령 우버 같은 자율주행차를 스마트폰으로 호출할 수 있을 것이다. 그래서 두 부문에 걸쳐 창업자, 기성 기업 CEO, 규제 당국, 입법자의 생각이 바뀌어야 한다. 테슬라 대표인 일론 머스크는 우리가 앞으로 나아갈 길을 보여준다. 2003년 캘리포니아에서 시작한 테슬라는 고성능 전기 스포츠카를 선보인 뒤 세단 전기차, 가정용 배터리 시스템, 태양광발전으로 사업을 확장하고 있다. 테슬라가 에너지와 교통 부문을 통합한 선구적인 기업이라는 머스크의 생각은 옳다. 그는 (2006년에 발표한 첫 거시 계획에 이어) 2016년에 "마스터 플랜, 2부"[3]를 제시했다. 거기에 따르면, 테슬라의 궁극적 목표는 멋진 전기차 생산이 아니다. (세상에서 가장 빨리 가속하는 전기차를 선보이기는 했지만 말이다.) 멋진 전기차는 석유에 의존하는 체제를 끝내기 위한 진입점일 뿐이다. 머스크는 "이 모든 일을 추진한 이유는 먼 미래를 내다보면서 여전히 행복한 삶을 꿈꿀 수 있도록 지속가능한 에너지의 진전을 이루기 위해"라고 말한다. 테슬라 전기차는 태양전지판과 배터리 그리고 전력을 관리하고 전력망을 통해 거래하는 소프트웨어를 포함한 지속가능한 전력 체계의 일부가 될 것이다.

테슬라가 모델3를 3만 5,000달러에 판매하기 시작한 2017년, 전기차로 나아가는 과정은 머스크나 다른 거의 모든 사람이 생각한 것보다 빨리 진행됐다. 볼보는 주류 자동차 회사로는 처음으로 2019년부터 전 모델을 하이브리드차나 전기차로 만들겠다고 발표했고, 실제 사업을 진행하고 있다. 주요 자동차 생산국인 프랑스는 2040년까지 휘발유차와 디젤차의 판매를 종식시킨다는 목표를 세웠다. 인도는 2030년이 되면 전기차만 판매한다는 더욱 공격적인 목표를 세웠다. 동시에 기업인들은 도로를 달리는 차량을 줄이는 방법을 실험하고 있다. 도요타가 지원하는 한 핀란드 기업은 '서비스로서의 이동성Mobility as a Service' 혹은 마스MaaS라는 개념을 홍보하고 있다. 이 기업, 미스 글로벌MaaS Global은 윔Whim이라는 정액제 교통 서비스를 개발했다. 2017년, 초기 가입자들은 서비스 수준에 따라 100~400달러를 지불했다. 가입자가 지도에서 갈 곳을 택하면 앱이 택시, 대중교통, 렌터카, 자전거를 비롯한 이동 수단을 제시한다. 가입자는 최선의 이동 수단을 고르기만 하면 된다. 그에 따른 비용은 회비로 처리된다. 설립자 삼포 히에타넨Sampo Hietanen은 핀란드의 교통 부문 싱크탱크인 ITS 핀란드에서 일할 때 작성한 연구 보고서를 토대로 창업에 나섰다. 그는 마스를 전 세계에 보급하고 싶어 한다. 그의 말을 들어보자. "유럽 어디서든 하나의 앱으로 육상과 항공을 통틀어 모든 교통수단을 이용할 수 있다면 어떨까요? 그러면 진정한 세계 시민이 될 겁니다."[4]

국가 및 지역의 정책 입안자들과 규제 책임자들은 탈규모화를 받아들이고 히에타넨, 파텔, 머스크 같은 기업인들의 노력을 뒷받침해야 한다. 혁신가들이 나아가는 길을 막지 않고 그들을 풀어준다면 20년 뒤에는 에너지와 교통 부문이 크게 달라질 것이다.

탈규모화 시대의 에너지 생산

에너지와 교통 부문에서 10년 동안 탈규모화가 진행된다면 어떻게 될까? 아마도 다음과 같을 것이다.

지붕에는 저렴하고 효율성 좋은 태양전지판을, 지하실이나 차고에는 고출력 배터리를 설치하는 주택과 빌딩이 늘어날 것이다. 이 배터리는 낮에 생산한 전력을 밤에 쓸 수 있도록 저장할 것이다. 전력망은 인터넷처럼 운영돼 누구나 이베이 같은 시장에서 전기를 사고팔 수 있을 것이다. 에너지 구매자들은 현재 통신을 하는 여러 방식(유선, 무선, 스카이프 등) 중 하나를 고르는 것처럼 여러 전력 공급원 중 하나를 고를 수 있을 것이다.

전기차가 갈수록 늘어나고, 인구가 밀집한 대부분 지역에서 주문형 이동 수단(아마도 우버나 리프트의 자율주행차)이 제공되면서 차를 갖고 있을 필요가 줄어들 것이다. 주택용 태양전지판과 배터리는 각 가정의 전기차를 충전하고, 각 가정에 필요한 전기 대부분을 공급할 것이다. 멀리 떨어진 화력발전소에서 생산한 전기를 사거나 주유소를 찾을 필요가 없을 것이다.

이렇게 된다면 전력 회사들은 대규모 화력발전소를 지을 필요가 없어진다. 자체적으로 전기를 생산하는 가정과 기업이 늘어날 것이다. 또한 전력망은 인터넷처럼 운영되면서 필요한 곳으로 전기를 보내고, 초과 전력은 안정적으로 접근할 수 있는 신세대 배터리에 저장할 것이다. 파텔의 그리드코 같은 혁신 기업들이 전력망을 인터넷처럼 만든다면, 지금 에어비앤비 덕분에 누구라도 숙박업을 할 수 있듯이 10년 뒤에는 누구나 소규모 발전업을 할 수 있을 것이다. 탈규모화 시대에 가정과 소기업의 전력원은 대규모 발전소보다 더 낫고, 저렴하고, 깨끗하고, 탄력적일 것이다. 또한 소비자들은 기존 에너지 기술보다더 낫고, 저렴하고, 깨끗한 신기술을 택할 것이다. 그 결과, 세계적으로 너무 많은 탄소를 배출하는 체제에서 벗어나는 길이 열릴 것이다.

미래지향적인 전력 회사들은 플랫폼으로 진화해 AT&T 같은기업들이 통신시스템을 관리하듯 인터넷의 에너지 버전을 관리할 것이다. 새로운 기업들은 이 에너지 플랫폼을 토대로 제품과서비스를 구축하고, 특정한 필요가 있는 고객들에게 판매할 것이다. (가령 집에서 쓸 전기와 여행하는 동안 차를 충전할 전기를 패키지로 판매할 수 있다.)

교통 부문이 화석연료에서 벗어나 전력망으로 이동하면 지금석탄이 그러하듯 석유가 에너지 부문에서 차지하는 비중이 줄어들 것이다. 지금도 말 타는 사람이 있는 것처럼 일부는 취미로 휘발유차를 몰 것이다. 주유소는 하나씩 문을 닫거나 충전소로 전업할 것이다. 석유에 대한 수요가 줄고 가격이 더 떨어지면 새 유전을 파는 데 따른 채산성이 악화될 것이다. 결국 머지않아 우리가 대기로 배출하는 탄소는 크게 줄어들 것이다.

신기술이 탈규모화에 미치는 영향

2000년대 초반 이후 전력 회사들은 '지능형 전력망smart grid, 스마트 그리드'이라는 개념을 언급해왔다. 이는 전력망에 센서와 컴퓨팅을 추가해 전기의 흐름을 관찰하고 사용량을 분석하는 것이다. 미국 에너지부US Department of Energy와 의회는 2007년부터 전력망을 전력 회사들이 제어하는 폐쇄적인 체계에서 누구나 접근할 수 있는 개방적인 체계로 바꾸도록 유도하고 있다.[5] 그리드코 같은 스타트업들은 전력망을 현대화할 수 있는 스위치와 소프트웨어를 개발했다. 그러나 위험을 회피하는 업계 성향 때문에 진전이 빠르지는 않았다.

이제는 상황이 변하기 시작했다. 직접 태양전지판을 설치해 전력망으로 여유 전력을 되돌리는 소비자와 기업이 늘어났다. 소비자들은 에너지를 구매하고 활용하는 시기를 스스로 통제하고 싶어 한다. MIT 방문 교수로 〈미래 전력Utility of the Future〉이라는 보고서를 작성한 이그나시오 퍼레즈 아리아가Ignacio Peréz-Arriaga에 따르면 "현재 상태를 계속 유지하는 것은 시스템 안정성 및 비효율성에 따른 비용 측면에서 대단히 위험하며, 전력 부문의 많은 이해관계자들은 이를 인지하고 피하려 한다." 2016년 12월에 발표된 이 보고서는 수년에 걸친 연구의 결과로, 그 결론은 여기서 말하는 내용과 부합한다.[6] 보고서에서 제안하는 다른 내용은 전력 회사들이 수급을 보고 장소나 시간에 따라 다른 요금을 부과하는 가변 요금제dynamic pricing를 적용하고, 규모나 전압에 관계없이 태양전지판과 배터리를 쉽게 접속시킬 수 있도록 전력망을 설계하는 것이다.

전력망은 앞서 언급한 대로 플랫폼으로 진화하고 있다. 플랫폼이 된 전력망은 탈규모화의 핵심, 즉 클라우드 컴퓨팅처럼 작은 틈새시장에서 혁신을 일으키는 제품 중심 소기업에 토대를 제공하는 임차 가능한 자원이 될 수 있다. 이처럼 탈규모화된 에너지 기업을 급증시킬 에너지 플랫폼은 '전력 클라우드'라 부를 수 있다. 플랫폼으로 나아가는 전력 회사들은 지금보다 더욱 필수적인 존재가 될 것이다.

태양광발전은 탈규모화된 새로운 에너지 사업의 주요 동력원이 될 것이다. 지붕 태양광발전 기술은 컴퓨터가 18개월마다 같은 가격에 성능이 두 배가 될 것이라는 무어의 법칙처럼 예측 가능한 궤도를 그리고 있다. 다만 태양광발전 기술은 컴퓨터 기술처럼 엄청난 속도로 개선되고 있지는 않다. 그래도 1980년대 이후 효율은 크게 높아진 데 반해 비용은 95퍼센트나 줄었다. 햇빛이 풍부한 지역에 드넓게 태양전지판을 설치한 태양광발전소가 가장 효율성이 좋다.[7] 오늘날의 기술로 텍사스의 일부 지역에만 태양광발전소를 만들어도 미국 전역에 필요한 전력을 공급할 수 있다.[8] 일부 계산에 따르면, 지구에 도달하는 태양에너지의 양은 전체 인류가 사용하는 양의 5,000배가 넘는다. 문제는 그 에너지를 수집하는 방법이다. 이 문제를 해결하면 화석

연료를 태울 필요가 없어질 것이다.[9]

독일은 2000년에 재생에너지자원법을 발효해 특정 지역에서의 태양광발전을 의무화했다. 그 결과, 2017년이 되자 태양광발전이 충당하는 에너지 수요의 비중이 7.5퍼센트에 이르러 일부 원자력발전소를 폐쇄할 수 있었다.[10] 중국 정부도 재생에너지 기술에 공격적으로 투자하고 있다. 2015년만 해도 무려 895억 달러를 투자했으며, 2017년 1월에는 2020년까지 3,600억 달러를 투자하겠다고 발표했다. 중국은 수많은 도시가 스모그와 대기오염에 시달리고 있어 화석연료를 태우는 발전 체계에서 벗어나야 할 절박한 이유가 있다. 한편 매장 지붕에 태양전지판을 설치한 월마트는 태양광발전으로 필요 전력을 100퍼센트 충당하겠다고 발표했다. (아직 그 수준까지 가지는 못했지만, 2010년에서 2020년 사이에 기존 전력망에 의존하는 비중을 20퍼센트까지 줄일 계획이다.) 또한 2016년에 샌프란시스코 전체만큼 많은 전력을 소비한 구글은 2017년 말까지 전 세계에 설치한 모든 데이터 센터를 재생에너지만으로 가동하겠다고 발표했다.[11] (2019년 현재 전체 데이터센터를 100% 재생에너지로 가동하고 있다.- 옮긴이 주) 독일, 중국, 월마트, 구글의 노력은 재생에너지 수요를 늘리고 혁신적이면서 저렴한 태양광발전 시장을 창출할 것이다. 에너지 시장 조사업체 블룸버그 뉴 에너지 파이낸스Bloomberg New Energy Finance가 수집한 데이터에 따르면, 태양광발전은 2016년 말에 처음으로 세계의 많은 지역에서 다른 에너지

기술보다 저렴한 전력원이 됐다.[12]

　나는 이런 변화를 직접 확인했다. 2000년대 중반, 나는 스티온^{Stion}이라는 태양전지판 회사에 투자했다. 나처럼 기술 분야에 속한 사람들은 태양전지판 제작 사업이 어떤 것인지 직관적으로 이해한다. 컴퓨터 칩 제작 과정과 비슷하기 때문이다. 기술업계는 지속적으로 태양전지의 두께와 와트당 실리콘을 줄여 생산비를 낮추는 한편 각 전지의 효율성을 높인다. 그럼에도 생산비가 낮아지는 속도와 폭이 충분치 않다. 연구개발에 막대한 자금을 투입해 기술을 개선할 수 있을 만큼 수요가 빠르게 늘지 않고 있기 때문이다. 그에 따라 소위 닭과 달걀 문제가 발생했다. 반면 중국은 의무화를 통해 대규모 수요를 억지로 만든 다음 효율성을 높이고 생산비를 낮추는 작업에 나섰다. 미국 기업들은 저렴한 중국산 태양전지판의 진격을 견디지 못했다. 미국에 기반을 둔 많은 태양전지판 제조사들이 비용을 감당할 수 없었다. 미시시피주 해티즈버그^{Hattiesburg}에 자리 잡은 스티온이 원래 창출하려던 일자리는 1,000개였지만 실제로는 약 110개에 그쳤다. 그래도 중국이 저렴한 태양전지판을 생산하는 것은 세계적인 차원에서 보면 이득이다.

　오늘날 태양광발전산업이 처한 상황은 1980년대에 컴퓨터 산업이 처한 상황과 비슷하다. 당시에는 마침내 비용이 충분히 낮아져 누구라도 개인용 컴퓨터를 사서 관련 사업을 시작할 수 있었다. 이제 태양광발전이 그런 시기에 이르렀다. 개인이 태양전지판을 설치해 자기만의 발전소를 갖는 일이 가능해진 것이다. 내가 보기에는 조만간 누구나 태양광발전을 통해 전력을 판매할 수 있게 될 것이다.

풍력발전 부문은 다른 역학이 존재한다. 우선 탈규모화가 불가능하다. 풍력발전의 경제구조는 기존 발전과 비슷하다. 풍력발전은 규모를 키울 수밖에 없다. 언덕에 세워진 거대한 풍력발전기는 비용을 정당화하기에 충분한 전기를 생산한다. 그러나 지붕에 세우는 소형 풍력발전기로는 충분한 전기를 생산할 수 없다. 애초에 물리적으로 불가능하다. 에너지 부문의 추세가 탈규모화 쪽으로 나아간다면 풍력발전은 에너지의 미래에서 비교적 작은 역할을 수행할 것이다.

태양광발전이 에너지 생산에 큰 영향을 미친다면 교통 부문의 신기술은 수요 부문에 큰 영향을 미칠 것이다.

전기차가 얼마나 많은 발전을 이뤘는지는 모두가 안다. 20세기 말까지만 해도 전기차는 꿈에 불과했다. 그러나 2017년 샌프란시스코 베이에어리어에는 도요타 캠리만큼 테슬라 전기차가 흔하다. 2016년 3월, 테슬라가 모델3에 대한 사전 주문을 받자 몇 주 만에 50만 명이 예약했다. GM도 전기차가 미래라고 선언하면서 본격적으로 개발에 나섰다. 다른 대부분 자동차 회사 역시 비슷한 선언을 했다.

동시에 우버와 리프트는 전 세계에 차량 공유 혹은 주문형 교통이라는 개념을 퍼뜨렸다. 지난 50년 동안 자동차 회사들은 모두가 차를 적어도 한 대는 갖고 있어야 한다고 사람들을 설득했다. 차량 공유 서비스는 이런 인식을 무너뜨리고 차가 없어도 원하는 곳으로 갈 수 있는 방법을 알려준다. 이제는 한 사람이 여러 대를 가지는 것이 아니라 차 한 대가 여러 사람을 이동시킬 수 있다.

차량 공유의 다음 단계는 무인차가 될 것이다. 무인차는 사람이 운전하는 경우보다 훨씬 효율적으로 경로를 설정할 수 있다. (결국 인간은 인간이다. 일부 운전자는 점심을 먹으러 가야 한다는 이유로 승차 요청을 거부할 수 있다.) 다만 무인차가 보편화되는 시기가 언제일지 말하기는 어렵다. 이 글을 쓰는 현재, 우버는 피츠버그에서 무인차를 운영하고 있다. 또한 포드, 볼보, BMW 같은 주요 자동차 회사들은 2021년 무렵에는 무인차를 판매할 수 있을 것이라고 예측한다. GM과 리프트는 자율주행차 부문에서 협력하고 있으며, 2021년까지 개발을 완료할 것이라고 말한다. 다만 존 짐머John Zimmer 리프트 대표의 말에 따르면, 해당 차량은 최고 속도가 시속 25마일인 일부 지역에서만 운행될 것이다. 테슬라 전기차는 이미 많은 상황에서 완전한 자율주행을 할 수 있다. 아직은 운전자가 언제든 차량을 제어할 태세를 갖춰야 하지만 말이다. 여러 도시에서 무인차가 돌아다니려면 많은 시간이 걸릴 것이다. GM과 협력하고 있는 라지 라지쿠마Raj Rajkumar 카네기멜론대학 공학과 교수는 이렇게 말한다. "무인차는 아직 현실이 아니라 꿈입니다. 운전자를 운전석에서 없애기까지 아직 갈 길이 멉니다."[13] 또한 메리 커밍스^{Mary Cummings} 듀크대학 기계·전기·컴퓨터공학 교수는 "모든 조건에서 스스로 움직이는" 완전한 자율주행차가 나오려면 "15년~20년은 족히 걸릴 것"이라고 예측한다.

그러나 현재의 추세가 이어진다면 언젠가는 자율주행차가 모든 도시를 돌아다닐 것이다. 차를 가지는 것은 물을 구하려고 우물을 파는 꼴이 될 것이다. 즉 농촌에서는 여전히 필요하겠지만 도시에서는 필요 없어질 것이다.

휘발유를 태우는 많은 차량을 자율주행 전기차로 대체하면 상당한 에너지 수요가 화석연료에서 전기로 옮겨 갈 것이다. 또한 전력 공급에서 태양광발전이 차지하는 비중이 계속 늘어날 것이다. 태양광발전 수요가 늘어나면 에너지 부문에서 새로운 사업을 할 멋진 기회들이 생겨나 더욱 탈규모화된 에너지 기업을 꿈꾸는 창업자들을 끌어들일 것이다.

이 모든 탈규모화가 진행되면 자동차 제조사들은 결국 규모를 줄이고 차를 더 적게 생산할 것이다. 이런 변화는 그 자체로 환경에 도움이 된다. 차 한 대를 만드는 데 엄청난 에너지가 투입되기 때문이다. 전 세계에서 수많은 제조사들이 자동차 부품을 생산해 포드나 GM의 공장으로 선적하는 데 들어가는 에너지와 그 공장을 돌리는 데 들어가는 에너지 그리고 생산된 차량을 전국의 매장으로 운송하는 데 들어가는 에너지를 생각해보라. 차 한 대로 더 많은 사람을 이동시킬 수 있게 돼 차를 더 적게 생산하면 탄소 배출량이 크게 줄어들 것이다.

전기차와 에너지 부문에서 이루어지는 모든 탈규모화의 핵심 요소 중 하나가 배터리다. 배터리는 태양광발전에서 가장 큰 문제, 바로 태양에너지를 저장할 자연적인 방법이 없다는 문제를 극복하는 데 반드시 필요하다. 석유는 탱크에 저장했다가 필요할 때 쓸 수 있다. 천연가스도 마찬가지다. 석탄 역시 높이 쌓아둘 수 있다. 그러나 햇빛은 한 번 비치고 나면 끝이다. 저장할 수 없어 필요할 때 쓸 수 없는 발전 수단에 의존하기는 힘들다. 가정용 배터리는 모든 탈규모화를 가속하는 핵심 요소이지만 지금까지는 개선 속도가 느렸다.

일론 머스크는 2017년 중반까지 50억 달러를 들여 네바다에 기가팩토리Gigafactory를 건설할 계획이다. (현재 운영되고 있으며, 테슬라는 앞으로도 기가팩토리를 계속해서 건설할 예정이다−편집자 주) 이 공장은 최초로 자동차 및 가정용 대용량 배터리를 대량 생산하게 된다. 테슬라의 발표에 따르면, 기가팩토리는 배터리 전력 비용을 최소한 70퍼센트 낮출 것이다. 한편 전 세계의 다른 기업들은 새로운 배터리를 개발하고 있다. 피츠버그에 있는 아퀴온 에너지Aquion Energy는 염수 배터리를 개발해 푸에르토리코에 있는 태양광발전소에 설치하고 있다. 영국에서는 진공청소기를 만드는 다이슨이 가정용 배터리를 개발하고 있다. 독일에서는 벤츠가 세계 시장에 판매할 가정용 배터리를 만들고 있다. 존 굿이너프John Goodenough 텍사스대학 교수는 2017년 초에 리튬 이온 배터리를 비롯해 기존의 모든 배터리보다 훨씬 성능이 뛰어난 유리 기반 배터리를 개발했다고 발표했다. 그는 1980년대에 리튬 이온 배터리를 개발한 장본인이기도 하다. IEEE^{Institute of Electronics Engineers, 국제전기전자공학회}에 따르면 이 신형 배터리는 같은 용량의 리튬 이온 배터리보다 세 배나 많은 전기를 저장할 수 있다.[14]

2010년 중반 무렵, 가정용 배터리 가격은 여전히 수천 달러에 이르렀다. 게다가 설치하기 어렵고, 흐린 날에도 종일 쓸 수 있을 만큼 많은 전기를 저장하지 못했다. 그러나 수많은 기업이 가정용 배터리 시장에서 기회를 발견한 만큼 앞으로는 달라질 것이다. 저렴하고 성능 좋은 가정용 및 차량용 배터리가 나오면 어떻게 될지 생각해보라. 각 가정과 기업은 자체 전력원을 확보해 전력망과 화석연료에 의존하지 않아도 된다. 고효율 태양전지판이 낮에 생산한 전기는 지하실에 설치된 배터리나 차고에 있는 전기차의 배터리에 저장된다.

이런 변화는 에너지 부문에서 궁극적인 탈규모화를 불러온다. 즉 독점적인 전력 회사가 모든 고객에게 같은 방식으로 전기를 공급하는 것이 아니라 각 건물이 거주자가 원하는 방식에 따라 자체적으로 전기를 생산하고 사용한다. 또한 폭풍으로 끊기는 취약한 전력망은 훨씬 안정적인 분산형 전력망으로 바뀐다. 전반적으로 저장 문제가 해결되면 에너지 부문의 탈규모화는 한층 빨라질 것이며, 전력망과 석유 회사를 중심으로 한 과

거의 모델은 무너질 것이다.

에너지 부문의 탈규모화와 관련해 중요하게 살펴야 할 마지막 요소는 데이터다. 2010년대, 지능형 기기들이 가정과 기업 환경으로 들어오기 시작했다. 소비자 부문에서는 네스트^{Nest}가 거주자의 사용 패턴을 학습한 다음 해당 정보를 통해 효율적으로 실내 온도를 조절하는 지능형 온도조절기를 대중화했다. 필립스와 GE가 만든 지능형 전구도 사용 패턴에 대한 데이터를 수집해 자동으로 켜고 꺼진다. 기업 부문에서는 GE가 '산업용 인터넷'을 선보였고, 시스코와 IBM 같은 기술 대기업들이 전기로 작동하는 거의 모든 것에 센서를 넣을 수 있는 사물인터넷 기술을 개발했다.

모든 사물인터넷 활동은 일찍이 누구도 갖지 못했던 에너지 사용에 대한 방대한 데이터를 생성한다. 이 통찰은 탈규모화에서 중요한 역할을 수행할 것이다. 소매 거래나 소셜네트워크에 대한 데이터가 제품을 맞춤화해 소규모 수요를 겨냥할 수 있도록 만들었듯이 에너지 부문에서도 같은 일이 일어날 것이다. 데이터는 혁신적인 기업들을 새로운 시장과 제품으로 이끌 것이다. 또한 더 나은 태양광발전 기술, 더 나은 배터리, 더 나은 전기차를 개발하는 데 도움을 줄 것이다. 그리고 정책 입안자들이 에너지 환경을 더 잘 이해하고, 탈규모화의 진전을 돕는 현명한 규제책을 마련하는 데 도움을 줄 것이다.

종종 이야기되듯 21세기에 데이터는 새로운 석유, 모든 것을 가동시키는 원자재와 같다. 특히 에너지 부문에서는 단지 비유가 아니라 석유를 다른 에너지원으로 대체하는 데 대단히 중요한 역할을 할 것이다.

정책 입안자들의 역할

나는 2007년 무렵부터 에너지 부문에 투자하기 시작했다. 다만 혁신에 저항하는 업계의 성향이 많이 걱정됐다. 그래서 개방적인 전력 체계를 막는 걸림돌을 제거하기 위해 이면의 정책에 영향을 미치는 방법을 연구했다. 당시 나는 보스턴 지역에 살았는데, 더발 패트릭Deval Patrick이 막 주지사로 선출됐다. 그는 나를 비롯한 투자자들과 창업자들에게 에너지 부문을 탈규모화하기 위한 정책을 설계하고, 에너지 부문에서 새로운 사업을 구축할 수 있는 방안을 제시해달라고 요청했다. 나는 에너지업계, 투자자, 학계, 정책 당국 인사로 구성된 뉴잉글랜드 청정에너지 위원회New England Clean Energy Council의 설립을 도왔다. 이 위원회는 2008년에 발효돼 청정에너지 부문에서 일자리를 창출한 녹색 일자리 법Green Jobs Act을 비롯한 여러 법안의 개발을 뒷받침했다.

얼마 뒤 실리콘밸리로 이사한 나는 2011년에 어드밴스드 에너지 이코노미Advanced Energy Economy, AEE라는 공공 정책 기관의 출범을 도왔다. 공동 설립자는 헤지펀드 매니저이자 정치 운동가로 친구를 통해 나와 알게 된 톰 스타이어^{Tom Steyer}였다. 조지 슐츠^{George Shultz} 전 국무장관, 빌 리터^{Bill Ritter} 전 콜로라도 주지사는 이사로 참여했다. AEE는 현재 30개 주에 지부를 두고 차세대 전력 체계를 개발하고, 규제와 사업 모델을 체계적으로 조지해 혁신을 뒷받침하는 데 집중하고 있다. 나는 AEE에서 활동한 덕분에 정책, 기술, 금융의 상호작용과 이 세 가지를 한 체계로 생각해야 할 필요성을 잘 알게 됐다. 특히 에너지와 교통 부문은 더욱 그렇다. 탈규모화가 진행되는 것에 따라 정책을 현명하게 바꿀 필요가 있다. 그러지 않으면 시대에 뒤떨어진 정책이 탈규모화를 억누르거나 충분한 지침 없이 탈규모화가 일어날 수 있다.

규제가 불필요하게 탈규모화를 방해한 사례를 살펴보자. 2016년 네바다주 규제 당국은 재정적 어려움을 겪던 기존 전력 회사인 NV에너지의 압력에 굴복했다. 그 결과, 지붕에 태양전지판을 설치한 주택 소유자들이 여유 전력을 NV에너지에 되파는 가격이 크게 떨어졌다. 킬로와트시당 가격이 11센트에서 약 9센트로 떨어졌고, 2020년에는 2.6센트까지 떨어질 예정이었다. 태양전지판 공급업체들은 가격 인하로 주택 보유자가 태양전지판을 설치하는 비용이 너무 비싸졌다고 밝혔다. 태양광발전업계와 소비자보호국도 가격 인하에 반발했다. 브라이언 샌도벌^{Brian Sandoval} 주지사는 태양광발전을 지원하고 싶지만 적절한 균형을 맞출 필요가 있다고 말했다. 그러나 가격 인하는 태양전지판 시장에 너무 치명적이었다. 결국 미국 최대 태양전지판 회사인 솔라시티^{SolarCity}(테슬라의 자회사)가 네바다주를 떠나기로 결정하면서 550명이 일자리를 잃었고, 유리한 환경을 갖춘 네바다주에서 오히려 태양광발전이 지지부진해졌다. 솔라시티 같은 진취적인 기업은 에너지 부문을 탈규모화하는 반면 NV에너지 같은 독점적 기업은 규모를 유지하려 애쓴다.

정책 입안자들은 인터넷 초창기에 많은 국가가 통신 부문에 대한 규제를 재고한 사례를 배워, 탈규모화 문제를 고려해야 한다. 규제 변화는 통신 부문에서 혁신을 가속하고 보다 개방적인 네트워크를 만드는 데 도움을 줬다.

1996년 전자통신법^{The US Telecommunications Act} 제정은 1934년에 통신법이 제정된 이래 규제 측면에서 처음 이뤄진 주요 변화였다. 전자통신법은 통신 서비스 제공자와 정보 서비스 제공자를 명확하게 구분, 후자를 일반 통신사에게 적용하는 요건에서 면제시켰다. 덕분에 케이블 회사와 무선 브로드밴드 회사 같은 브로드밴드 서비스 회사들이 일일이 유선망을 구축할 필요가 없어졌다. 이 요건은 전력 회사들이 모든 가정에 안정적으로 전기를 공급해야 하는 요건과 비슷했다. 물론 사회적으로 보면 좋은 일이기는 하다. 그러나 모두에게 안정적이고 저렴한 서비스를 제공하려면 대중시장에 맞춰 고도로 규모화되고 획일적일 수밖에 없다. 이런 요건에서 벗어난 기업들은 안정적인 서비스를 제공하는 데 더해 탈규모화의 핵심인 작은 틈새시장에 집중할 수 있다. 일반 통신사는 모든 고객에게 되도록 적은 선택지를 제공하는 경향이 있다. 반면 혁신을 허용하면 수백, 수천의 진취적인 기업들이 소규모 고객을 위한 서비스를 구축해 본질적으로 개별 고객을 위한 일련의 선택지를 창출할 수 있다. 다시 말하지만, 이처럼 고객의 선택권을 핵심에 두는 일이 탈규모화를 추동한다.

어떤 방식이든 에너지 수요는 변할 것이고, 소비자가 직접 전기를 생산하는 비중이 늘어날 것이다. 전력 회사들이 변하는 수요와 요금 체계에 대응하지 못하면, 소비자들은 획일적 서비스를 제공하면서도 더욱 비싸진 전력 회사의 전기 대신 더 저렴하고 흥미로운 사양을 갖춘 탈규모화된 전기를 받아들일 동기가 강해진다. 그러면 전력 회사의 사업 체계를 뒷받침할 소비자가 줄어들고, 요금이 더욱 높아져 더 많은 소비자가 이탈한다. 결국 발전소와 전력망을 비롯해 처치 곤란한 자산을 껴안은 전력 회사들은 손실을 입는다. 어떤 사람들은 이 현상을 '전력 사업의 악순환'이라 부른다.

전기 동력 교통수단으로 나아가는 신속한 변화는 21세기의 전력 체계를 바꾸는 일을 더욱 중요하게 만든다. 중요한 초기 단계는 전력 회사와 창업자 들을 대결시키는 것이 아니라 이들의 역할을 조율하는 것이다. 정부는 새로운 규제와 사업 모델을 제시해, 전력 회사들이 거대한 발전소와 전력망을 운영하는 역할에서 가정과 소기업의 소규모 발전 솔루션을 연결하는 소프트웨어 주도 플랫폼을 운영하는 역할로 나아가는 길을 열어줘야 한다. 이때 전력망은 인터넷이나 아이폰 및 앱스토어처럼 새로운 솔루션을 뒷받침하는 플랫폼이 된다. 전력 회사들은 전력망에 안정성과 탄력성을 제공하면서 사업을 이어갈 수 있을 것이다. 한편 기민한 스타트업들은 전기를 생산하고, 옮기고, 거래하고, 판매하고, 공유하고, 저장하는 더욱 효과적인 방식을 만들어낼 것이다.

우리는 소기업들이 기존 플랫폼을 활용하고 새로운 시장을 찾아냄으로써 기성 업종에서 성공하는 사례를 거듭 확인하고 있다. 에너지 부문에서도 이런 일이 일어나야 한다. 올바른 기술이 개발되면 에너지산업은 탈규모화를 통해 소기업들이 분산된 방식으로 전기를 생산하고 이동시키는 생태계가 될 것이다.

에너지산업에서 다가오는 기회

미국은 세계적인 수준의 혁신적 스타트업들을 뒷받침해 에너지 부문에서 일자리를 창출할 수 있다. 다만 저비용 컴퓨터 제조 부문에서 중국을 이기지 못한 것처럼 저비용 태양전지판 제조 부문에서도 중국을 이기지는 못할 것이다. 그러나 에너지산업의 경우, 인터넷산업과 마찬가지로 스타트업들이 범용화된 플랫폼을 토대로 제품과 서비스를 창출하도록 만들 수 있다.

멀리 내다보는 투자자인 내가 보기에 앞으로 스타트업과 기성 기업 들에게 다가올 기회는 다음과 같다.

전력망

재구축　　　전력망은 오래된 인프라에 의존하는 낙후된 단방향 시스템이다. 그래서 누구나 전력을 생산해 소비자에게 보낼 수 있는, 인터넷 같은 양방향 시스템으로 재구축해야 한다. 또한 누구나 이를 토대로 삼아 전기차든, 스마트홈이든, 누구도 생각지 못한 사업이든 새로운 용도를 만들 수 있는 개방된 시스템으로 바뀌어야 한다.

이번 세기 초에 미국 케이블TV 회사들은 단방향 방송 네트워크를 양방향 브로드밴드 인터넷 시스템으로 서둘러 재구축했다. 이 일은 케이블 설치 회사, 시스코와 나이미시 파텔의 시커모어 네트워크 같은 인터넷 하드웨어 회사 그리고 온갖 종류의 네트워킹 소프트웨어 회사를 위한 사업을 창출했다. 전력망 재구축은 브로드밴드 구축보다 10배는 더 큰 과업이 될 것이다. 전국 및 전 세계에 걸쳐 변압기와 전선 그리고 설비를 교체하는 물리적 재구축은 모든 도시에서 일자리를 창출할 것이다. 사업비는 얼마나 들까? 미국 토목학회American Society of Civil Engineers는 2025년까지 전력망에 1,770억 달러를 추가로 들여야 한다고 말한다.[15]

사물인터넷과
'전력 클라우드'
클라우드 컴퓨팅은 스마트폰이나 핏비트 같은 네트워크 기기 그리고 우버부터 세일즈포스닷컴에 이르는 서비스를 위한 가능성을 열었다. 마찬가지로 개방된 양방향 시스템으로 재구축된 전력망을 플랫폼으로 삼는 제품과 서비스를 위한 시장이 열릴 것이다. 또한 가정과 건물의 전력을 측정하고 제어해 사용 현황을 자세히 알려주는 기기가 나올 것이다. (사람들은 아마 현재 전기를 어떻게 쓰고 있는지 잘 모를 것이다.) 그리고 클라우드 서비스가 등장해 쉽게 전력을 구매하거나 여유 전력을 모아서 판매할 수 있게 될 것이다.

스타트업들이 어떤 영리한 아이디어를 들고 나올지 예측하기는 어렵다. 그래도 이 부문에서 활동하는 일부 스타트업들을 살펴서 감을 잡을 수는 있다. 가령 라우드셀LoudCell은 센서와 소프트웨어를 통해 에너지의 소비, 생산(태양전지판을 설치한 경우), 낭비 현황을 확인할 수 있도록 해준다. 바스티유Bastille는 전력망을 관찰해 해커나 악천후 혹은 정전을 초래하는 다른 위협을 감지할 사물인터넷과 소프트웨어를 개발하고 있다.

전기 동력
교통
승용차와 트럭은 분명 점차 전기화될 것이다. 시간이 지나면 지상 교통은 화석연료에서 벗어나 전력망으로 옮겨 갈 것이다. 충전소를 짓거나 전기 동력 교통의 최대 난제인 장거리 운행을 해결하는 데 따른 엄청난 기회를 상상해보라. 모든 주유소는 충전소로 개조돼야 할 것이다. 기업과 도시의 주차장에는 충전 장비가 설치될 것이다.

차지포인트ChargePoint는 이미 익스프레스플러스ExpressPlus라는 충전소를 설치하고 있다. 이 충전소는 운전자가 커피를 마시는 동안 수백 킬로미터를 더 달릴 수 있도록 전기차를 충전해준다. 파스콸레 로마노Pasquale Romano 차지포인트 CEO는 〈포천〉과의 인터뷰에서 이렇게 말했다. "당신이 주문한 라테가 만들어질 시간이면 아마 충전이 다 돼 있을 겁니다. 그게 우리가 도달하고 싶은 지점입니다. 충전이 주유보다 어려워야 할 이유가 없습니다."[16] 테슬라도 약 30분 만에 270킬로미터를 달릴 수 있는 전기차 충전기를 만들었다. 전기차가 늘어나면 이 시장에서 활발한 경쟁이 벌어질 것이다.

배터리 저장

문제　　　　배터리 기술은 화석연료에서 벗어나 태양광과 풍력으로 넘어가기 위해 풀어야 할 가장 까다로운 문제 중 하나다. 석유와 천연가스는 탱크에 저장했다 쓸 수 있다. 태양이나 바람 에너지를 저장하는 유일한 방법은 배터리에 담는 것이다. 그러나 이 문제를 보편적으로 해결하기에는 배터리가 아직 충분히 뛰어나거나 저렴하지 않다. 태양광발전으로 얻은 전기를 폭풍이 부는 며칠 동안 쓰거나 종일 전기차를 운전할 수 있을 만큼 충분히 저장할 수 있는 배터리가 필요하다. 이 수준에 도달하려면 재료과학 부문에서 돌파구가 열려야 한다. 가장 먼저 돌파구를 연 기업이 세상을 바꿀 것이다.

아퀴온 에너지를 설립한 제이 휘태커^{Jay Whitacre} 카네기멜론대학 교수는 '염수' 배터리를 개발하고 있다. 중국 기업, 컨템퍼러리 앰퍼렉스 테크놀로지^{Contemporary Amperex Technology Ltd, CATL}는 현재 전기차 배터리와 가정용 배터리로 쓰이는 리튬 이온 배터리의 거대 제조사가 되기 위해 테슬라와 경쟁하고 있다. 이 부문은 과학적 요소와 대규모 제조 능력을 수반하기 때문에 스타트업이 성장하기 어렵지만 많은 투자가 몰려들고 있다.

새로운 원자력

앞으로 모든 에너지 수요를 해결할 새로운 발전 기술이 나올지 모른다. 지금은 어려워 보이지만, 과학자와 창업자 들은 언젠가 안전하고 비용이 적절한 핵융합 기술을 개발할 수 있으리라 믿는다. 그렇게 되면 에너지를 둘러싼 모든 논쟁이 즉각 달라질 것이다. 현재 원자력발전소는 제어하기 어렵고 방사능 물질을 방출하는 핵분열을 이용한다. 반면 핵융합은 태양이 에너지를 생성하는 원리와 같이 엄청난 압력으로 원자를 융합한다. 지금까지 핵융합을 일으키는 데는 성공했다. 문제는 핵융합으로 생성된 에너지보다 더 많은 에너지가 투입됐다는 것이다. 이런 수준으로는 전 세계에 에너지를 공급할 수 없다.

그래도 투자자 피터 틸Peter Thiel은 헬리온 에너지Helion Energy라는 핵융합 부문 스타트업에 투자했다. 다른 한편으로는 35개국이 모여 핵융합의 타당성을 연구하는 국제 핵융합 실험로International Thermonuclear Experimental Reactor, ITER 프로젝트를 추진하고 있다. 이 프로젝트는 예산이 200억 달러로, 2025년 핵융합로 가동을 목표로 하고 있다. 마이크로소프트 공동 창립자인 폴 앨런Paul Allen과 다른 투자자들이 자금을 댄 트라이 알파 에너지Tri Alpha Energy는 섭씨 약 1,000만 도의 초고온 가스를 생성한 다음 5밀리초 동안 유지하는 핵융합로를 만들었다. 5밀리초는 다른 프로젝트에서 기록한 시간보다 훨씬 긴 것이다. 제어 핵융합을 연구하는 톰 자보Tom Jarboe 워싱턴대학 물리학 부교수에 따르면, 세계적으로 해마다 거의 2조 달러가 에너지 부문에 투자되지만 그중 핵융합 기술 연구개발에 투입되는 금액은 수억 달러에 불과하다. 인류를 화석연료 기반 에너지에서 벗어나게 만들고 싶다면 더 많은 자금을 핵융합 연구에 투입하는 것이 바람직하다.

4장

...

의료
유전체학과 인공지능이 만드는 무병장수

오스만 라라키Othman Laraki와 일라드 길Elad Gil은 트위터에 합류하고 몇 년 동안 거의 매주 회사 옥상에서 같이 점심을 먹으며 기술의 미래를 이야기했다. 라라키는 MIT에서 MBA 과정을 이수한 대형 시스템 소프트웨어 전문가였다. MIT에서 생물학 박사 학위를 받은 길은 유전학에 관심이 많았다. 이들은 2000년대 초에 구글에서 일하다가 2007년에 믹서 랩Mixer Labs을 세웠다. 이 회사는 클라우드 기반 애플리케이션이 사용자 위치에 대해 더 많은 정보를 학습하도록 해주는 소프트웨어를 만들었다. 이들은 2009년에 믹서를 트위터에 매각했다. 이후 옥상 토론이 시작됐다.

2011년, 길이 옥상으로 하드 드라이브를 하나 가져왔다. 거기에는 얼마 전, 약 5,000달러를 내고 분석받은 그의 유전체 정보가 담겨 있었다. 10년 전만 해도 10억 달러나 필요하던 일이었다. 반면 지금은 유전체 정보를 하드 드라이브에 쉽게 담을 수 있다. 결국은 유전체 정보도 데이터일 뿐이다. 라라키는 이 점에 흥미를 느꼈다. 그에게는 BRCA 변이 가족력이 있었다. 이 유전적 소인은 암을 일으키는데, 안젤리나 졸리가 2013년에 자신에게 해당 소인이 있음을 알고 선제적으로 유방 절제술을 받으며 유명해졌다. 라라키는 데이터를 분석해 어떤 정보를 얻을 수 있을지 알고 싶다며 하드 드라이브를 빌려달라고 했다. "어떤 버그가 있는지 찾는 데 쓰겠다"[1]는 농담과 함께 말이다.

본격적인 작업에 착수한 라라키는 유전체 데이터를 분석하는 소프트웨어가 부실하기 짝이 없다는 사실을 알았다. 그의 표현에 따르면 "형편없었다". "유전체 데이터 부문은 웹 브라우저 이전 시대"에 머물러 있었다. 즉 유전체 데이터를 분석하는 일은 1990년대 중반에 웹 브라우저가 등장하기 이전에 인터넷을 활용하는 것만큼 짜증스럽고 번거로웠다. 라라키는 여기서 기회를 발견했다. 과학은 DNA에서 유전체 데이터를 추출해 염기서열을 분석할 능력을 얻었다. 그러나 효율적으로 데이터를 분석하고, 의미를 찾는 좋은 수단이 없었다. 라라키와 길은 이 문제를 해결하면 모두가 저렴하게 유전체 데이터를 분석해 무병장수의 비밀을 알아낼 수 있으리라 믿었다.

두 사람은 2013년에 컬러 지노믹스를 설립했다. 이 회사는 많은 사람이 유전체 데이터 정보를 저렴하게 얻을 수 있도록 하기 위한 두 사람의 통찰을 토대로 삼았다. 나도 유전체학이 의학을 근본적으로 바꾸리라 믿고 투자했다. 컬러 지노믹스는 BRCA처럼 암 관련 유전자를 검사할 수 있는 소프트웨어 주도 서비스를 구축했다. 또한 인공지능과 로봇으로 유전자 분석 과정을 자동화해 유전자 검사비를 249달러까지 낮췄다. 이는 많은 소비자가 보험에 의존하지 않고도 감당할 수 있을 만큼 저렴한 수준이다.

이 글을 쓰는 2017년 현재, 컬러 지노믹스와 일루미나^{Illumina} 같은 다른 기업들이 유전자 검사비를 계속 낮추는 한편 유전체 데이터에서 갈수록 많은 정보를 뽑아내고 있다. 앞으로 유전자 검사 부문이 나아갈 궤도는 명확하다. 10년 안에 비용이 충분히 낮아져 현재와 미래를 위해 모든 신생아의 염기서열이 분석될 것이다. (유전자 구성은 평생 변하지 않는다.) 비용이 줄어들면 지금 성인인 사람을 비롯해 유전자 검사를 하는 사람이 늘어날 것이다.

유전자 데이터가 있으면 의사의 직감과 경험뿐 아니라 각자의 몸에 담긴 데이터와 그것이 의미하는 증거를 토대로 의료 활동이 이루어질 수 있다. 유전자 데이터는 이런 변화의 일부일 뿐이다. 핏비트 같은 기기로 파악하는 생체 지수, 전자 의료 기록에 담긴 개인 건강 자료, 어디서 어떤 활동을 했는지 말해주는 휴대 기기 데이터(가령 라임병 증상을 보일 경우, 진드기가 많은 곳에 있었는지 여부가 진단에 도움을 준다) 등 다른 데이터도 갈수록 많이 수집되고 있다. 이 모든 건강 관련 데이터는 각자의 몸에서 일어나는 일들을 효과적으로 파악할 수 있는 새로운 의료 서비스를 구축하고자 하는 스타트업들에게 발판을 제공한다. 그런 서비스가 구축되면 많은 사람에게 통했던 방법을 토대로 당뇨나 고혈압 같은 질병을 치료하는 것이 아니라 각 개인에게 통하는 방법으로 질병을 치료할 수 있다. 약도 설령 다른 모든 사람에게 효과가 없더라도 개인에게 효과가 있도록 조제 내지 제조될 것이다. 모든 주요 제약사에서 이런 연구가 진행되고 있다.

개인화된 의료, 즉 대중시장 의료가 아닌 1인 시장 의료가 탄생하는 순간이다. 앞으로 10년이 지나면 의료산업은 지금과 아주 많이 달라져 있을 것이다. 의사들은 개별 환자의 몸을 잘 이해하는 데 필요한 데이터를 뽑아주는 인공지능과 같이 일할 것이다. 탈규모화된 제품과 서비스가 갈수록 많은 환자의 필요에 대응하면서 초대형 병원을 지을 필요가 없어질 것이다. 약은 각 환자에게 맞춰질 것이다. 의사들은 지금처럼 어떤 효과를 낼지 지켜보는 것이 아니라 적절한 치료가 뭔지 미리 알게 될 것이다. 탈규모화가 진행되면 의료는 더욱 저렴해지고, 더욱 폭넓게 제공되며, 더욱 효과적이 될 잠재력을 얻을 것이다.

규모를 키워온 의료 부문

앞으로 의료 부문에서 탈규모화가 진행될 양상을 알고 싶다면 지금까지 규모화가 진행된 양상을 살피면 된다. 유나이티드 헬스 그룹은 지난 50년 동안 의료산업의 성장 전략을 대표했다. 이 회사를 설립한 리처드 버크Richard Burke는 조지아주 매리에타Marietta에서 태어나 1960년대에 조지아공대에서 공학 학사 학위에 이어 MBA와 박사 학위를 땄다. 그는 대학생 시절, 보험사에서 보험 청구를 처리하는 일을 했다. 보험에 대한 관심은 그를 미네소타주 미니애폴리스에 있는 인터스터디InterStudy라는 의료 부문 싱크탱크로 이끌었다.

당시 캘리포니아의 소아신경의로 닉슨 행정부에 의료 정책을 조언하던 폴 엘우드Paul Ellwood는 의료비를 통제하는 수단으로 보건 기관, 즉 HMOHealth Maintenance Organization (미국의 건강 유지 조직. 회원제 민간 건강 유지 단체로, 회원은 종합적인 의료 서비스를 중앙의료센터에서 받을 수 있다.-옮긴이 주)라는 개념을 구상하고 있었다. 1960년대까지 미국의 의료는 수공업 수준에 머물러 있었다. 병원 체인이 드물었고, 대다수 의사가 혼자 혹은 소규모 집단으로 일했다. 1970년대에 베이비붐 세대가 성인이 되고, 수명 연장으로 노인이 늘어나면서 의료 체계가 감당할 수 없을 정도로 환자가 많아졌다. 결국 공급이 수요를 따라잡지 못하는 바람에 환자가 지불하는 의료비와 기업이 지불하는 보험비가 계속 올라갔다. HMO는 이 문제를 해결하기 위한 수단이었다. 환자는 병원에 가서 치료를 받을 때마다 돈을 내는 것이 아니라 회비를 내는 방식으로 의료 서비스를 받을 수 있게 됐다. 다른 한편으로 HMO는 병원들이 자원을 공유하고, 대중시장을 위한 의료를 표준화하며, 규모의 경제를 활용할 수 있는 새로운 길을 열었다.

인터스터디에서 HMO를 위한 새로운 아이디어를 개발하던 로버트 버크는 입사 3년 차에 실제로 HMO를 만들고 싶어졌다. 그래서 1974년, 미네소타주 미네통카^{Minnetonka}에 차터 메드 ^{Charter Med}라는 소규모 HMO를 설립했다. 차터 메드는 곧 유나이티드헬스 그룹으로 이름을 바꿨다.

미네소타에서 사세를 키운 유나이티드헬스는 다른 HMO와 연관 기업 들을 사들여 더 큰 규모의 경제를 이뤘다. 1995년에는 트래블러스^{The Travelers}와 메트로폴리탄 라이프^{Metropolitan Life}가 공동으로 소유한 집단 의료 조직 메트라헬스^{MetraHealth}를 16억 5,000만 달러에 인수했다. 1996년에는 남부에서 여러 HMO를 운영하는 헬스와이즈 오브 아메리카^{HealthWise of America}를 인수했다. 1998년에는 헬스파트너스 오브 애리조나^{HealthPartners of Arizona}를 인수했다. 또한 보험사와 브라질의 병원 체인도 인수했다. 이런 인수 행진은 2010년대까지 40년 동안 이어졌다.

유나이티드헬스는 업계 전반에 걸친 합병을 통해 규모를 키우는 거대한 추세의 선두에 있었다. 하버드가 발표한 보고서에 따르면, 2007년부터 2012년까지 432건의 계약을 통해 835개 병원이 합병됐다. 규모 확대는 수평적뿐 아니라 수직적으로도 이뤄지며 의료의 모든 측면을 아울렀다. 2004년부터 2011년까지 대형 병원이 소규모 의원을 보유하는 비중이 24퍼센트에서 49퍼센트로 늘었다. 2010년대 중반에는 병원 중 60퍼센트가 가정 건강 서비스 사업체, 37퍼센트가 요양소, 62퍼센트가 호스피스 서비스 사업체, 15퍼센트가 개호assisted living 서비스 사업체를 보유했다. 유나이티드헬스는 세계에서 가장 큰 의료 기업이 돼 해마다 미국에서 약 4,000만 명, 브라질에서 약 500만 명을 치료했다. 다른 의료 기업들도 엄청난 규모를 추구했다. 익스프레스 스크립트Express Scripts는 미국 최대의 보험 약제 관리 기업으로, 해마다 13억 건을 처리했다. 대형 약품 유통업체인 매케슨McKesson은 현재 연 매출이 1,000억 달러가 넘는다. 랩코프Labcorp와 퀘스트 다이아그노스틱스Quest Diagnostics는 검사 부문을 장악하고 있다. 존슨 앤드 존슨과 화이자 그리고 다른 몇몇 기업들은 글로벌 제약 사업 부문에서 골리앗이 됐다.

지난 40~50년 동안에는 의료 부문에서 규모를 키우는 것이 정답이었다. 규모화 덕분에 선진국에서는 최대한 많은 사람이 양질의 의료 서비스를 누렸다. 또한 규모화는 대부분 지역에서 가난한 사람도 의료 서비스에 접근할 수 있어야 한다는 근본적인 믿음을 반영하는 것이었다. 다른 대다수 선진국들은 이 목표를 달성하기 위해 공공 의료보험 제도를 운영했다. 의료 부문의 규모화는 무엇보다 더 많은 사람에게 의료 서비스를 제공해 대중이 더 건강하고, 더 오래 살도록 도왔다. 질병통제예방센터 Centers for Disease Control and Prevention에 따르면, 1960년에 69.8세던 미국인의 평균수명이 30년 후인 1990년에는 75.2세로 늘었으 며, 지금은 78.8세다.[2]

20세기 의료의 경제적 논리는 주로 병이 생긴 뒤에 치료한다 는 개념을 토대로 구축됐다. 어차피 병원은 행위별 수가제fee-for-service에 따라 환자들이 치료를 계속 받으러 올 때 돈을 더 벌었 다. 근래 들어 의료산업은 결과별 수가제fee-for-results로 나아가 려 하고 있다. 이 방식은 병원이 환자들의 건강을 유지하도록 동기를 부여한다. 그러나 아직은 건강 문제를 예측하고 예방하 는 데 도움을 줄 개인별 데이터가 부족하다. 그래서 발병한 뒤에 야 의사를 찾아가 치료받는 방식에 계속 의존할 수밖에 없다.

물론 차를 정기적으로 관리하는 비용보다 고장 난 뒤에 고치 는 비용이 훨씬 더 들듯이 건강을 유지하는 비용보다 병을 치료 하는 비용이 훨씬 더 든다. 의료산업은 모든 환자에게 의료 서 비스를 제공하면서 수익을 내기 위해 규모의 경제로 비용을 낮 추고, 이윤을 높여야 했다. 또한 의료가 표준화될수록 더 많은 사람을 치료하면서 수익을 낼 수 있었다. 이는 병원, 의원, 의료 장비 제조사도 마찬가지였다. 가장 많은 환자와 가장 흔한 질병 에 효과가 있는 약품이 재정적으로 가장 큰 성공을 거뒀다. 또 한 최대한 많은 고객에게 위험을 분산시킬 때 의료보험이 가장 잘 운영됐다.

그러나 지금은 규모 유지가 비용은 많이 들면서도 혜택은 줄고 있다. 2015년, 미국인이 의료비로 지출한 돈은 3조 2,000억 달러, 1인당 1만 달러였다. 이는 GDP의 17.5퍼센트에 해당한다. 빈스 마코브칙Vince Markovchick 헬스케어 포 올 콜로라도 재단 Healthcare for All Colorado Foundation 이사장과 리처드 램Richard D. Lamm 콜로라도 전 주지사는 2016년에 쓴 기고문에서 이렇게 지적했다. "전체 의료비 3조 2,000억 달러 중 의료 활동에 필요한 비용을 충당하는 데 들어가는 비율은 70퍼센트다. 나머지 30퍼센트는 행정 비용과 수익이다. 다른 국가들의 두 배다. 최대 9,000억 달러 혹은 총 지출의 약 3분의 1이 낭비와 사기 그리고 남용으로 발생한다."[3]

지난 25년 동안, 의료비 상승률은 총 물가 상승률의 3~4배에 이르렀다. 게다가 의료비가 급증했음에도 성과는 그만큼 좋지 않았다. 세계보건기구World Health Organization, WHO가 의료 서비스 품질에 대한 순위를 발표했는데 미국은 코스타리카, 모로코, 그리스보다 뒤떨어진 37위였다.

그레고리 커프먼Gregory Curfman 〈하버드 헬스 퍼블리케이션Harvard Health Publications〉 편집인은 규모가 비용을 늘린 양상을 이렇게 설명한다. "여러 병원이 대형 병원 체인으로 묶이면 소비자 의료 시장에서 더 큰 비중을 차지하게 된다. 그러면 보험사에 수가를 높여달라고 요구할 수 있다. 그에 따라 높아진 비용은 보험사가 아니라 보험료 상승의 형태로 소비자들이 부담한다. 결국 일부 경제학자들이 주장하는 대로 합병은 의료비를 높이고, 소비자들에게 더 많은 재정적 부담을 지운다."[4]

규모화된 의료 부문에는 또 다른 문제가 있다. 바로 더 큰 시설을 짓고 절차를 표준화해 규모를 키울 수는 있지만, 의사는 같은 방식으로 늘리기 힘들다는 것이다. 근래 수십 년 동안 인구가 늘고 노령화가 진행되면서 갈수록 많은 의사가 필요해졌다. 이런 상황은 계속 지속할 수 없다. 세계보건기구 보고서에 따르면, 2035년까지 세계적으로 의료 인력이 1,290만 명 부족해질 것이다. 계속 대중시장 의료로 환자를 치료하는 데 주력하면 인력 부족으로 환자 대기 시간이 길어지거나 더 멀리까지 가서 치료를 받아야 할 것이다.

자낙스Xanax, 리피토Lipitor, 비아그라 등 기적의 약을 낳은 규모화된 약품 개발은 갈수록 어려움을 겪고 있다. 이 부문에서는 컴퓨팅 능력이 계속 저렴해지고 개선된다는 무어의 법칙을 거꾸로 한 소위 이룸의 법칙Eroom's Law이 작용한다. 즉 앞으로 약품은 계속 비싸지고 효력은 줄어들 것이다. 터프츠 약품 개발 연구소 Tufts Center for the Study of Drug Development에 따르면 현재 신약 개발에 26억 달러가 소요된다. 제약 산업의 연구개발비는 개발 절차에 신기술을 도입해 도움을 받았는데도 1950년부터 2010년까지 100배로 늘었다. 제약사들은 소위 '비틀스를 능가해야 하는' 문제에 직면했다. 대다수 질병은 기존 약품으로 충분히 치료할 수 있다. 신약이 대중시장에서 성공해 투자 대비 수익을 올리려면 기존 약품보다 훨씬 뛰어나야 한다. 그 결과 신약 개발이 훨씬 어려워지고 비용이 많이 들게 됐다. 결국 대기업만 신약 개발 비용을 감당할 수 있으며, 대중시장에서 수요를 창출하는 약품만 개발할 가치를 갖게 됐다.

탈규모화 및 새로운 데이터에 적용하는 인공지능은 대규모 병원과 의료 인력을 갖춰야 할 필요성을 줄이고, 비용이 급증하는 추세를 되돌릴 것이다.

의료 부문 탈규모화의 현주소

글렌 툴먼 리봉고 CEO은 의료 부문에서 이미 진행되고 있는 탈규모화를 적절하게 설명한다. "옛날에는 집에서 의료 행위가 이뤄졌습니다. 차츰 전문화되면서 모두가 메카, 바로 대형 병원으로 가야 했죠." 그러나 대형 병원은 나름의 문제들을 초래했다. "환자들을 한곳에 모아놓으면 이차감염이 발생합니다. 대형 병원에 찾아가기도 쉽지 않아요. 불편합니다. 그래서 이제는 '방식을 바꿔보면 어떨까? 의사를 기다릴 게 아니라 필요할 때 의사를 부를 수 있다면 어떨까?'라는 의문이 생겼죠. 처음에는 부자들만 그럴 수 있다고 생각했어요. 하지만 우버와 다를 게 없습니다. 몇 년 전만 해도 차가 필요할 때마다 집 앞에 대기시켰다가 어디든 타고 가려면 리무진과 운전기사가 필요했어요. 일반인은 도저히 할 수 없었죠. 하지만 지금은 모두가 그렇게 합니다."[5]

그렇다면 모두가 필요할 때 의사를 부를 수 있다고 믿지 못할 이유가 있을까? 우버가 주문형 교통을 통해 이룬 것처럼 의료 부문도 탈규모화를 이루지 못할 이유가 있을까?

툴먼은 탈규모화된 의료를 경험한 적이 있다. 앞서 소개한 그의 아들 샘은 미식축구를 하다가 2년 연속으로 손목을 다쳤다. 각각 다른 손목을 다쳤지만 부상 내역은 같았다. 툴먼이 처음 샘을 데려간 대형 병원은 치료하는 데 꼬박 하루가 걸렸고, 5,000달러를 청구했다. 게다가 치료 과정은 전반적으로 "끔찍했다".

이듬해에 샘은 다른 손목을 다쳤다. 마침 작년에 찾아간 대형 병원에서 일했던 의사가 시내에 작은 전문 의원을 운영하고 있었다. 툴먼은 샘을 데리고 그 의사를 찾아갔다. 이번에는 1시간 30분 만에 치료가 끝났다. 대형 병원보다 낮은 운영비 덕분에 치료비도 절반에 불과했다. 또한 전문 의원은 해당 영역에 최적화돼 있었다. 툴먼은 이렇게 말한다. "그 의사는 하루에 더 많은 치료를 할 수 있습니다. 대형 병원처럼 일이 복잡하지 않으니까요. 예약도 더 많이 받을 수 있죠. 환자가 적으니 이차감염 위험도 낮습니다. 모든 측면이 더 단순해지고, 환자들은 더 만족하게 됐습니다."

다른 사례를 살펴보자. 뉴욕시 외곽 롱아일랜드에 있는 노스웰 헬스Northwell Health는 노년층을 위해 하우스 콜House Calls이라는 서비스를 선보였다. 노인의학 전문의들은 입원이 노인 환자들의 건강을 오히려 더 악화시킨다고 오랫동안 경고했다. 그러나 노인 환자가 쓰러지거나 흉통을 느낄 때 대개는 무조건 병원으로 데려간다. 하우스 콜은 쓸데없이 병원에 가는 일을 줄이고자 만들어졌다. 하우스 콜의 경우, 구급요원이 구급차가 아닌 SUV로 출동해 진단 정보를 당직의에게 전송한다. 소속 내과의인 캐런 아브라슈킨Karen Abrashkin은 〈뉴욕 타임스〉와의 인터뷰에서 "응급실에서 하는 많은 일을 집에서 안전하고 효과적으로 할 수 있다"고 말한다. 여러 건강 문제가 있는 허약한 노인의 경우 "병원이 항상 가장 안전한 최선의 장소는 아니다."[6] 노스웰 헬스는 16개월 동안 거동이 불편한 노인 환자 1,602명(중간 연령 83세)을 상대로 지역 응급 프로그램을 제공한 결과를 〈미국 노인의학회 저널Journal of the American Geriatrics Society〉에 실었다. 그 내용에 따르면 주로 호흡곤란, 신경 및 심리 문제, 심장 및 혈압 문제, 허약 등으로 출동한 구급요원들이 환자의 집에서 평가와 처치를 한 비율이 78퍼센트에 이르렀다. 노스웰 헬스는 휴대기기와 이동통신을 통해 병원으로 즉시 데이터를 전송하고 분석함으로써 내원 건수를 줄였을 뿐 아니라 더 나은 서비스를 제공했다. 이는 탈규모화의 속성에 해당한다. 같은 방식으로 탈규모의 경제는 손목 골절이나 노인 간호 등 분야별로 의료 수요를 나눠 더 나은 서비스를 제공하고 비용을 낮추는 작고 전문적인 의료 기업을 뒷받침한다.

탈규모화된 데이터 주도 의료 시스템은 모든 당뇨병 환자를 같은 방식으로 치료하는 것이 아니라 개인에게 맞춰 치료할 것이다. 수백만 명에게 같은 약을 처방하고 효과가 있기를 바라는 대신 개인의 유전자 구성에 따라 미리 효과를 보장할 수 있는 (그리고 부작용이 없는) 약을 처방할 것이다. 그리고 병에 걸리고 나서 병원에 가는 것이 아니라 '클라우드 속 의사'가 계속 데이터를 관찰하다가 문제가 생겼음을 말해주는 패턴이 나오면 미리 조치를 취하거나 병원에 가라고 알려줄 것이다.

탈규모화 의료의 세상에서 최고의 사업 기회는 병원에 가느라 의료비를 쓸 필요가 없도록 평소에 건강을 유지시키는 데 있을 것이다.

데이터가 뒷받침하는 의료 개혁

탈규모화 의료를 이끄는 동력은 현재 쏟아져 나오고 있는 건강 관련 데이터와 그 데이터 분석을 돕는 인공지능 소프트웨어다. 유전체학은 의료 부문에 엄청난 영향력을 미칠 것이며, 그 이점을 지금 제시하기란 거의 불가능하다. 지금은 정보가 막 디지털화되기 시작한 1970년대와 비슷하다. 당시에는 지금 같은 데이터베이스와 디지털 미디어 그리고 데이터 분석 기술을 예측하기 어려웠다. 우리는 현재 유전체학의 아주 초기 단계에 있다. UBS증권에 따르면 지금까지 유전자 분석을 한 사람의 비율이 0.01퍼센트도 되지 않는다. 유전자 정보를 얻는 비용은 무어의 법칙보다 빨리 낮아지고 있다. 덕분에 유전자 분석은 정부만이 자금을 지원할 수 있는 수준에서 249달러에 가능한 수준까지 왔다. 유전자 검사 비용이 일반적인 혈액검사와 같아질 때까지 계속 낮아지리란 것은 쉽게 예측할 수 있다. MIT와 하버드가 공동 설립한 유전체학 연구소인 브로드 연구소Broad Institute는 2025년까지 유전자 검사가 보편화되면 연간 1제타바이트(10해 바이트)의 데이터가 수집될 것이라 예측한다. 1제타바이트는 2016년 전 세계 인터넷 트래픽과 같은 수치다.

유전자 검사비가 낮아지면 여러 이유로 DNA 시료를 연구소에 보내는 사람들이 늘 것이다. 가령 23앤드미23andMe의 서비스는 혈통, 탈모 같은 개인적 속성, 낭포성섬유증 같은 유전질환 보유 여부 등을 알려준다. 또한 앤세스트리닷컴Ancestry.com은 고객이 보낸 타액 샘플을 분석해 인종적 기원에 대한 정보를 알려준다. 전 세계에서 가장 큰 DNA 데이터베이스를 보유하고 있다고 말하는 이 회사는 지금까지 400만 명이 넘는 고객에게서 샘플을 받았다. 이 모든 활동은 단순한 재미 이상의 의미가 있다. 이유가 뭐든 검사를 받는 사람이 늘수록 더 많은 유전자 관련 데이터가 모인다. 더 많은 데이터는 더 많은 정보를 알려주고, 유전자 검사를 더욱 가치 있게 만들어 모두가 혜택을 누릴 시기를 앞당길 것이다.

유전자 검사에서 얻는 데이터는 개인화된 의료의 핵심적인 요소가 될 것이다. 앤드루 거먼Andrew Gurman 미국 의료협회 American Medical Association 대표는 "유전자 검사 부문에서 이뤄진 새로운 혁신을 토대로 획일적 접근법에 안주하는 대신 개별 환자의 상태에 따른 예측, 진단, 치료를 할 수 있다"[7]고 설명한다. 유전체학은 미국에서 약 2,500만 명이 앓는 각종 희귀 유전질환을 치료하는 데 활용될 수 있다. 유전자 정보는 개인화된 종양 백신 등 수많은 의료 부문 혁신으로 이어질 것이다. 프라모드 스리바스타바Pramod Srivastava는 코네티컷대학 면역학과 임시 학과장은 현재 유전체학을 토대로 세계 최초로 개발된 난소암 백신의 임상 실험에 참여할 환자들을 모집하고 있다. "이전에 개발된 개인화된 종양 백신은 믿음을 기반으로 삼았다. 그러나 유전체학을 토대로 삼으면 각 환자에게 맞는 고유한 백신이 뭔지 실제로 알 수 있다. 이는 종양면역학과 면역 치료 부문을 획기적으로 바꿔놓을 것이다."[8]

유전체 데이터는 인체에 대해 많은 것을 알려주지만 동시에 그 정보는 세포 안에서 일어나는 일에 한정된다. 새로운 의료 시대가 되면 의사들은 DNA 데이터를 활력징후, 활동, 음식, 여행지 등 건강에 영향을 미치는 다른 중요한 요소들에 대한 추가 데이터와 교차 참조할 수 있을 것이다. 이 모든 데이터는 네트워크에 연결된 사물인터넷을 통해 수집될 것이다.

툴민의 리봉고는 사물인터넷 기술을 의료 부문에 도입한 기업 중 하나다. 리봉고의 네트워크 기기는 당뇨병 환자의 혈당치를 인공지능 기반 시스템으로 전송한다. 네트워크 기기는 앞으로 심박 수, 혈압, 체온, 수면 시간 등 상상할 수 있는 모든 정보를 전송할 것이다. 퓨처 패스 메디컬Future Path Medical은 유로센스UroSense라는 기기를 만든다. 이 기기는 카테터를 삽입한 환자의 소변을 분석해 신장 문제나 전립선 종양을 예측하는 데 도움을 준다. 이런 기기는 의사들도 일부 구매하겠지만, 다수는 건강을 유지하고 활력을 높이려는 소비자들이 구매할 것이다. 시장 분석 기업인 리서치 빔Research Beam은 2014년에 600억 달러였던 사물인터넷 의료 시장 규모가 2021년에는 1,360억 달러에 이를 것으로 예측한다.

한편 휴대전화는 우리가 어디에 있고, 어디에 있었는지 안다. 이런 정보는 오염 지역 방문 여부를 교차 참조해 특정 지역에 흔한 질환이나 독감을 진단하는 데 도움을 준다. 또한 온라인으로 음식과 식료품을 주문하면 건강에 중대한 영향을 미치는 요소에 대한 데이터가 확보된다. 이 데이터는 다른 의료 데이터와 결합해 진단에 도움을 줄 수 있다. 우리의 온라인 활동은 얼마나 많이 일하고 운동하는지 파악하는 데 참고가 된다. 이 모든 데이터는 우리의 건강에 대해 많은 것을 말해준다. 나중에는 건강과 관련된 모든 데이터가 다른 앱이나 기기와 연결된 일종의 개인 건강 앱으로 흘러들어 갈지도 모른다. UBS 증권이 발표한 건강 관련 신기술 보고서는 이렇게 예측한다. "페이스북은 가치 있는 개인 정보를 많이 갖고 있다. 그 가치 중 다수는 휴대전화에 있는 다른 앱들이 페이스북 프로필에 접근할 수 있도록 허용하는 데서 나온다. 우리는 페이스북 프로필을 활용해 많은 앱에 로그인할 수 있다. 이는 페이스북의 데이터가 지닌 가치를 높여준다. 의료 부문에서도 소비자 대상 유전자 분석 기업이 개인 건강 데이터의 허브가 돼 그 가치를 높이는 비슷한 일이 일어날 수 있다. 가령 애플 헬스 같은 앱에 데이터를 제공하거나 핏비트 같은 앱과 연동될 수 있다."[9]

이 모든 새로운 데이터에 중요한 정보가 하나 더 추가될 것이다. 바로 개인 건강 기록이다. 전자건강기록Electronic Health Record이 오랜 논의 끝에 마침내 자리를 잡아가고 있다. 〈베커스 호스피털 리뷰Becker's Hospital Review〉에 따르면 2009년에 미국 병원의 16퍼센트가 전자건강기록을 활용했다. 2013년에는 그 비중이 80퍼센트로 급증했다. 건강 기록이 디지털화되고 검색 가능해지면 환자들이 접근해 자신의 건강을 관리할 수 있는 부분이 늘어난다. 사물인터넷 기기, 유전자 분석, 검사, 진료 기록에서 얻은 데이터를 모두 합하면 개인의 몸과 건강에 대해 깊은 지식을 얻을 수 있다. 그에 따라 각 환자를 대중시장의 일부가 아닌 1인 시장으로 대응할 능력이 생긴다.

이 부분에서 인공지능이 대단히 중요한 역할을 한다. 인공지능은 학습이 가능한 소프트웨어로, 개인에 대한 데이터를 받아들여 그 개인을 알아가고, 건강과 관련된 패턴을 파악할 수 있다. 가령 심박 수나 혈당치를 관찰하는 사물인터넷 기기에서 더 많은 정보가 접수되면, 특이한 변화를 감지함으로써 발병 여부를 파악할 수 있다. 그러면 질병을 조기에 발견해 훨씬 쉽게 치료할 수 있다.

앞으로는 건강 문제가 생겨도 폭넓은 서비스를 제공하는 병원에 가지 않을 것이다. 왜 문제가 생겼는지 이미 알고 전문적인 소규모 치료 수단을 찾을 수 있기 때문이다. 포괄적인 서비스를 제공하는 병원에 대한 대중적 수요는 특정 질환만 치료하는 전문화된 의원에 대한 개별 수요로 대체될 것이다.

다양한 의료 서비스

환자들로 가득한 병원 대기실에서 기다리는 일은 왕진이 사라진 이후 흔한 경험이 됐다. 그러나 아마존 웹 서비스의 임원 출신 레이 브래드포드Ray Bradford가 만든 스프루스Spruce는 앞으로 이뤄질 변화의 신호로, 의사와 휴대전화로 '상담'할 수 있도록 해준다. 첫 서비스 분야는 피부 질환이었다. 스프루스 앱에 들어가면 여드름, 습진, 벌레 물림 같은 선택 항목이 있다. 각 항목은 피부 유형(정상, 건성, 지성)을 비롯해 진단에 필요한 일련의 질문을 한다. 그다음 해당 부위 사진을 요청한다. 끝으로 사용자는 정보를 보낼 특정 의사 혹은 '가장 먼저 가능한' 의사를 선택할 수 있다. 그러면 의사는 대개 24시간 안에 처방전과 함께 질환 치료법을 알려준다. 비용은 40달러로, 일반적인 환자 부담금보다 많이 비싸지 않다. 그래서 보험이 적용되지 않아도 스프루스를 이용할 만하다.

스프루스는 휴대 기기를 기반으로 새로운 의료 서비스를 제공하는 여러 스타트업 중 하나다. 이런 의료는 '원격의료'에 해당하지 않는다. 오래전에 나온 이 용어는 스카이프처럼 영상을 통해 실시간으로 이뤄지는 의료 활동을 뜻한다. 새로운 의료는 휴대전화, 이동성, 클라우드 기반 인공지능을 토대로 의료를 다시 생각하게 한다. 닥터 온 디맨드^{Doctor on Demand}와 헬스탭^{HealthTap} 같은 휴대 기기 기반 의료 서비스 기업들은 자신을 의료 부문의 우버라고 소개한다. 이들은 각각 2,000만 달러가 넘는 자금을 확보했다. 다른 앱들은 혈압이나 심전도 수치를 전문의에게 보낸다. 시력 검사용 앱은 안과에서 쓰는 스팀 펑크 스타일의 검사기만큼 정확해지고 있다. 와비 파커는 휴대전화로 시력 검사 서비스를 제공할 준비를 하고 있다.

의사들은 데이터 및 인공지능을 활용해 지금보다 훨씬 빠르고 정확한 진단을 내릴 수 있게 될 것이다. 이는 의료비를 크게 낮추고 건강을 증진할 잠재력을 키운다. 이미 클리블랜드 클리닉^{Cleveland Clinic}과 다른 병원에서 테스트한 IBM의 인공지능 왓슨은 의사와 협력하면서 정확한 진단에 이르도록 환자들에게 질문을 한다. 지금까지 어떤 의사도 다 읽을 수 없는 방대한 양의 연구 결과 및 사례 연구 내용이 왓슨에 입력됐다. (의료 정보는 5년마다 두 배로 늘어난다. 의사 중 81퍼센트가 의료 저널을 읽는 시간이 한 달에 5.5시간 미만이라고 말한다. 의사들은 최신 연구 내용의 일부밖에 알지 못한다.) 특이 질병의 경우, 의사와 왓슨은 데이터를 토대로 가능한 결론을 좁힌다. 이런 협업은 환자가 더 나은 치료를 받는 것뿐 아니라 의사가 조사에 시간을 덜 들이고 진단을 더 빨리 내리는 데 도움을 준다. 윌리엄 모리스^{William Morris} 클리블랜드 클리닉 최고정보관리책임자^{Chief Information Officer, CIO}에 따르면 "인공지능은 의사의 과로 문제 그리고 데이터 과다로 적절하게 구성된 정보를 얻지 못하는 문제를 해결할 수 있는 강력한 잠재력을 지녔다."[10]

시간이 지나면 왓슨 같은 인공지능 시스템이 환자들을 잘 알게 되는 한편 계속 의료 정보를 학습하면서 의사들에게 갈수록 더 나은 답변을 제시할 것이다. 병원을 운영하는 사람들은 데이터의 흐름을 관리해 의료 서비스의 질을 개선하는 방법을 찾아내야 할 것이다.

컬러 지노믹스의 라라키는 이렇게 말한다. "컴퓨터공학을 하는 제가 보기에, 지금 의사들이 수술하는 방식은 전문가 시스템용 소프트웨어와 같습니다. 그들은 평균적으로 똑똑한 사람의 두뇌에 맞도록 단순하게 만들어진 의사결정나무^{decision tree}에 의존하죠. 의과대학원에서 이 의사결정나무를 가르칩니다. 그러나 나중에 현장에서 이뤄지는 결정은 복잡하고 제한된 정보를 토대로 삼습니다." 현재 주어진 기회는 의사들이 인공지능 주도 시스템과 협력해 사람의 두뇌에 담을 수 없는 수준의 데이터와 의학 지식에 접근할 수 있게 되리란 것이다. 라라키의 말에 따르면 "의사는 드문 초능력을 발휘하는 사람이라기보다 데이터를 활용하는 사람에 가까워질 것"[11]이다.

데이터와 인공지능은 로봇이 일을 더 잘하도록 '학습'을 돕는다. 로봇은 의료 부문에서 이미 눈 수술 같은 까다로운 수술을 돕고 있다. 결국에는 특정 수술에서 로봇이 사람보다 나아질 것이다. 로봇은 사람보다 정확하고, 결코 쉬지 않는다. 그렇다고 의사들이 수술실에서 사라지지는 않을 것이다. 대신 현장에서 혹은 원격으로 로봇과 협력할 것이다. 최고의 의사를 따라 하도록 로봇을 프로그래밍할 수 있다면 몇몇 대형 병원이 아니라 수많은 소형 병원에서 최고의 의사가 진료하는 효과를 얻는다. 이미 200개 이상 기업이 의료용 로봇 시장의 다양한 측면에서 활동하며 용도가 폭넓은 전문 기기를 만들고 있다. 2000년에 미국 식약청 승인을 얻은 다빈치 서지컬 시스템da Vinci Surgical Systems은 최소 침습 시술minimally invasive procedure (환자에게 미치는 영향을 최소화하는 방식—옮긴이 주)을 보조하는 로봇으로, 포도 껍질을 벗길 수 있을 만큼 정확하다. 다만 일부 로봇은 완벽하게 다듬어 현장에 도입하기까지 시간이 걸릴 것이다. 가령 존슨 앤드 존슨이 개발한 세더시스Sedasys는 짧은 수술에서 마취 전문의 없이 마취제를 투여하고 환자의 상태를 관찰하는 로봇이다. 미국 식약청은 광범위한 안전 시험 이후 2013년에 세더시스를 승인했다. 이 로봇을 활용하면 비용을 크게 낮출 수 있다. 마취 전문의는 2,000달러가 들지만 세더시스 사용료는 200달러에 불과하다. 그러나 예상대로 마취 전문의들이 격렬하게 반대하고 나섰다. 결국 병원들이 구매를 꺼리자 존슨 앤드 존슨은 마지못해 2016년에 생산을 중단했다.[12]

대다수 대중시장 제약사들은 비정밀의료imprecision medicine의 결정체다. 〈네이처Nature〉에 따르면, 미국에서 가장 많이 팔리는 10대 약이 실제로 도움이 되는 경우는 복용자 25명 중 1명에서 4명 중 1명 사이에 불과하다.[13] 콜레스테롤을 낮추는 데 자주 쓰이는 스타틴statin 같은 일부 약은 50명 중 1명에게만 도움이 된다. 이렇게 생각해보라. 미국 식약청의 승인을 받으려면 대다수 사람에게 안전하고 효과가 있다는 사실을 증명해야 한다. 그러나 당신은 대다수 사람이 아니다. 당신은 당신이다. 절반의 환자에게는 오히려 해롭고, 절반의 환자에게는 효과가 좋은 암 치료제가 있다고 치자. 이런 약은 절대 승인을 받을 수 없다. 그러나 데이터와 인공지능을 통해 개인화된 의료가 이뤄지면, 유전자 구성을 토대로 효과를 볼 수 있다는 사실을 사전에 확실하게 알 수 있다. 그러면 약물 투여와 승인이라는 개념 자체가 전부 바뀐다. 케빈 켈리Kevin Kelly는 《인에비터블The Inevitable》에서 이렇게 쓴다. "N=1 실험(한 사람에게만 적용되는 약물 실험)

이 과학적으로 타당하게 보이지 않을 수도 있지만, 당신에게는 대단히 타당할 수 있다. 이는 여러 측면에서 이상적인 실험이다. 당신의 육체와 두뇌라는 특정한 대상을 두고 특정한 시점에 변수 X를 시험하기 때문이다. 해당 요법이 다른 사람들에게 효과가 있는지는 아무 상관이 없다. 당신이 알고 싶은 것은 '내게 어떤 효과가 있는가?'다. N=1은 정밀한 초점을 맞춘 결과를 제공한다."[14] 물론 N=1 접근법은 식약청을 당황시킬 것이다. 이 기관은 원래 일반 대중을 위한 약물을 검사하기 위해 만들어졌다. 그래서 전체 절차를 바꿔야 할 것이다.

그럼에도 데이터를 통해 약물이 효과를 낼지 여부를 사전에 알 수 있는 수준까지 간다면 더 많은 약물이 승인을 받아 개발비가 낮아질 것이다. 신약은 효과를 증명해야 하는 과도한 부담에서 벗어난다. 또한 개발비가 낮아지면 잠재적 시장이 작아도 수익을 올릴 수 있다. 소규모 제약사는 틈새시장을 위한 신약을 신속히 개발해 대형 제약사와 경쟁할 기회를 얻을 것이다. 궁극적으로 의료산업이 예측하는 바는 데이터와 인공지능이 결합해 한 사람에게 맞춰진 약물을 만들게 된다는 것이다. 유전자 데이터는 의사가 특정 환자에게 효과가 있는 약물을 파악하는 데 도움을 줄 것이다. 그러면 제약사는 같은 약물을 대량으로 제조하고 유통시키는 것이 아니라 해당 환자를 위한 1회용 약물을 만들 것이다.

앞으로 쏟아질 유전자 데이터 및 건강 데이터는 보험에도 엄청난 영향을 미칠 것이다. 현재 미국에서 국민의료보험을 놓고 벌어지는 정치적 논쟁은 어떤 의미에서 방향이 잘못됐다. 정책 입안자들은 1인 시장을 위한 보험이 제공되도록 만들어야 한다. 물론 이 일은 까다로울 수 있다. 의사가 환자의 발병 여부를 예측하는 데 도움을 주는 모든 데이터는 보험사가 고객 건강을 예측하는 데도 도움을 준다. 현재 보험업이 성립되는 이유는 비교적 건강한 사람들이 내는 보험료가 아픈 사람들에게 지출되는 높은 비용을 보조하기 때문이다. 그런데 보험사가 고객에게 들어갈 비용을 정확하게 예측할 수 있다면 거기에 따라 보험료를 책정할 수 있다. 그러면 건강을 잘 돌보고 유전적으로 질병에 취약하지 않은 사람은 아주 적은 보험료를 내게 될 것이다. 반면 담배를 피우거나, 운동을 하지 않거나, 유전적으로 병에 걸릴 가능성이 많은 사람은 높은 보험료를 내게 될 것이다. 이처럼 보험료가 심하게 차이 나는 것은 대단히 부당해 보일 수 있다. 정책 입안자들은 이 문제를 어떻게 해결해야 할지 논의해야 한다.

보험 시장에서 강력하게 작용할 또 다른 역학이 있다. 개인화되고, 예측성이 높으며, 탈규모화된 의료는 더 낮은 비용으로 더 많은 사람을 건강하게 만들 것이다. 암이나 심장병을 조기에 포착해 쉽고 저렴하게 치료할 것이기 때문이다. 보험사가 더 많은 건강 데이터에 접근할 수 있도록 허용하면 고객에게 적용되는 보험료가 더 저렴해질 것이다. 데이터가 많으면 조기에 질병을 막을 가능성이 높아지기 때문이다. 물론 프라이버시가 노출될 위험은 커진다. 개인은 이 위험과 의료비 및 보험비로 내고 싶은 금액을 저울질해야 할 것이다. 개인 데이터를 넘기고 싶지 않은 사람은 훨씬 많은 비용을 내게 될 것이다. 심지어 데이터를 넘긴 환자보다 더 많이 낼 수도 있다. 이는 각자가 절충해야 하는 문제다.

의료산업에서 다가오는 기회

의료 부문은 아날로그에서 디지털로 옮겨가고 있다. 이 변화는 훨씬 복잡하기는 하지만 음악 산업이 아날로그(음반, 카세트 테이프)에서 디지털(CD, 다운로드, 스트리밍)로 이동하던 때와 크게 다르지 않다. 오랫동안 전문가들의 머릿속에 담긴 지식을 중심으로 이뤄지던 의료는 이제 데이터를 둘러싼 과학적인 문제가 되고 있다. 의료의 초점은 발병 후 치료에서 건강 유지 및 사전 예방으로 옮겨가고 있다. 또한 대중시장을 위한 규모화 접근법에서 1인 시장을 위한 탈규모화 접근법으로 옮겨가고 있다. 이 모든 변화는 기술을 통해 기존 관행을 바꿀 수 있는 엄청난 기회를 열어준다. 2000년대 중반만 해도 나는 의료 부문 스타트업에의 투자를 전혀 고려하지 않았다. 그러나 지금 의료 부문은 혁신적인 신생 기업들이 줄기차게 새로운 제품을 시장에 선보이는 가장 흥미로운 투자 부문이 됐다.

다음은 내가 보기에 앞으로 유망한 기회가 생길 분야다.

인화된

의료 기술　리봉고는 당뇨병 환자들을 돕기 위해 스마트 폰처럼 쉽게 쓸 수 있는 무선 기기를 만들었다. 이 기기는 클라 우드를 통해 리봉고의 소프트웨어나 필요한 경우 상담원에게 연결된다. 시장 규모를 보면 미국만 해도 3,000만 명, 세계적으 로는 수억 명의 당뇨병 환자들이 있다. 게다가 이는 당뇨병 하 나만 따진 것이다.

고혈압부터 암까지 다양한 질병에 대처하거나 건강 상태를 더 잘 이해하도록 돕는 네트워크 의료 제품과 서비스가 급증하 리란 것은 의심의 여지가 없다. 벤처투자를 받은 기술 기업들 을 분석하는 CB 인사이트가 2016년 9월에 발표한 바에 따르 면 72개 스타트업이 네트워크 의료 기기를 만들었다.[15] 앞으로 어떤 기기들이 나올지 예측할 수 있도록 사례를 들자면, 오소센 서OrthoSensor는 인공 무릎관절에 삽입돼 새로운 관절이 제대로 작동하는지 알려주는 기기를 만든다. 바이탈 커넥트Vital Connect 는 큰 반창고처럼 생겨서 심박 수, 호흡수, 피부 온도, 자세 같 은 정보를 전송하는 헬스패치HealthPatch를 만든다. 독일 회사인 비보센스메디컬VivoSensMedical은 여성의 질에 삽입하면 가임기를 알려주는 오뷸러링OvulaRing이라는 제품을 판매한다.

의료 기기 부문의 또 다른 신제품은 환자들이 처방을 따르도 록 돕는 네트워크 약물이다. (의료계는 환자들이 처방을 제대로 따 르지 않는 비율이 거의 절반에 이른다고 생각한다.) 지금까지 약은 복용자가 어떤 상태인지, 기대한 효과를 봤는지 알지 못했다. 앞으로는 처방을 받을 때 약뿐 아니라 휴대전화나 팔찌형 모니터 혹은 네트워크 체중계로부터 받은 생리적 데이터를 분석해 약효가 나는지, 복용량을 조절해야 하는지 등을 파악하는 소프트웨어가 제공될 것이다. 이 소프트웨어는 모든 데이터를 치료 활동을 위한 앱으로 보낼 것이다. 진전이 보이면 약을 계속 복용할 가능성이 높아지기 때문이다. 주요 제약사들은 약물을 디지털화하는 방안을 궁리하기 시작했다. 머크Merck는 몇 년 전에 '기술 기반 서비스'를 모색하기 위해 브리 헬스Vree Health라는 사업부를 만들었다.

이 모든 감지 기술을 통합하면 가상 병원을 만들 수 있다. 의사들은 환자가 굳이 대형 병원을 찾지 않아도 집이나 소형 의원 등 어디에 있든 상태를 관찰할 수 있다. 병원은 클라우드에 존재하면서 네트워크와 소프트웨어로 센서와 의사 및 환자 관리를 통합할 것이다.

개인 건강
데이터   의료계는 환자의 건강 기록을 디지털화하는 데서 진전을 이뤘다. 그러나 그 과정은 느리고 투박했다. 건강 기록은 표준화되지 않았고, 여러 기술 시스템은 물론 환자나 의사 혹은 연구자 사이에 쉽게 공유되지 않았다. 데이터가 좋은 의료의 중요한 요소가 되면, 환자들은 자신의 정보에 대해 더 많은 접근권과 통제권을 원할 것이다. 이는 스타트업이 시장의 수요를 새로운 방식으로 충족할 수 있는 거대한 기회다.

우리 회사는 페이션트뱅크PatientBank라는 스타트업에 투자했다. 설립자 폴 플레처 힐Paul Fletcher-Hill의 말에 따르면, 이 회사는 그와 다른 설립자들이 자신들의 정보를 이용해 의료 기록 앱을 만들고자 시작했다. "우리는 우리 데이터에 쉽게 접근할 수 있을 줄 알았습니다. 하지만 그렇지 않다는 걸 곧 알게 됐죠. 우리 기록을 보려면 지금까지 다닌 모든 병원에 정식으로 요청서를 보내야 했습니다. 그리고 수많은 기록 중에서 원하는 내용을 일일이 찾아야 했죠. 우리는 더 나은 방식이 있으리라 생각했습니다."[16] 현재 이 회사의 앱은 개인과 사업체를 대신해 의료 기록을 수집한다. 고객들은 의료 기록을 팩스로 받거나 병원에 직접 찾아갈 필요 없이 온라인으로 신청하면 약 열흘 안에 받을 수 있다. 이는 일반적인 소요 기간보다 세 배나 빠른 것이다.

우리는 소위 '개인 건강 클라우드'를 개발해야 한다. 여기에 모든 건강 관련 데이터를 모아 승인된 개인이나 소프트웨어가 쉽게 접근할 수 있도록 만들어야 한다. 시애틀의 켄사이KenSci와 샌프란시스코의 아이케어iCare를 비롯해 많은 기업이 이런 일을 하고 있다. 또한 내가 돕고 있는 다른 스타트업도 있다. 의료산업에는 애플의 앱스토어처럼 혁신가와 창업가 들이 앱과 서비스를 구축할 수 있는 개방된 플랫폼이 필요하다.

의료용
인공지능

인공지능은 앞으로 쏟아질 의료 데이터를 한데 통합하는 동력이 될 것이다. 각 사용자의 수치를 분석하고, 특이한 변화를 포착해 서비스를 뒷받침하는 리봉고의 인공지능처럼 틈새 서비스의 핵심이 될 것이다. 포괄적이고도 대규모로 전개돼 의사와 병원이 환자 상태를 추적하고 이해하는 데 도움을 줄 것이다.

IBM은 의료용 인공지능에 상당한 투자를 하고 있다. 의료용 인공지능을 통해 작동하며, 〈스타트렉〉에 나오는 장치를 참고한 진단 기기를 만드는 스타트업 스캐나두Scanadu의 최고의료책임자Chief Medical Officer,CMO 앨런 그린Alan Greene은 이렇게 말한다. "왓슨 같은 인공지능이 곧 기계와 인간을 통틀어 세계 최고의 진단 능력을 갖출 겁니다. 기술 발전 속도로 보면, 지금 태어나는 아이는 성인이 됐을 때 거의 의사를 찾아가지 않고도 진단을 받을 수 있을 겁니다."[17]

다른 기업들은 보다 특정 소비자에 초점을 맞춘 의료용 인공지능 제품을 개발하고 있다. 스탠퍼드대학의 컴퓨터공학자들은 인공지능 및 로봇 부문 선구자인 세바스찬 스런Sebastian Thrun의 도움을 받아 피부과 전문의만큼 피부암을 잘 진단하는 인공지능 주도 소프트웨어를 개발했다. 연구진은 13만 장에 이르는 피부암 이미지로 데이터베이스를 만들어 잠재적 위험을 판별하도록 학습시켰다. 스런의 말을 들어보자. "인공지능 소프트웨어가 피부과 전문의만큼 진단을 잘할 수 있다는 사실을 깨달았습니다. 그 결과, 우리 생각이 바뀌었습니다. '이건 단순한 연구 프로젝트가 아니라 인류를 위해 좋은 일을 할 기회야'라고요."[18]

인공지능은 의료의 모든 분야로 파고들 것이다. 가령 엑스레이와 MRI 그리고 다른 시험 결과를 판독해 인간이 놓치는 패턴을 발견할 것이다. 또한 어떤 합성 물질이 어떤 유전자 구성에 맞는지 파악하는 데 도움을 줄 것이다. 그리고 소비자 행동의 폭넓은 추세를 포착해 질병 확산을 조기에 파악하고, 차단하는 데 도움을 줄 것이다. 실제로 나는 인공지능을 활용하지 않는 의료 부문 스타트업에는 별로 관심이 없다.

신형 의료

일부 의사들은 앞으로 어떻게 변할지 이미 간파했다. 의사이자 펜실베이니아주 댄빌Danville에 있는 가이징거 헬스 시스템Geisinger Health System의 대표 데이비드 파인버그David Feinberg는 〈베커스 호스피털 리뷰〉와의 인터뷰에서 이렇게 말했다. "대기실과 그것이 대표하는 기존 구조를 모두 없애고 싶습니다. 대기실은 의료가 공급자 중심임을 말해줍니다. 의사가 가장 중요한 사람이고, 모두가 의사의 시간을 얻는다는 뜻이죠. 대기실의 환자들은 그 의사들을 위한 재고인 셈입니다. 우리는 접근성과 가용성을 높여 환자들을 돌보는 일, '기다리고 있습니다'라고 말할 수 있는 기회를 감사히 여기고 있음을 알려야 합니다."[19]

데이터와 앱이 대다수 진단 및 예방을 할 수 있게 되면 의사들은 대중시장용 절차를 처리하는 역할보다 개인에게 초점을 맞춘 서비스를 제공하는 역할에 더 집중해야 한다. 연례 건강진단이라는 개념 자체가 크게 달라질 것이다. 모든 사람의 유전자가 분석되며, 그 데이터는 모든 의료 기록, 건강 및 생활습관과 관련된 다른 데이터와 함께 클라우드에 저장될 것이다. 그러면 건강진단은 자동차를 검사할 때처럼 컴퓨터에 접속해 수치를 분석하기만 하면 지금 병원에서 제공하는 것보다 나은 결과를 제공할 것이다.

이 모든 일은 현재 대중시장을 상대하는 대규모 병원의 통합적인 서비스 중에서 특정 측면을 앗아 갈 수 있는 새로운 유형의 데이터, 환자 중심 소규모 병원에 기회를 열어준다.

건강

보험　　의료는 보험이 실질적으로 생태계의 일부를 이루는 유일한 업종이라는 점에서 특이하다. 의료가 데이터 주도, 환자 중심, 탈규모화로 나아가면 보험도 달라질 것이다. 클라우드 기반 전자건강기록이 모든 건강 관련 데이터를 포괄하고, 개인이 보험사와 공유하는 수준을 제어할 수 있을 때 최대 기회가 열릴 것이다. 새로운 유형의 보험사는 이 데이터를 활용해 비슷한 사람들을 한데 묶는 것이 아니라 개인별로 특화된 상품을 제공할 것이다. 또한 협상에 따라 할인 혜택을 제시할 것이다. 즉 접근할 수 있는 데이터가 많을수록 더 나은 조건을 적용할 것이다. 그러면 개인의 행동이 보험비에 더 큰 영향을 미치게 될 것이다.

유전체학

빅뱅   우리는 현재 UBS 증권이 말한 '유전체학 빅뱅'의 초입에 있다. 이 분야는 곧 급성장할 것이다. 유전자 분석 비용은 무어의 법칙 곡선보다 빠르게 떨어지고 있다. 그럼에도 지금까지 유전자 분석 서비스를 받은 사람의 비율은 0.01퍼센트에 불과하다. 컬러 지노믹스, 앤세스트리닷컴, 23앤드미 같은 기업들이 주도하는 소비자 유전체학 서비스, 즉 소비자에게 직접 판매해 결과를 제공하는 서비스는 2000년대의 휴대전화처럼 급성장할 전망이다. 유전자 데이터는 의료산업의 탈규모화를 이끄는 가장 중요한 원료가 될 것이다.

유전체학 스타트업들은 암이나 알츠하이머병 같은 질병뿐 아니라 탈모나 비만 같은 문제가 생길 가능성을 파악하는 서비스를 제공할 것이다. 또한 유전자 적합도를 토대로 개인에게 맞는 약이 뭔지 알려줄 것이다. 그리고 유전자 데이터를 분석해 평생 적절한 요법을 안내할 것이다.

앞으로 10년이 지나면, 과학은 완전히 새로운 수준의 유전자 기술, 바로 유전자 편집술을 개발할 것이다. 2013년에 연구자들이 최초로 인간 세포의 유전체를 정확하게 잘라내는 데 성공하면서 크리스퍼-카스9CRISPR-Cas9라는 획기적인 기술이 대중에게 알려졌다. 이 기술은 금세 논쟁에 휩싸였다. 후손에게 전달되는 소위 배세포를 편집할 수 있기 때문이었다. 그래서 더 똑똑하고, 힘세고, 매력적인 후손을 만들어 완벽하게 다듬어진 사람들과 나머지 사람들 사이에 엄청난 간극을 초래할 가능성이 있었다. 이런 이유로 배세포 편집은 일부 국가에서 불법이며, 다른 국가에서도 뜨거운 논쟁을 불러일으켰다.

그러나 크리스퍼-카스9는 후손에게 전달되지 않으며, 일부 유전질환 내지 결함을 일으키는 체세포도 편집할 수 있다. 여러 기업과 연구소가 이 일을 안전하고 효과적으로 할 수 있는 방법을 개발하기 위해 경쟁하고 있다. 2016년 말, 중국 과학자들이 공격성 폐종양을 치료하기 위해 크리스퍼-카스9로 수정한 세포를 최초로 사람에게 주입했다. 이 실험은 유전자 편집에 대한 과학적 연구 속도를 더욱 높였다. 칼 준Carl June 펜실베이니아 대학 면역요법 전문가는 〈네이처〉와의 인터뷰에서 이렇게 말했다. "생명공학 발전을 놓고 중국과 미국이 결투를 벌이는 '스푸트니크 2.0'이 촉발될 겁니다. 이는 중요한 의미를 지닙니다. 경쟁은 대개 최종 결과물을 개선하니까요."[20]

유전자 편집술을 안전하고 효과적으로 만들어 흔하게 쓰기까지는 아직 갈 길이 멀다. 그러나 그런 날이 오면 나는 유전자 편집술을 활용한 다음 사업 아이디어를 찾을 것이다.

5장

...

교육
열정적인 일을 위한 평생학습

어떤 체제에 변화를 일으키는 데 외부인이라는 점이 오히려 도움이 될 때가 있다. 제프 베조스는 아마존닷컴을 만들 때 유통업에 종사하고 있지 않았다. 패트릭 콜리슨과 존 콜리슨은 스트라이프를 시작하기 전에 금융계에서 일한 적이 없다. 샘 초다리Sam Chaudhary는 클래스도조ClassDojo를 만들어 교실을 바꾸기 전까지는 교육자가 아니었다. 초다리는 웨일스에 있는 작은 바닷가 마을에서 자랐다. 그가 초등학생일 때 온 가족이 아부다비로 이주했다. 아부다비에서 그가 다닌 국제학교는 공부를 잘하는 학생(초다리도 그중 한 명이었다)이 다른 학생들을 가르치도록 하는 경우가 많았다. 그래서 초다리는 "12살 때부터 18살 때까지 일주일에 20시간 정도 다른 학생들을 가르쳤다."[1] 그는 되돌아보면 그 경험이 자신을 교육 부문에서 일하게 만들었다고 말한다.

그러나 초다리는 한동안 교육 부문에서 일할 생각이 없었다. 그는 영국 케임브리지대학에서 박사 학위를 따고 경제학자가 될 생각이었다. 대형 은행에서 일자리를 제안했지만 금융에는 흥미가 없었다. 대신 그는 잠시 고등학교에서 학생들을 가르쳤다. 컨설팅 대기업 맥킨지는 이 사실을 알고 교육 프로젝트를 맡기겠다며 입사를 제안했다. 초다리는 맥킨지에서 두어 해 동안 일하다가 리엄 돈^{Liam Don}을 만났다.

돈은 독일에서 태어나 런던에서 자랐으며, 컴퓨터공학을 전공한 게임 개발자였다. 초다리의 말을 들어보자. "우리는 처음부터 죽이 잘 맞아서 같이 일하기로 했습니다. 같이 교육 관련 일을 하고 싶었어요." 그들이 아는 것이라곤 게임 기술이 아이들의 학습을 돕는 유용한 수단이 될 수 있다는 점뿐이었다. 두 사람은 뭘 할지 확실히 모르는 상태에서 샌프란시스코 베이에어리어로 이주해 작은 기술 기업에 지원했다. 초다리는 다음과 같이 말한다. "우리는 여기(미국)서 살거나 일한 적이 없었습니다. 학교를 다닌 적도 없었죠. 그래서 교사들과 대화를 나눠보자고 생각했어요." 그들은 수천 번 전화를 걸고, 수백 명과 대화를 나누면서 교사들이 직면한 문제의 핵심을 파악했으며, 신기술을 통해 문제를 극복할 방법을 모색했다.

초다리와 돈은 교사들이 털어놓는 고충을 들었다. 교실에서 아이들의 행동을 관리하는 데 너무 많은 시간을 들이는 바람에 정작 학습과 발전을 도울 시간이 부족하다는 이야기가 많았다. 두 사람은 교육에 변화가 필요하지만 거의 변화가 일어나지 않는다는 공감대가 폭넓게 형성된 이유를 차츰 이해하기 시작했다.

약 150년 동안 우리 사회는 공장과 기업을 모델 삼아 학교의 규모를 키웠다. 이런 교육 방식은 산업이 진보와 번영의 토대로 농업을 대체한 이후 한 세기 동안에는 옳았다. 학교는 학생들이 세상에 진출할 수 있도록 준비를 시켜야 했다. 공장을 모델 삼아 표준화된 방식을 적용하고, 수업의 시작과 끝을 종으로 알리고, 위계에 따라 학생(노동자)과 교사(경영자)를 확연히 나눴다. 교육은 한동안 그런 역할을 수행했다. 그러나 이번 세기 들어 산업 시대가 저물고 디지털 시대가 시작됐다. 초다리는 "그런데도 교사들은 50년, 100년 전과 같은 방식으로 학생들을 가르쳐야 한다"고 지적한다. 개혁에 나선 사람들도 마치 공장을 재설계하듯 위에서 아래로 잘못 접근했다. 초다리는 이렇게 말한다. "교육은 기계가 아니라 사람으로 구성된 체계입니다. 그래서 아래에서부터 바뀌어야 합니다." 그의 결론에 따르면 진정한 변화는 한 번에 한 교실씩 교사, 학생, 보호자로부터 시작돼야 한다.

초다리와 돈은 교사들과 나눈 대화 그리고 교육의 역사에 대한 생각을 통해 자신들이 해결할 수 있다고 믿는 핵심적인 문제에 이르렀다. 바로 교사들이 학생들의 행동을 개선하고, 스타트업을 만들거나 프로젝트에서 협력하는 고성과 팀의 문화와 비슷한 교실 문화를 창출할 수 있는 수단이 필요하다는 것이었다.

이는 오늘날 세상에서 이뤄지는 일과 더욱 긴밀하게 조화를 이룰 것이었다. 초다리와 돈은 이 통찰을 토대로 교사가 학생들에게 피드백을 주고, 보호자를 참여시키고, 학과 중 찍은 사진과 영상을 올리고, 교실을 보완하는 디지털 커뮤니티를 만들 수 있는 교실 커뮤니케이션 앱을 만들었다. 앱의 이름은 '클래스도조'로 지었다.

이 앱을 활용하면 교사, 학생, 보호자를 아우르는 소규모 소셜네트워크를 만들 수 있다. 교사는 영상이나 공지 사항을 올리고, 보호자에게 자녀의 학업 현황과 행동을 알려주고, 보호자의 의견을 접수하고, 수업에 대해 계속 대화를 나누는 공간을 만들 수 있다. 교사에게 적절한 정보를 얻는 보호자는 대개 자녀의 학교생활에 더 적극적으로 참여한다. 그래서 숙제를 잘하고 교실에서 바르게 행동하도록 지도한다. 이는 교사가 아이들을 감독하는 시간을 줄이고 가르치는 시간을 늘리는 데 도움을 준다. 매사추세츠주 댄버스Danvers에 있는 하일랜드초등학교Highlands Elementary School 4학년인 모건 코스타Morgan Costa는 이렇게 말한다. "이 앱을 쓰면 착한 행동에 대한 보상을 받을 수 있어요. 한 주가 끝나면 누구든 가장 많은 점수를 받은 아이가 선생님의 보조가 되기 때문에 정말 재미있어요. 좋은 기대란 보상도 생기죠. 아빠, 엄마도 앱에 접속해서 우리가 학교생활을 잘하는지 알 수 있어요."[2]

초다리와 돈이 세운 스타트업은 2011년 8월에 클래스도조의 첫 번째 버전을 선보였다. 그로부터 5주 동안 순전히 입소문으로 1만 2,000명 이상의 교사가 가입했다. 10주 뒤에는 가입자가 3만 5,000명으로 늘었다. 이는 미국 전체 교사의 약 1퍼센트에 해당하는 수치다. (이런 인기 덕분에 내가 두 사람의 회사에 투자하게 됐다.) 2016년 중반이 되자 클래스도조는 미국 학교의 3분의 2에서 활용됐으며, 180개국으로 퍼져 나갔다. 교사들은 종일 교실에서 일어나는 일을 보호자와 나누며, 그들을 교실 문화의 일부로 만들었다. 거의 마케팅 없이 빠르게 확산되는 것으로 볼 때 교사들은 클래스도조가 교실 그리고 교사로서의 삶을 더 낫게 만든다고 생각하는 것 같다.

겉으로 보면 클래스도조는 그냥 교사들에게만 유용한 앱이다. 그러나 실은 교육 부문에서 탈규모화를 일으킬 더 거대한 힘을 드러내는 신호이기도 하다. 이렇게 생각해보라. 대형 학교나 학군은 대기업처럼 수많은 교실의 집합체다. 이 모델에 따르면, 교사는 상부 지시를 실행하는 중간 간부다. 학부모는 이런 흐름에서 배제되는 경우가 많다.

클래스도조는 교사들에게 무료로 제공되는 플랫폼으로, 교실 커뮤니티를 중심으로 문화를 창출하고 각 학생에게 맞도록 교육 내용을 쉽게 조정하도록 해준다. 그만큼 교사, 학생, 보호자가 클래스도조를 통해 경험하는 커뮤니티는 학교 전체가 아니라 각 교실이 중심이 된다. 다시 말해 클래스도조는 '학교'를 큰 건물에 나이가 다양한 아이들을 모아놓은 관료적 조직이 아니라 더 작고, 더 개인적이고, 더 맞춤화된 커뮤니티처럼 만드는 데 도움을 준다.

클래스도조는 인터랙티브 강의 기능도 추가하고 있다. 가령 2017년 중반, 예일정서지능연구소Yale Center for Emotional Intelligence 와 협력해 마음챙김mindfulness 수련을 가르치는 짧은 영상을 앱에 넣었다. 수학이나 역사를 가르치는 콘텐츠도 있다. 학생들은 원할 때 자신의 학습 속도에 따라 강의를 들을 수 있다. 이렇게 하면 앱에서 더 많은 교육이 이뤄지고, 교사는 틀에 짜인 내용을 반복하는 대신 일종의 코치가 돼 각 학생의 학습을 이끌 수 있다.

클래스도조 같은 기술을 활용해 더 맞춤화되고 더 친밀한 교육을 받으며 성장한 아이들은 대학이나 직장에서도 같은 방식의 학습을 기대할 것이다. 이는 새로운 시대에 맞도록 교육을 재구성하는 과정의 시작일 뿐이다.

규모화된 교육

호러스 맨Horace Mann은 미국 규모화 교육의 아버지라 부를 수 있다. 그는 독립선언이 이뤄진 지 20년 뒤인 1796년에 매사추세츠주에서 태어났다. 당시에는 농업이 세계경제를 지배했다. 그러다 영국에서 제임스 와트가 증기기관을 발명하면서 산업혁명이 시작됐다. 맨은 20살 때인 1816년에 로드아일랜드에 있는 브라운대학에 입학해 법학을 배웠다. 그로부터 11년 뒤에는 매사추세츠 주의원이 됐다. 이후 정치인으로 활동하던 그는 1837년에 매사추세츠주 최초로 교육위원회를 설립하고 운영했다.

그 무렵 유럽을 여행하던 맨은 공장이 경제를 이끌고, 공장을 모델로 새로운 학교들이 세워지는 광경을 목격했다. 피터 그레이Peter Gray 보스턴칼리지Boston College 교육사는 이렇게 말한다. "기업인들은 교육을 더 나은 노동자를 만드는 수단으로 봤다. 그들에게 가장 중요한 교육은 시간을 엄수하고, 지시를 따르고, 장시간의 지루한 노동을 견디고, 최소한의 읽기와 쓰기 능력을 갖추도록 하는 것이었다." 이런 생각은 심지어 21세기 교육에도 남아 있다. 그레이의 말에 따르면 "아동기는 학습을 위한 시간이 돼야 한다는 생각이 퍼지기 시작했고, 학교는 학습의 공간으로 개발됐다."[3]

맨의 시대 이전, 미국에 사는 대다수 아이들은 교실이 하나뿐인 학교에서 교육을 받았다. 나이가 제각기 다른 아이들이 같은 교실을 썼고, 정해진 교과과정도 없었다. 유럽의 공장식 학교 모델에서 영감을 얻은 맨은 교육 방식을 뜯어고치고자 했다. 그가 이끄는 교육위원회는 주 전체에 걸쳐 표준화된 교과과정을 도입하고, 나이가 같은 학생들을 한 '학년'에 넣고 다음 학년으로 올라가게 만드는 소위 '연령별 학년제'를 실시했다. 어떤 의미에서 학생들은 공장에서 생산되는 제품처럼 조립라인을 거치게 됐다. 즉 대여섯 살에 입학해 모든 교사가 같은 방식으로 가르치는 표준화된 교육을 받다가 18살 때 완성품이 돼 공장식 학교를 졸업하는 것이다. 맨의 혁신은 대성공을 거두며 다른 주로 퍼져나갔다.

표준화된 학교는 규모를 키울 수 있었다. 한 건물에 많은 교실을 넣으면 규모의 경제를 이뤄 더 낮은 비용에 더 많은 학생을 가르칠 수 있었다. 인구가 크게 늘어도 동일하게 표준화된 교육을 복제하기만 하면 됐다. 그 결과, 학교가 계속 커졌다. 2010년대, 뉴욕 브루클린기술고등학교Brooklyn Technical High School, 펜실베이니아주 레딩Reading의 레딩고등학교Reading High School, 텍사스주 댈러스의 스카이라인고등학교Skyline High School 같은 대형 고등학교들은 학생을 4,700~8,000명씩 수용했다.

대학들도 비슷한 경로를 따랐다. 맨이 브라운대학에 다닐 무렵, 대학은 수공업에 가까웠다. 전 세계에 걸쳐 비교적 적은 수의 소규모 캠퍼스들이 소수에게만 고등교육을 제공했다. 그러다 1862년에 미국 의회가 토지공여대학법Land Grant College Act을 통과시키며 대규모 주립대학들이 더 많은 학생에게 문호를 개방하는 새 시대를 열었다. 이제 대학도 사실상 공장처럼 될 수 있었다. 즉 고교 졸업자들을 입학시켜 4년 동안 대개 획일적인 교육과정을 밟게 만든 다음 사회로 내보냈다. 이 글을 쓰는 현재, 미국 최대 대학인 센트럴플로리다대학University of Central Florida

의 재학생 수는 6만 3,000명에 이른다. 그 뒤를 잇는 오하이오 주립대학Ohio State University은 5만 9,000명이다.[4]

규모화된 교육은 전 세계가 이룬 진전의 주된 동력 중 하나였다. 또한 사업과 제도를 통해 번영을 일군 여러 세대의 공장 노동자, 간부, 기업인, 혁신가, 과학자, 정치인, 작가, 미술가를 만드는 데 도움을 줬다. 그리고 수많은 사람을 빈곤층에서 중산층으로 끌어올렸다. 2010년대 중반, 미국에서 4년제 대학 학위를 가진 사람이 전체 인구의 약 3분의 1이나 됐다. 실로 탁월한 성과였다.

그러나 규모화된 교육은 규모화된 사업과 제도를 뒷받침하기도 했다. 즉 대중시장을 위한 획일적 모델을 따랐다. 그래서 우리가 지금 진입하는 탈규모화된 창업 경제를 대비하는 데는 부족한 면이 많다. 또한 신기술을 활용해 개별 학생들을 새로운 방식으로 가르치는 데 도움을 주지도 못한다.

고등교육 부문에서 규모화 모델은 지속가능성을 잃었다. 4년제 대학 학비는 거의 20년 동안 해마다 5퍼센트 이상 올랐다. 한 추정치에 따르면, 이런 추세가 계속될 경우 2010년에 태어난 아이의 사립대학 학비는 거의 35만 달러에 이를 것이다. 2010년대 중반, 카우프먼 재단Kauffman Foundation이 실시한 조사를 통해 학생들의 학자금 대출이 늘면서 창업이 줄었다는 사실이 밝혀졌다.[5] 이 현상에 대한 한 가지 설명은 빚에 짓눌린 청년들이 창업에 나설 기회를 잡지 못한다는 것이다. 빚을 갚으려면 월급을 받을 수 있는 일자리를 택할 수밖에 없다. 이는 규모화된 고등교육의 비용이 중요한 측면에서 사회에 피해를 입히고 있음을 뜻한다.

오랫동안 미국의 정치인, 교육자, 대중은 학교가 학생들이 세상에 나갈 준비를 제대로 시키지 못한다고 우려했다. 그래서 계속 교육 개혁을 시도했다. 그러나 거의 모든 시도가 완전히 문제의 본질을 놓치고 말았다. 바로 현재의 교육 체제가 다른 세상, 지금은 저물어가는 이전 시대에 맞게 구축됐다는 것이다. 개혁에 나서는 사람들은 다른 공장식 규모화 모델을 만들고, 하향식으로 현재의 공장식 규모화 모델을 재설계하려 든다. 새 학교를 짓고, 새 장비와 책을 사들이고, 교사들을 새로 채용해 규모화된 교육 체제를 새로 구축하는 일은 비용이 많이 들고 시간이 오래 걸린다.

우리에게 필요한 것은 탈규모화 경제에 더 잘 맞는 탈규모화 접근법이다. 교과과정은 표준화에서 개인화로 바뀌어야 한다. 신경제가 그 방향으로 나아가고 있기 때문이다. 또한 신기술을 활용해 아동뿐 아니라 성인에 이르기까지 모두의 학습 방식을 재발명해야 한다. 오랫동안 우리는 표준화되고 규모화된 체제를 적용하기 위해 부자연스러운 방식으로 공부해야만 했다. 체제가 사람에 맞추는 것이 아니라 사람이 체제에 맞춘 셈이다. 탈규모화된 세계에서는 체제가 사람에 맞춰야 한다. 기술은 개인 맞춤 학습이 이뤄지도록 도와줄 것이다.

탈규모화 시대의 학습법

칸 아카데미는 인공지능의 세기에 교육 부문에서 이뤄진 가장 영향력 있는 실험 중 하나였다. 설립자 살만 칸은 MIT 시절부터 나와 오랜 친구였다. 나는 칸 아카데미의 이사이기도 하다. 2006년에 유튜브에 영상을 올리면서 시작된 비영리 사업체 칸 아카데미는 학생을 각자의 학습 속도에 맞게 가르치는 정교한 인공지능 주도 온라인 플랫폼으로 성장했다. 마이크로소프트 설립자 빌 게이츠는 빌 앤드 멀린다 게이츠 재단Bill and Melinda Gates Foundation을 통해 칸 아카데미에 900만 달러가 넘는 돈을 기부했다. 멕시코 재벌 카를로스 슬림Carlos Slim도 칸 아카데미가 스페인어 강좌를 늘릴 수 있도록 수백만 달러를 기부했다. 2017년에는 매달 학생 4,000만 명과 교사 200만 명이 36개 언어로 제공되는 칸 아카데미 강좌를 시청했다. 가령 수학 강좌는 유치원생을 위한 쉬운 산수부터 대학생을 위한 미분까지 폭넓다. 칸 아카데미가 전 세계 학생들 중 일부의 학습에 상당한 영향을 미치기는 했지만 살만 칸은 더 큰 야망을 품고 있다.

그것은 "10년 뒤에는 저렴한 스마트폰이나 컴퓨터를 가지고 글자나 숫자 같은 기본적인 것부터 전문 기술 혹은 정식 교육 체제로 연결돼 대학에 가고 직장인이 될 수 있는 기술까지 모든 것을 독학할 수 있도록 만드는 것"[6]이다. 다시 말해 칸은 굳이 학교에 가지 않아도 칸 아카데미에서 스스로 공부하면 어디서든 최고의 일자리를 얻을 수 있게 되기를 바란다.

그가 교실이 사라지기를 바라는 것은 아니다. 다만 근처에 학교가 없는 아이들도 인공지능 주도, 클라우드 기반 강좌를 통해 배울 수 있게 되기를 바란다. 그의 말에 따르면 "물리적 환경은 여전히 아주 중요한 역할을 한다. 물리적 환경에서 많은 사회적, 정서적 발달이 이뤄지고 일하는 습관이 길러진다." 학교는 학년이 아니라 사회적 교류를 나누는 공동체가 중심이 돼야 한다. 그러면 아이들이 팀을 이뤄 성과를 내고, 공동체를 통해 사회적 교류를 하는 법을 배우는 곳이 될 것이다. 또한 학교는 뭘 어떻게 배워야 할지 가르치는 곳이 될 것이다. 아이들이 직접 온라인에서 필요한 콘텐츠와 정보를 구할 수 있도록 말이다. 이런 학습이 우리가 지금 창조하는 기술 및 경제와 더 잘 맞는다.

교실은 클래스도조 같은 앱의 도움을 받아 교사, 학생, 보호자를 중심으로 한 공동체가 될 것이다. 호러스 맨이 만든 학년제는 없어질 것이다. 대신 학습 속도, 독립 수준, 사회적 역량 같은 요소에 따라 학생들을 나누게 될 것이다. 교사는 교실 앞에 서서 정해진 교과과정대로 모든 학생을 똑같이 가르치지 않을 것이다. 대신 코치나 협력자가 돼 프로젝트를 이끌고, 목표를 세우고, 힘든 상황에 대처하고, 온라인 교육에 인간적 접촉을 더할 것이다.

칸 아카데미는 살만 칸이 MIT를 졸업하고 보스턴에서 헤지펀드 매니저로 일할 때 시작됐다. 지금은 일종의 전설이 된 한 이야기에 따르면, 칸은 뉴올리언스에 사는 사촌들의 공부를 도와주고 싶었다. 그래서 2006년에 그림이나 글로 과학 공식 내지 수학 공식을 설명하는 영상을 만들기 시작했다. (간단한 덧셈을 설명하는 첫 번째 영상은 7분 42초 분량으로 〈세서미 스트리트Sesame Street〉를 연상시킨다.) 그는 사촌들이 쉽게 볼 수 있도록 이 영상을 유튜브에 올렸다. 그 결과 흥미로운 사실을 알게 됐다. 그의 사촌들은 어려운 부분을 다시 돌려 보거나 지루한 부분을 건너뛸 수 있다고 좋아했다. 그들은 창피하게 다시 설명해달라고 부탁할 필요 없이 자기 속도에 맞춰 공부할 수 있었다.

이 영상은 유튜브에 올라와 있어서 다른 사람들도 볼 수 있었다. 2009년에는 한 달에 5만 명 이상이 시청했다. 1년 뒤에는 100만 명으로 늘었고, 2011년에는 매달 200만 명이 칸 아카데미의 영상 교육 사이트를 방문했다. 그 무렵 살만은 자신의 천직이 뭔지 깨달았다. 그는 칸 아카데미를 전 세계에 걸쳐 교육을 뒤바꿀 동력으로 만들고 싶었다. 우리는 거기에 '탈규모화'라는 이름을 붙이지 않았다. 그러나 그가 추구하는 것은 사실 대량 생산을 위한 공장식 교육이 아니라 개별 학생이 자신의 속도에 맞춰 원하는 것을 배울 수 있도록 하는 개인화된 교육을 통한 탈규모화였다.

다른 산업에서 탈규모화가 진행된 양상과 비슷하게, 살만은 처음에 새로운 기술 시대의 초기에 등장한 플랫폼에서 규모를 빌려 칸 아카데미를 만들었다. 그는 학생들이 언제 어디서나, 심지어 교실에서도 볼 수 있도록 모바일 기기로 클라우드를 통해 접근할 수 있는 유튜브에 영상을 올렸다. 그러나 이제 살만의 비전을 실현하려면 차세대 기술의 핵심 동력인 인공지능이 필요하다.

인공지능은 인터랙티브 온라인 강좌를 듣는 개별 학생에 대해 학습할 수 있다. 영상 강좌는 중간에 연습과 질문을 삽입하는 방향으로 진화하고 있다. 현재 아마존 알렉사나 구글 나우 수준의 인공지능은 자연어를 이해할 수 있다. 그래서 학생들이 교실에서 교사에게 대답하는 것처럼 말로 반응할 수 있다. 또한 인공지능은 학생이 내용을 이해했는지 파악해 반복하거나 다음 단계로 넘어갈 수 있다. 그래서 학습을 진전시키는 동시에 학생이 짜증나서 포기하지 않도록 적절하게 난이도를 유지할 수 있다. 게다가 시간이 지나면 학생이 아는 것과 모르는 것, 학습 스타일 및 속도, 좋아하는 과목과 싫어하는 과목까지 파악하게 될 것이다. 그러면 이를 토대로 개인 맞춤 수업을 구성할 수 있다. 교육은 이런 양상을 통해 표준화되고 획일적인 교과과정에서 모두의 잠재력을 극대화할 수 있는 1인 시장을 위한 교과과정으로 옮겨갈 것이다. 그 결과, 모든 아이가 대중시장용 교육 체제에 맞추는 것이 아니라 교육 체제가 각자에게 맞추게 될 것이다.

교육에 대한 살만의 비전이 인공지능을 통해 어떻게 전개될지 궁금할 것이다. (이는 살만의 비전만이 아니다. 코세라 같은 다른 많은 곳도 비슷한 온라인 강좌를 개발하고 있다.) 우선 수업은 개인화돼 각 학생의 학습 스타일과 속도에 맞춰진다. 사교, 협력, 공부법 학습 같은 학교생활의 다른 요소들은 교실 공동체의 몫이다. 이런 요소들은 나란히 발전하면서 산업 시대가 아니라 디지털 시대에 맞는 인재를 육성한다.

나는 살만이 캘리포니아주 마운틴뷰에 칸 랩 스쿨Khan Lab School이란 초등학교 세우는 일을 도왔다. 이 학교는 살만의 아이디어를 실행에 옮길 것이다. 즉 학생들을 나이와 학년이 아니라 독립성 수준 및 과목별 지식에 따라 나눌 것이다. 그래서 수학을 잘하지만 작문은 보통인 학생은 수학 수업은 나이가 많은 학생과, 작문 수업은 나이가 적은 학생과 같이 받을 수 있다. 학생들은 모든 교과과정을 교사와 교과서에서만 얻지 않는다. 교사는 학생들이 사고력을 키우고 인성을 개발하며 일부 내용을 익히도록 지도한다. 학생들은 나머지 내용을 온라인에서 찾거나 스스로 조사해 익힌다. 일과는 과목(수학, 역사 등)으로 나뉘는 것이 아니라 각자에게 맞는 공부 시간 및 그룹 협력과 체험 프로젝트 시간으로 나뉜다. 분기마다 성적표가 나오는 것이 아니라 학생과 보호자가 온라인에서 지속적으로 소식과 피드백을 얻는다. 생각해보면 이런 학교는 기술 스타트업과 비슷하고, 전통적인 학교는 20세기의 사무실이나 공장과 비슷하다.

실리콘밸리에서 멀리 떨어진 학교들도 이런 생각을 받아들이고 있다. 캔자스주 로렌스Lawrence에 있는 로렌스공립학교 Lawrence Public School 교사들은 칸 아카데미 영상 시청을 숙제로 내준다. 또한 학생들은 수업 시간에 해당 영상에서 제시한 문제를 같이 풀지 아니면 교사에게 도움을 구할지 선택한다. SRI 인터내셔널이 이처럼 온라인과 오프라인을 합친 혼합형 학습을 하는 학생들을 조사한 결과에 따르면 71퍼센트가 칸 아카데미를 즐겨 활용하며, 32퍼센트는 칸 아카데미 강좌로 공부한 이후 수학을 더 좋아하게 됐다.[7] 실제로 칸 아카데미를 활용한 학생들은 수학 성적이 표준화 시험의 결과로 예상할 수 있는 수준보다 높았다. 이 조사에 따르면 "칸 아카데미 활용과 수학에 대한 불안 및 자신감 수준을 비롯해 예상보다 높은 성취의 상관성이 확인됐다." 한편 교사 중 85퍼센트가 칸 아카데미가 학생들의 학습과 이해에 도움을 줬다고 밝혔다. 또한 다른 교사들에게 혼합형 학습을 권하겠다고 밝힌 비율도 86퍼센트에 이르렀다. 다른 주요한 조사 결과는 다음과 같다.

2년에 걸친 조사에서 대다수(91퍼센트) 교사가 칸 아카데미를 활용한 결과, 학생들에게 근래에 가르친 새로운 개념과 기술을 익힐 기회를 주는 능력이 향상됐다고 밝혔다. 또한 10명 중 8명은 칸 아카데미가 학생들의 지식과 역량을 관찰하는 능력을 향상시켜 뒤처진 학생들을 파악하는 데 도움을 줬다고 밝혔다. 또한 82퍼센트는 칸 아카데미가 다른 학생들보다 앞서 나가는 학생들을 파악하고 고학년에서 익히는 개념을 소개하는 데 도움을 주며, 65퍼센트(저소득층 지역의 경우 72퍼센트)는 칸 아카데미가 뒤처진 학생들이 학습 진도를 따라잡도록 돕는 능력을 향상시켰다고 밝혔다.

이 모든 사실을 통해 칸 아카데미 같은 인공지능 주도 온라인 강좌와 클래스도조 같은 공동체 구축 앱이 오래된 표준화 모델을 해체하고, '학교'란 개념을 개별 학생에 맞도록 재구성하고 있음을 알 수 있다.

인공지능 주도 강좌와 탈규모화된 학교는 표준화 시험도 재고하게 만들 것이다. 표준화 시험이라는 개념 자체가 탈규모화된 1인 시장의 세상에서 의미가 없다. 대신 인공지능 소프트웨어가 온라인 강좌에서 이루어진 학습과 과제의 질을 토대로 개별 학생의 지식수준을 파악할 것이다. 칸 랩 스쿨은 이미 이런 피드백을 학생과 보호자에게 제공하고 있다. 나중에는 전통적인 의미의 시험을 볼 필요가 없어질지도 모른다. 대학에 들어가기 위해 시험을 보지 않아도 인공지능 소프트웨어가 학생의 지식, 역량, 학습 스타일을 정리한 내역을 대학에 보내도록 승인하기만 하면 될 것이다.

규모화에서 탈규모화로 나아가는 개인학습

고용자의 입장에서 대학 졸업장은 지원자의 지식 수준에 대한 부족한 정보를 보완한다. 인사 담당자가 자판을 두드려서 지원자가 뭘 알고 얼마나 똑똑한지 알아낼 길은 없다. 졸업장은 일종의 필터 역할을 한다. 대학은 졸업장으로 학생이 그 학교를 졸업하기에 충분할 만큼 많이 알고 똑똑하다는 사실을 폭넓은 방식으로 인증한다. 20세기 내내 고용자들은 이 필터에 의존했다. 딱히 더 나은 것이 없었기 때문이다. 그러나 모든 학생에게 학습을 시키는 인공지능은 졸업장보다 나은 필터를 제공할 것이다. 즉 뭘 알고 얼마나 똑똑한지 정확히 파악할 것이다. 구직자는 이 정보를 고용자에게 제출할 수 있을 것이다.

그렇다면 좋은 일자리를 얻기 위해 굳이 졸업장이 필요할까? MIT나 스탠퍼드대학의 온라인 공학 코스를 쉽게 수료할 만큼 똑똑하다면, 4년 동안 20만 달러를 들여 해당 학교를 졸업한 사람만큼 자격이 된다는 사실을 인공지능이 인증할 것이다. 졸업장은 폭넓은 집단에 대한 포괄적인 증명, 해당 학교를 졸업한 사람은 모두 특정 수준의 지성과 역량을 갖췄다는 혹은 최소한 졸업할 만큼 충분히 똑똑하다는 증명이다. 반면 인공지능이 온라인 강좌를 토대로 제공하는 인증은 한 사람에게만 해당된다. 그 사람의 지성과 역량을 정확하게 말해주는 세부적인 인증인 셈이다.

대학과 관련된 거의 모든 측면이 탈규모화의 문턱에 있다. 미국 대학들은 전 세계에서 찾아오는 학생들을 넉넉히 수용할 만큼 빠르게 규모를 키우지 못하고 있다. 규모화된 캠퍼스를 운영하는 비용은 급증하고 있으며, 수요가 공급을 크게 초과하며 학비도 천정부지로 치솟고 있다. 날로 늘어나는 학비는 사회적 부담이 됐다. 똑똑하고 지식이 풍부한 인력들을 계속 받아들여야 하는 기업들도 그 부담으로부터 자유롭지 못하다.

여러 정상급 대학들이 탈규모화 교육 시장에서 입지를 마련하기 위해 대규모 공개 온라인 과정Massive Open Online Course, 소위 무크MOOC를 만들고 있다. 2017년 초에 MIT, 조지아공대, 일리노이대학, 애리조나주립대학이 무크 기반 학위를 제공했다. 무크의 특징 중 하나는 수백만 명이 세계 최고 교수들의 강의를 같이 들을 수 있다는 것이다. 이런 교수들은 대개 정상급 사립대학에서 일한다. 이는 여러 중급 대학들의 입지를 위협한다. 저렴한 비용으로(혹은 무료로) 온라인에서 정상급 교수들의 강의를 들을 수 있는데, 굳이 많은 학비를 내고 중급 교수들의 강의를 들을 이유가 있을까? 게다가 인공지능이 강의 내용을 학습 속도와 스타일에 맞춰주기까지 하는데 말이다.

어떤 측면에서 보든, 인공지능이 주도하는 대학 수준의 개인화된 교육은 탈규모화를 통해 규모화된 대학 교육에 도전을 제기할 것이다. 나아가 '고등교육'이라는 개념 자체가 4년 동안 캠퍼스에서 보내는 대학 생활과 멀어질 것이다. 좋은 일자리를 얻기 위해 4년이라는 시간과 상당한 돈을 들일 필요가 없어질 것이다. 대신 사람들은 한 번에 조금씩 평생 배우면서 세부 학위를 여러 개 따는 방식을 택할 것이다. 이런 방식은 21세기 디지털 시대의 일과 경력에 훨씬 잘 맞는다. 이미 확인한 대로 여러 산업과 기술 그리고 특정 기술에 대한 수요가 빠르게 끊임없이 변하고 있다. 이런 환경에서 성공하려면 평생 동안 여러 가지 일을 동시에 해야 한다. 모두가 효율적이고 저렴한 방식으로 계속 배워야 한다.

온라인 교육 지지자들도 전통적인 대학이 사라질 거라 생각하지는 않는다. 그러나 향후 20년 동안 대학 환경은 크게 변할 것이다. MIT, 하버드, 스탠퍼드 같은 소수 명문대는 여전히 연구 중심지로서 똑똑한 청년들이 모여 어울리고 협력하는 곳일 것이다. 비정상급 대학들은 탈규모화된 세계에서 힘든 시간을 보낼 것이다. 해당 시장에 속한 학생들은 갈수록 온라인 학습과 일을 병행하는 쪽을 택할 것이며, 고용자들은 갈수록 이런 변화를 환영할 것이다.

교육산업에서 다가오는 기회

교육 부문의 기회는 에너지나 의료 같은 영리 부문의 창업 기회와 성격이 조금 다르다. 가령 내가 운영에 참여하는 칸 아카데미는 비영리단체다. 나는 교육에서 영리를 추구하면 안 된다고 생각한다. 그러나 클래스도조처럼 교육 부문의 탈규모화를 이끄는 기술에서 많은 흥미로운 기회가 생길 것이다.

다음은 몇 가지 예다.

교육

클라우드   10년 전에는 모두가 그저 전통적인 대학 강의 영상을 온라인에 올리기만 해도 큰 기회가 생길 것이라고 생각했다. 그러나 이는 1950년대에 라디오 프로그램을 텔레비전에서 보여주는 것과 같았다. 영상 강의만으로는 신기술을 제대로 활용할 수 없었다. 이후 칸 아카데미와 코세라를 비롯해 학습 소프트웨어, 콘텐츠, 클라우드를 통한 교류를 혼합하는 사업체들이 등장했다. 그들이 제공하는 서비스는 단순히 화면으로 영상을 보여주는 수준을 넘어, 가정교사처럼 개별 학생의 속도에 맞춰 멀티미디어 학습을 이끌었다. 대부분 흥미로운 기회는 전통적인 대학 교육을 흉내 내는 서비스가 아니라 평생교육 그리고 경력을 다지기 위해 특정 분야를 단기간에 가르치는 세부 학위 프로그램에서 생길 것이다.

새로운 기업들은 학생들이 찾아가는 교육이 아니라 학생들을 찾아가는 교육을 제공할 것이다. 교육 클라우드는 필요에 맞춰 쉽게 접근할 수 있는 학습의 장이 될 것이다. 이 거대한 시장은 아직 채워야 할 여지가 많다. 가령 중견 경력직을 대상으로 기업 교육 프로그램을 제공할 수 있다. 이미 AT&T, 로레알 같은 기업들은 세바스찬 스런 스탠퍼드대학 로봇공학 교수가 설립한 온라인 교육 기업, 유다시티^{Udacity}와 온라인 재교육을 위한 계약을 맺었다. 로레알 직원들은 영상 기반 강좌로 경력을 쌓는 데 도움이 되는 디지털 마케팅 세부 학위를 딸 수 있다. 다른 기업들도 배관부터 노래까지 다양한 분야 전문가들이 나름의 온라인 강좌를 제공할 수 있는 플랫폼을 개발하고 있다. 이는 클라우드에서 이뤄지는 또 다른 종류의 교육이다.

클라우드 기반 교육 부문에서는 미국이 일찌감치 앞서 나가고 있다. 그러나 다른 주요 국가들에서도 곧 수요가 생길 것이다. 인구가 13억 명인 인도에서는 2017년 4월 기준으로 약 200만 명이 온라인 강좌에 등록했다. 반면 아시아와 아프리카 대다수 지역에서는 아직 클라우드 기반 교육이 거의 없다.[8] 내가 보기에 앞으로 인문 분야에서 클라우드 기반 교육이 많이 생길 것이다. 현재 대다수 온라인 강의는 수학과 과학 혹은 프로그래밍 같은 특정 기술을 다룬다. 인공지능의 시대에는 글쓰기나 철학, 역사, 기타 인문 분야와 관련된 인간적 사고가 그 어느 때보다 높은 가치를 인정받을 것이다.

네트워크

교재   학교가 탈규모화되면 교사, 학생, 보호자를 외부 자원, 교육 콘텐츠, 전문가 혹은 협력과 학습을 돕는 다른 요소와 연결하는 가상 교실이 많이 생길 것이다. 클래스도조와 에드모도Edmodo는 교사들이 네트워크를 통해 교실을 관리하도록 돕는 전면적인 가상 교실 앱을 제공한다. 모든 교사가 따로 수업 계획을 세우는 것은 낭비다. 티처스 페이 티처스Teachers Pay Teachers라는 온라인 장터는 교사들이 서로의 작업을 공유하도록 해준다. 이 온라인 장터를 통하면 다른 교사에게 수업 계획이나 기타 교육 자료를 판매할 수 있다. 이런 기회가 늘면 도움을 받기 위해 신기술을 활용하는 교사들이 늘어날 것이다.

나는 전 세계의 개별 교실들을 연결해 가상으로 '학교'를 만들 수 있도록 해주는 새로운 앱들이 생기리라 본다. 과학을 좋아하는 미국의 5학년 학생은 같은 건물에 있는 1학년 학생보다 관심사가 같은 폴란드, 인도, 칠레의 5학년 학생과 더 공통점이 많다. 모바일, 소셜, 클라우드, 가상현실, 3D 프린팅을 활용하면 아주 멀리 떨어진 교실들을 하나로 묶을 수 있다. 이런 방식으로 새로운 시대를 위한 새로운 학교를 만들 수 있다면 학교 수만 채를 새로 짓는 것보다 훨씬 합리적일 것이다.

가상현실 및 증강현실

교육 부문에서 가상현실과 증강현실의 가능성은 거의 무한하다. 마이크로소프트, 구글, 페이스북 같은 기술 대기업들은 이를 파악하고 실험적 제품을 개발하고 있다. 가령 마이크로소프트의 홀로투어Holotours는 몰입형 역사 체험 소프트

웨어의 초기 버전으로, 시간을 거슬러 고대 로마의 거리를 걸어
다닐 수 있도록 해준다. 구글 엑스퍼디션Expeditions은 화성이나
남극을 여행할 수 있도록 해준다. 물론 50년도 전부터 학생들
은 멀리 떨어진 지역을 담은 영상을 볼 수 있었다.

그러나 탈규모화 시대의 가상현실은 학생들이 각자의 관심에
따라 탐험에 나서도록 부추긴다. 가상현실을 통해 고대 로마로
간 학생은 전차 경주 문화나 통치 체제 속으로 깊이 빠져들 수
있다. 혹은 인체 속으로 들어가 생리를 배우거나, 태양 속으로
들어가 핵융합을 배울 수 있다. 이는 가상현실이 교육을 바꿀
수 있는 일부 사례에 지나지 않는다. 새로운 세대의 혁신가들은
분명히 상상하기 어려운 발상으로 우리를 놀랠 것이다.

조만간 증강현실도 다른 역할을 맡게 될 것이다. 증강현실은
실제 환경 속에서 안경, 고글, 투명 전화기 같은 일종의 렌즈를
통해 덧입혀진 정보나 이미지를 보도록 해준다.

가령 역사 관련 증강현실 앱은 도시를 돌아다니는 동안 한 세
기 전 모습을 보여주거나, 숲을 지나는 동안 마주치는 나무와
풀에 대한 정보를 보여줄 수 있다. 또한 몇 년이 지나면 아주 멀
리에 있는 사람도 마치 같은 방에 있는 것처럼 만들 수 있을 것
이다. 이런 기술이 일대일 학습을 어떻게 바꿀지 상상해보라.
미국에 있는 학생이 중국에 있는 사람과 바로 옆에 있는 듯 대
화를 나누며 중국어를 배울 수 있을 것이다. 살만 칸이 조카들
을 위해 만들었다가 칸 아카데미의 단초가 된 영상 강의는 미래

에 학생들에게 도움을 줄 증강현실 기술의 초보적인 버전에 불과하다.

6장

...

금융
디지털 화폐와 모두를 위한 재정 건전성

닷컴 붐이 일었던 1990년대 말, 당시 13살이었던 이선 블로크 Ethan Bloch는 명절 때 받은 용돈으로 주식 투자를 시작했다. 투자는 크게 성공해 두어 해 만에 세 배로 돈이 불어났다. 물론 급등장에서 돈을 벌지 않기는 거의 불가능했다. 그러나 13살 아이가 그런 성공을 거두면 세상을 다 가진 것처럼 생각하기 쉽다.

2001년에 주식시장이 폭락하면서 15살 블로크는 돈을 모두 잃었다. 그는 당시를 이렇게 회상한다. "처음에는 제가 뭘 몰랐다는 생각이 들었어요. 그다음에는 금융시장이 어떻게 돌아가는지, 왜 존재하는지, 어떤 혜택과 고통을 안기는지 간절하게 알고 싶었어요."[1] 그는 나중에 다른 사람들이 돈을 현명하게 관리하도록 돕겠다는 생각으로 플로리다대학에 들어가 금융학과 심리학을 배웠다.

블로크는 대학 졸업 뒤 마케팅 소프트웨어 회사를 차렸다가 디맨드포스DemandForce에 넘겼다. 디맨드포스는 개인 금융 소프트웨어 시장을 개척한 인튜이트Intuit에 다시 인수됐다. 블로크는 금융이 갈수록 디지털화되는 추세를 확인했다. 디지털화된 은행 계좌와 청구서는 사람과 달리 일관되게 합리적인 결정을 하는 소프트웨어로 입력할 수 있었다. 또한 그가 보기에 분명히 해결해야 할 문제들이 있었다. 2013년에 미국 연방준비제도가 조사한 바에 따르면, 18~40세 미국인 중 60퍼센트가 저금을 전혀 하지 않았다. 35세 미만 성인들의 저축률은 마이너스 2퍼센트였다. 자산을 축내며 소비한다는 뜻이었다.[2] 블로크는 "이런 현실을 접하고 대다수 사람들이 재정 건전성을 누리도록 하려면 그렇게 하는 일을 수월하게 만들어야 한다고 생각했다"고 말한다. 이를 위해 그는 클라우드 기반 서비스 디지트Digit를 설립했다. 디지트는 내 주요 투자 전략인 탈규모화 운동의 한 요소로 은행 부문이 탈규모화되는 양상을 보여준다.

디지트는 소프트웨어로 각자가 하는 것보다 더 현명하게 돈을 관리해주는 서비스다. 우선 처음에는 저축을 돕는다. 사용자로부터 계좌 접근 권한을 얻은 다음 돈의 흐름을 관찰해 크게 힘들이지 않고 저축할 수 있는 금액을 파악한다. 그러고 나서 당좌 계좌에서 저축 계좌로 조금씩 돈을 옮긴다. 이때 사용자의 승인을 요청하지 않는다. 사실 이 점이 핵심이다. 사람들은 저축을 생각하지 않을 때 더 많이 저축한다.

디지트는 시간이 지나면서 더욱 정교해졌다. 이제는 기계학습을 통해 돈의 흐름을 관찰하고, 수입과 소비 패턴을 파악해 더욱 복잡한 결정에 도움을 줄 수 있다. 가령 휴가비로 2,000달러를 모은다는 목표를 달성하는 데 도움을 받을 수 있다. 디지트는 이 목표에 따른 계획을 세워, 사용자가 비싼 구두를 사기 전에 여유 자금을 더 많이 저축 계좌로 옮긴다. 또한 생활비를 관찰하고, 저축 목표와 여유 자금의 필요성을 상기시킨다. 결국 디지트는 우리의 재무 대리인이 될 것이다. 그래서 재부 목표와 필요만 제시하면 패턴을 파악해 도움을 줄 것이다.

디지트를 비롯한 다른 많은 서비스가 어떻게 은행 부문을 탈규모화할까? 다른 모든 것처럼 은행 부문도 20세기에 규모를 키웠다. 2008년 금융 위기 때 '망하기에는 너무 큰' 은행들이 생긴 이유가 여기에 있다. 대형 은행들은 대형 고객과 대중시장에 초점을 맞춰 규모의 경제를 달성하도록 제공물을 표준화한다. 그들에게는 월세를 벌려고 고생하는 20대를 겨냥해 혁신적인 제공물을 만들 동기가 별로 없다. 디지트 같은 기업들은 이 틈새 고객들을 대상으로 수익성 있는 서비스를 제공하기 시작했다. 그들은 이동통신망, 클라우드 컴퓨팅, 인공지능에게서 규모를 임차해 제품을 구축한다. 디지트의 소프트웨어는 개별 사용자를 학습할수록 자동으로 더욱 맞춤화된 서비스를 제공해 1인 시장을 뒷받침한다.

디지트는 기존 은행들을 플랫폼으로 활용한다. 그래서 인프라를 구축하고, 규제 기준을 충족하지 않아도 은행으로부터 규모와 역량을 임차할 수 있다. 사용자는 웰스 파고Wells Fargo나 뱅크 오브 아메리카의 계좌를 그대로 쓴다. 디지트의 소프트웨어는 그 위에 덧입혀지는 형태로 사용자와 계좌 사이에서 작동한다. 주된 기능은 결정을 자동화하고, 거래를 처리하는 것이다. 생각해보면 고객 사정을 파악하고, 재정적 결정을 돕는 것은 소도시 은행 지점에 있는 은행원들이 하던 일이었다. 디지트 같은 기업들은 은행 지점의 존립 기반을 무너뜨리며 새로운 소비자 중심 사업을 창출하고 있다. 블로크는 이렇게 말한다. "모든 사람의 재정적 삶은 충분히 계산할 수 있습니다. 그 궤도 안에서 이뤄지는 모든 결정도 충분히 계산할 수 있습니다. 이런 서비스는 누구에게나 필요합니다. 누구나 도움을 받을 수 있어야 합니다."

블로크는 디지트가 개인뿐 아니라 사회 전체에도 득이 될 거라 생각한다. 그는 "금융이 자율주행 기능을 얻는다면 어떤 일이 생길까요?"라고 묻는다. 무엇보다 디지트 사용자들은 당좌대월이나 연체를 피한다. 은행들은 관련 수수료로 매출을 연 200억 달러 올린다. 이 돈은 대부분 형편이 어려운 사람들의 호주머니에서 나온다. 블로크의 말을 들어보자. "매달 청구서를 처리하느라 정신적 측면에서 소모되는 생산성이 얼마나 될지 생각해보세요. 디지트를 쓰면 이 모든 문제를 해결할 수 있습니다. 모든 비용이 제때 정확한 금액으로 처리되니까요. 그 결과로 회복한 생산성을 어떻게 활용할 수 있을까요? 진작 그랬다면 아마 우리는 이미 화성까지 갔을 겁니다."

은행의 규모화

20세기 초에는 은행 규모를 키우기가 쉽지 않았다. 화폐는 지폐, 동전, 골드바처럼 물리적인 대상이었다. 그래서 무선으로 다른 도시로 전송할 수 없었다. 대신 금고에 보관하고, 수량을 세고, 창구를 통해 건네야 했다. 일반인들은 신용 평가를 받거나 재무 기록을 갖출 수 없었다. 은행에서는 인근 주민을 비롯해 쉽게 재정 상태를 조사할 수 있는 고객에게 대출하기를 선호했다. 대다수 사업체는 작고 지역 중심이었다. 국제적 기업은 아직 생기지 않았다. 농장도 기업이 대규모로 운영하는 것이 아니라 가족이 소규모로 운영했다. 은행업도 이런 환경에 맞춰 이뤄졌다. 대다수 은행들이 지역적, 개인적 차원에서 소규모로 운영됐다. JP모건을 필두로 소수 대형 은행이 부상하기는 했지만, 2차 대전 이전 금융은 대체로 수공업 수준이었다.

1950~1960년대에 컴퓨터가 화폐를 정보로 바꾸면서 상황이 달라지기 시작했다. 애틀랜타 연방준비은행이 《애틀랜타 연준의 역사, 1914-1989 A History of the Federal Reserve Bank of Atlanta 1914-1989》에서 당시를 회고한 바에 따르면, 1950년대 말에 대다

수 은행은 컴퓨터가 아니라 천공카드 기계를 썼다. 또한 "애틀랜타나 잭슨빌처럼 물량을 많이 처리하는 지점의 수표 부서에 가면, 여성 70~85명이 수납구 36개를 갖춘 회색 IBM 803 검수기에 앉아 바삐 숫자판을 두드리는 모습을 볼 수 있었다. 그들은 한 손으로 지불 금액과 은행 인증 번호를 입력하고, 다른 한 손으로는 한 번에 한 장씩 수표를 구멍으로 밀어 넣었다. 능숙한 사람의 경우, 1시간에 1,200~1,500장을 처리했다."[3]

1963년, 애틀랜타 연방준비은행은 사람보다 40배 이상 처리할 수 있는 IBM 1420 컴퓨터를 설치했다. 이런 진전은 규모의 경제로 이어졌다. 은행은 더 적은 직원들로 더 많은 일을 처리해 더 큰 이윤을 얻었다. 또한 컴퓨터를 도입할 형편이 되는 은행은 고객에게 더 나은 조건을 제시해 수작업에 의존하는 소규모 은행들의 기반을 무너뜨렸다.

비슷한 시기, 기업들도 동력을 얻어 미국 경제를 지배하기 시작했다. 은행들은 자본 및 금융 거래 수요를 따라잡기 위해 규모를 키웠다. 1950년에 다이너스클럽이 최초의 일반 신용카드를 제공한 데 이어 1958년에는 아메리칸 익스프레스와 뱅크 오브 아메리카도 신용카드를 선보였다.[4] 신용카드는 돈에 대한 정보와 통신망으로 전송되는 신용으로 개별 고객에 대한 지식을 대체했다. 덕분에 소비자를 상대로 대중시장용 대출이 가능해졌다. 이 모든 기술은 표준화된 금융 상품을 더 많은 사람과 기업에게 제공할 수 있도록 해줬다. 그 결과, 규모의 경제 효과가 발생하면서 규모를 키우는 것이 더 나은 사업 모델이 됐다.

그러나 한 가지 장애물이 은행들의 규모화를 막았다. 바로 규제였다. 1970년대 내내, 금융산업에 대한 연방 정부의 규제는 컴퓨터, 기업 패권, 신용카드가 등장하지 않은 2차 세계대전 이전의 사업 모델을 토대로 삼았다. 1980년대 들어 은행과 다른 금융기관에 대한 일련의 제약이 해제되며 상황이 변했다. 탈규제의 영향력은 엄청났다. 연방예금보험공사Federal Deposit Insurance Corporation가 조사한 바에 따르면, 1984년 말에 1만 5,084곳이던 은행 및 저축 기관이 2003년 말에 7,842곳으로 줄었다. 사라진 은행은 대부분 "2002년 기준으로 자산이 10억 달러 미만인 지역 은행"이었다. 이 은행들은 대형 은행에 인수되거나 시장에서 밀려났다. 또한 2014년에 SNL 파이낸셜이 조사한 바에 따르면, 미국 전체 은행이 보유한 자산 중 44퍼센트를 5대 은행인 JP모건, 체이스, 뱅크 오브 아메리카, 웰스 파고, 시티그룹, US 뱅코프US Bancorp가 차지했다. 1990년대에는 그 비중이 10퍼센트 미만이었다.[5]

기술, 세계화, 기업의 부상이 결합하면서 은행들은 거대하게 규모를 키웠고, 규모의 경제가 승리했으며, 몇몇 초대형 은행들이 업계를 장악했다. 은행들은 몸집이 커질수록 기업이나 부유층 같은 고수익, 고물량 고객들에게 초점을 맞췄다. 동시에 대중시장 고객들에게는 표준화된 획일적인 상품을 제공해야 할 필요가 생겼다.

은행의 규모화는 여러 면에서 좋았다. 우선 자본을 기업에 투입해 경제성장을 도왔다. 또한 수백만 명에게 신용을 제공해 텔레비전, 옷 같은 상품을 구매해 삶의 질을 개선하도록 했을 뿐 아니라 주택 대출을 얻어 집을 장만하도록 해줬다. 그러나 이런 규모화는 2008년에 금융 위기가 발생할 환경을 낳기도 했다. 대형 은행들은 표준화와 증권화가 가능한 상품을 이용해 최대한 많은 고객에게 대출을 제공하고자 했다. 이는 무분별하고 무책임한 대출로 이어졌다. 그러다 대규모 연체가 발생했지만, 문제를 일으킨 은행들은 '망하기에는 너무 컸다'. 연방 정부가 나서서 구제하지 않으면 국가 경제가 무너질 판이었다.

2008년 금융 위기는 수많은 보고서, 연구, 책, 심지어 할리우드 영화 〈빅쇼트The Big Short〉의 주제였다. 그 원인은 복잡할 뿐 아니라 난해하다. 그러나 기술과 경제학을 토대로 한 나의 렌즈로 바라보면 그 원인이 단순해진다. 바로 금융산업에서 규모의 경제가 효용을 다했다는 것이다. 앞으로 수십 년 뒤에는 2008년 금융 위기가 초대형 금융 기업의 지배가 종말을 고하는 시초로 여겨질 것이다.

그리고 2010년대 중반에 탈규모화 뱅킹의 새 시대를 알리는 여명이 비치기 시작했다.

고객 중심으로 변하는 뱅킹 서비스

소비자 뱅킹 부문은 어떻게 탈규모화될까?

디지트 같은 기업들은 새로운 종류의 소비자 뱅킹 서비스가 어떤 양상일지 단초를 제공한다. 디지트는 은행이 아니다. 휴대전화 앱이 아마존 웹 서비스나 다른 클라우드 컴퓨팅 플랫폼의 막대한 역량을 토대로 삼듯 은행을 토대로 한 서비스다. 이런 의미에서 웰스 파고 같은 대형 은행들은 자신의 역량을 플랫폼으로 개방해 일종의 뱅킹 클라우드가 되고 있다. 대형 은행들은 보안이 고도화된 컴퓨터 시스템을 관리하고, 정부 규제에 대응하는 등 중대한 의무를 수행할 수 있다. 이는 아마존 웹 서비스가 데이터 센터를 구축하고, 백엔드 소프트웨어를 관리하는 것과 비슷하다.

대형 은행들은 점차 고객과의 직접적인 관계를 포기하거나 잃을 것이다. 대신 디지트 같은 기업들이 틈새시장의 특별한 필요를 파고들 것이다. 또한 인공지능으로 개별 고객을 학습해 개인화된 서비스를 제공하고, 1인 시장을 위한 금융 서비스를 창출하는 데 한 걸음 더 다가설 것이다.

우리는 이런 변화의 초기 단계에 있다. 이 글을 쓰는 현재, 디지트는 뱅킹 시장의 극히 일부만 차지했으나 빠르게 성장하고 있다. 또한 청년층을 겨냥한 디지트와 달리, 자녀의 미래를 위해 돈을 모으려는 부모나 은퇴를 계획하는 노년층 혹은 낯선 나라로 온 지 얼마 되지 않은 이민자를 겨냥한 다른 틈새시장용 앱이 등장할 것이다. 앞으로 예측하기 힘든 상품과 서비스를 제공하는 혁신이 급증할 것이다. 가령 전통적인 주택 대출 없이 집값을 마련하도록 돕는 새로운 인공지능 주도 앱, 신혼부부가 돈 문제로 다투지 않도록 공동 명의 계좌를 열어 지출 계획을 세우도록 돕는 인공지능 소프트웨어가 등장할 것이다.

은행들은 당좌, 저축, 신용카드, 대출 등 표준화된 상품과 서비스를 마련했다. 그리고 고객이 은행에게 가장 유리한 조건을 따르도록 만들었다. 이는 규모화 시대의 표준 사업 방식이었다. 탈규모화 시대에는 은행이 고객의 조건을 따를 것이다. 뱅킹 앱은 고객의 재정 상태를 살펴(물론 고객의 승인 하에) 삶과 목표의 맥락 안에서 어떻게 돈을 관리해야 할지 파악한 다음 가장 잘 맞는 뱅킹 서비스를 만들 것이다. 이 서비스는 고객마다 완전히 다를 수 있다.

뱅킹이 필요한 고객들은 은행을 찾는 대신 자신의 고유한 필요에 맞는 앱을 활용할 것이다. 해당 앱이 제공하는 서비스는 고객의 돈을 보관하고, 규제를 따를 은행과 연계된다. 고객은 그 은행이 어디인지 신경 쓰지 않는다. 앱을 뒷받침하는 인공지능은 고객의 수입과 지출 패턴을 학습하고, 고객의 목표를 고려하며, 개인 비서처럼 모든 재무 관리를 알아서 처리한다. 심지어 고객 대신 대출 금리나 서비스 수수료를 낮추기 위한 협상까지 한다. 고객은 재무적 필요가 바뀌었을 때 알리기만 하면 된다. 가령 뱅킹 앱과 연결된 아마존 알렉사에게 "새 차를 사야해. 어느 가격대 차를 살 수 있는지, 어떻게 지불할지 알려줘"라고 말하면 된다. 그러면 뱅킹 앱은 정보를 제공하고, 지시를 들은 다음 모든 절차를 진행할 것이다. 신용 점수는 쓸모없어질 것이다. 뱅킹 앱이 고객의 재정 상태를 충분히 잘 알고 있어 대출 상환이 가능한지 파악할 수 있기 때문이다. 그래서 과거에 대출과 대금을 얼마나 잘 갚았는지만 말해주는 신용 점수 같은 후행 지표를 따질 이유가 없다.

소비자 뱅킹은 기업 뱅킹보다 단순하다. 그러나 기업 뱅킹도 상당한 변화를 거칠 것이다. 대형 은행의 획일적인 접근법이 부실하게 대응한 시장을 빼앗고 있는 스트라이프로 어떤 변화가 일어날지 알아보자.

스트라이프 사례로 보는 금융 뱅킹 혁신

나는 2010년에 MIT에서 강의를 하다가 아일랜드에서 온 카리스마 있는 학생 패트릭 콜리슨과 존 콜리슨을 만났다. 패트릭은 MIT에, 동생 존은 하버드대학에 다녔다. 그들은 당시 데브 페이먼트/dev/payments라는 웹 기반 결제 회사를 준비하고 있었다. 내가 어떤 사람들이 고객인지 묻자, 패트릭이 대부분은 아직 태어나지 않았다고 대답했다. 두 사람은 글로벌 온라인 상거래를 위한 새로운 플랫폼을 구축한다는 커다란 포부를 갖고 있었다. 두 사람의 꿈은 모든 스타트업이 이 서비스를 활용해 전 세계 어디서든 신속하게 사업을 시작할 수 있게 만드는 것이었다. 나중에 스트라이프로 이름을 바꾼 두 사람의 회사는 현재 가치가 약 90억 달러다.(2019년 현재, 225억 달러-옮긴이 주) 나는 초기 투자자로, 스트라이프를 기업 뱅킹의 상당 부분을 탈규모화할 수 있는 인공지능 주도 기업으로 봤다.

스트라이프는 초연결시대super-connected era에 실질적인 문제를 해결한다. 이전에는 외국에서 외화로 결제를 받으려면 페이팔 같은 앱도 해결할 수 없는 관료적 장벽을 넘어서야 했다. 은행들은 종종 신청서를 요구했다. 절차를 진행하는 데는 시간이 걸렸다. 다른 외화로 거래할 때마다 신청서를 새로 작성해야 했다. 이런 절차를 거치지 않으면 외국에 있는 고객을 잃을 수밖에 없었다. 미국 소비자가 독일 웹사이트를 방문했을 때 유로 가격만 표시돼 있으면 다른 곳으로 가기 쉽다. 스트라이프는 글로벌 결제 절차를 자동화한다. (페이팔도 일부 비슷한 서비스를 제공한다. 그러나 페이팔은 결제 처리업체에 가까운 반면 스트라이프는 개발자들이 원활한 거래를 위해 상거래 사이트를 구축할 수 있는 시스템에 가깝다.) 2017년 초, 스트라이프의 서비스를 이용하는 기업은 138종류 외화로 즉시 거래할 수 있었다.

패트릭의 동생으로 스트라이프를 같이 만든 존의 말에 따르면, 스트라이프는 인터넷을 통한 돈의 이동을 다른 데이터 패킷

만큼 쉽게 만들기 위해 노력한다. 이를 위한 한 가지 열쇠는 전통적으로 은행이 수행하던 위험 관리 및 부정 감지다. 스트라이프는 이 역할을 인공지능으로 수행한다. 스트라이프의 인공지능은 거래 패턴을 학습해 문제의 소지를 포착한다. 또한 다른 모든 인공지능처럼 더 많은 데이터를 받아들일수록 기능이 개선된다. 새 고객이 가입할 때마다 더 많은 거래와 트래픽이 인공지능 소프트웨어에 입력된다. 인공지능은 대기업을 중시하는 대형 은행의 관심을 받지 못한 스타트업과 소기업이라는 특정한 시장의 수요를 수익성 있게 충족할 수 있도록 도와준다.

물론 스트라이프가 나오기 전에도 소기업은 은행을 통해 결제를 처리할 수 있었다. 그러나 대형 은행들은 대기업과의 거래에 관심이 더 많았으며, 소기업을 위해 결제 서비스를 쉽게, 저렴하게 만들 생각이 없었다. 반면 스트라이프는 뱅킹 플랫폼을 토대로(즉 대형 은행을 돈을 보관하고 보호하는 수단으로 삼아) 구축된 간소한 기술 기업이다. 그래서 대형 은행들이 경시하는 소기업 시장의 수요를 수익성 있게 충족할 수 있다. 스트라이프는 소기업에게 표준 결제 서비스에 맞추라고 하는 대신 필요에 따라 직접 결제 서비스를 구성하도록 해준다. 실제로 스트라이프는 어떤 은행보다 많은 일을 할 수 있는 회사로 진화하고 있다. 가령 구매자에게 대금을 받아 판매자에게 나눠 주는 장터 플랫폼을 위한 결제 처리업체가 될 수 있다. (유명한 장터 플랫폼으로 이베이가 있다.) 스트라이프는 아틀라스Atlas라는 서비스도 선보였다. 이 서비스는 전 세계 스타트업이 즉시 미국에 사업체 등록을 하고, 계좌를 열 수 있도록 도와준다. 또한 스트라이프는 은행이 아니기 때문에 다양한 서비스를 통합해 탈규모화된 글로벌 기업을 시작하도록 도와줄 수 있다. 결제 서비스를 중심으로 구축된 스트라이프의 킬러 앱은 스트라이프가 금융 부문에서 탈규모화를 일으키는 최고의 플랫폼이 될 가능성을 열어준다. 이제는 대기업들도 스트라이프의 서비스를 이용한다. 이는 오래된 규모화된 기업들이 새로운 탈규모화 해결책을 수용할 것임을 말해주는 신호다.

나는 펀드박스Fundbox라는 회사에도 투자했다. 이 회사는 기업 뱅킹의 다른 틈새시장을 공략하고 있다. 펀드박스는 소기업이 단기자금 대출로 현금 흐름을 관리할 수 있도록 돕는다. 소기업은 거액의 결제 대금이 들어오기 전에 비용을 처리하고 급여를 지불해야 하는 경우가 많다. 그래서 그 간극을 메울 대출이 필요하다. 펀드박스는 인공지능으로 고객 기업의 회계 소프트웨어를 분석하고, 대출에 따른 위험 수준을 파악한다. 그래서 대출 요청이 들어오면 1분 안에 결정을 내리고 다음 날 고객 계좌에 자금을 넣어준다. 소기업에게는 은행에 직접 가는 것보다 쉽고, 빠르고, 저렴한 해결책이다.

스트라이프와 펀드박스 같은 기업들은 기업 뱅킹 부문에서 일어나는 혁신의 이른 징후다. 현재 금융 부문은 완전히 디지털화됐다. 돈은 네트워크에 존재하는 정보다. 회계는 소프트웨어로 이뤄진다. 거래는 자동화됐다. 인공지능은 모든 데이터를 관찰하고 종합해 회사의 재정 상태를 파악하고 결정에 도움을 준다. 앞으로 이 부문에 계속 혁신적인 스타트업이 생겨나, 대형 은행은 할 수 없는 방식으로 틈새시장의 수요를 수익성 있게 충족할 것이다. 그들은 기존 은행을 플랫폼으로 삼아 기업 고객을 빼앗아 갈 것이다.

이런 변화가 반드시 정상급 은행들에게 나쁜 것만은 아니다. 스트라이프는 은행에게 새로운 수익원을 창출해준다. 그래서 시스템에 더 많은 돈이 흐르기 때문에 모두가 이득을 본다. 스트라이프는 소기업들이 세계 시장에서 더 많은 매출을 올릴 수 있도록 도와 상업을 촉진하고, 은행을 토대로 서비스를 구축해 더 많은 돈이 은행을 거치도록 만든다. 다만 스트라이프는 기업과 거래하고, 은행은 스트라이프와 거래한다는 점이 다르다. 시간이 지나면, 대형 은행들은 수많은 최종 고객과의 접점을 잃을 것이다. 그래도 여러 인공지능 주도 탈규모화 서비스의 토대로 충분한 매출을 올릴 것이다. 즉 대형 은행은 대형 뱅킹 클라우드로 바뀔 것이다.

이런 시나리오에서 은행들은 연방예금보험공사가 지적한 합병 추세를 이어갈 것이다. 클라우드 컴퓨팅 서비스와 마찬가지로, 뱅킹 클라우드도 소수만 있으면 충분하다. 이 뱅킹 클라우드를 토대로 개인과 기업이 의존하는 방대한 뱅킹 앱과 서비스가 구축될 것이다. 대규모 뱅킹 클라우드로 변신할 역량을 갖추지도 못하고, 고객을 놓고 뱅킹 앱과 경쟁할 융통성도 갖추지 못한 중소 은행들은 존재 이유를 잃을 것이다. 그중 다수는 대형 은행에 인수되거나 그냥 사라질 것이다.

2020년 중반이 되면, 소비자들뿐 아니라 소기업들도 전통적인 은행에 계좌를 여는 것이 아니라 특정한 니즈를 겨냥하는 스트라이프와 펀드박스 같은 서비스를 이용할 것이다. 자금은 그들이 가입한 서비스의 앱을 거쳐 뱅킹 클라우드 계좌로 흘러갈 것이다.

오랫동안 개별 은행이 개인과 기업을 위해 대중시장용 서비스를 묶음으로 제공하면서 규모화되던 은행 부문은 조금씩 원자화될 것이다. 서비스는 분할돼 틈새시장을 겨냥한 전용 앱에서 제공될 것이다. 소비자는 더 이상 은행에 맞출 필요가 없으며, 은행이 소비자에게 맞출 것이다. 이는 애틀랜타 연방준비은행이 1960년대에 IBM 컴퓨터를 처음 설치한 이래 금융 부문에서 일어난 최대 격변이 될 것이다.

금융정책이 달라져야 한다

이미 알겠지만, 나는 벤처투자라는 금융산업의 한 부문에서 일한다. 이 부문은 특히 소프트웨어산업이 부상한 1980년대 이후 나름의 방식으로 규모화됐다. 2000년대가 되면서 최대

자금을 모을 수 있는 몇몇 대형 실리콘밸리 벤처투자사들이 업계를 지배했다. 야심찬 창업자들은 대개 이 회사들을 가장 먼저 찾았다. 그래서 정상급 벤처투자사들은 최고의 기회를 가장 먼저 접할 수 있었다. 이는 소규모 벤처투자사를 앞지를 수 있는 이점으로, 규모의 경제를 통해 강력한 경쟁우위를 구축할 수 있도록 보장했다.

그러다 탈규모화된 투자 모델이 부상하기 시작했다. 처음에는 소위 엔젤 투자자angel investor들이 등장했다. 뒤이어 (에피니언스Epinions를 세운) 나발 라비칸트Naval Ravikant와 (투자 블로그 벤처핵스Venture Hacks를 운영하는) 바박 니비Babak Nivi가 2010년에 엔젤리스트AngelList를 만들었다. 이 회사는 스타트업을 엔젤 투자자에게 소개하다가 일종의 투자자 연합으로 진화해, 개인 투자자에게 대형 벤처투자사와 같은 힘을 부여했다. 비슷한 시기에 페리 첸Perry Chen, 앤시 스트리클러Yancey Stricker, 찰스 애들러Charles Adler가 뉴욕 브루클린에서 킥스타터Kickstarter를 시작했다. 이 회사는 소위 크라우드펀딩crowdfunding을 통해 거의 모두가 회사, 예술 프로젝트, 제품 등 거의 모든 것에 투자할 수 있도록 해줬다. 지금까지 1,240만 명이 11만 9,000개 프로젝트에 거의 30억 달러를 투자했다. 엔젤리스트와 킥스타터는 대형 벤처투자사가 할 수 없는 방식으로 틈새 투자자와 혁신가에게 서비스를 제공하고 있다.

2016년, 미국 증권거래위원회Securities and Exchange Commission는

소위 잡스법^{JOBS Act}(스타트업 진흥법^{Jumpstart Our Business Startups Act})에 따른 새로운 규정을 도입했다. 정책은 탈규모화에서 중요한 역할을 수행한다. 잡스법이 그 예다.[6] 과거에는 개인이 킥스타터를 통해 어떤 회사에 투자해도, 그 대가가 제품을 일찍 받거나 회사 로고가 박힌 머그컵을 받는 정도에 그쳤다. 스타트업이 지분을 제공하려면, 투자자가 연 수입이 20만 달러 이상이거나 자산이 100만 달러 이상이어야 했다. 그러나 잡스법에 따른 새 규정은 민간 기업이 크라우드펀딩으로 자금을 확충하고, 그 대가로 지분을 제공할 수 있도록 허용했다.

과거의 법규는 벤처투자 부문의 탈규모화를 지체시켰다. 이제는 법규가 바뀌면서 시드인베스트^{SeedInvest}, 플래시펀더스^{FlashFunders}, 위펀더^{Wefunder} 등 새로운 크라우드펀딩 사이트들이 등장하고 있다. 위펀더 홈페이지에는 이런 핵심을 찌르는 문구가 있다. "부자들의 독점을 깨뜨려라. 부자들은 정부의 보호를 받으며 고성장 스타트업에 대한 투자를 독점했다. 이제는 모두가 관심이 가고 믿음을 주는 기업에 투자할 권리를 얻었다." 이 사이트의 투자 대상 목록에는 광섬유 기업부터 로데오 도넛^{Rodeo Donut}(소개 문구: "프라이드치킨과 위스키를 같이 주는 고메 도넛")까지 다양한 기업들이 있다.

이렇게 민주화, 탈규모화된 투자 메커니즘은 더 많은 개인이 경제에 일정한 지분을 차지할 수 있도록 해줄 뿐 아니라 소규모 틈새기업들이 더 쉽게 창업 자금을 마련할 수 있도록 해준다.

현재 블록체인 기술은 성장 기업의 자금 확충을 돕는 금융 산업의 역할을 해체하고 있다. 지난 세기 동안, 기업은 나 같은 개인 투자자에게 투자를 받은 다음 나중에 주식을 상장해 성장에 필요한 자금을 확보했다. 주식 공개 혹은 상장이란 투자자들에게 주식을 팔아서 자금을 확충하는 것이다. 골드만삭스 같은 대형 은행들이 상장 절차를 지배한다. 미국에서 상장은 고도의 규제 아래 진행되며, 비용이 많이 들고 부담스러운 과정이 됐다.

2010년대 들어 블록체인 기술이 자금을 확충하는 새로운 길을 열었다. 바로 가상화폐 공개^{Initial Coin Offering, ICO}다. 기업은 ICO를 통해 주식이 아닌 '토큰^{token}'을 제공한다. 이 토큰은 블록체인에 저장된다. 그래서 소프트웨어 시시문을 통해 속성을 지정할 수 있다. 토큰이 지분일 필요는 없다. 대신 킥스타터에서 자금을 모으는 경우처럼 제품이나 서비스를 제공한다는 약속을 포함시킬 수 있다. ICO는 기업과 투자자를 위해 수많은 흥미로운 가능성을 창출한다. 블록체인은 원래 스스로 시스템을 관리하고, 토큰의 모든 거래나 이동을 추적하도록 프로그래밍된다. 그래서 중앙 거래소가 필요 없다. 또한 전 세계의 컴퓨터에 분산되기 때문에 어떤 정부도 쉽게 규제할 수 없다. 기업은 모두에게 투명하게 공개되는 나름의 규칙을 ICO에 적용할 수 있다. 현재 미국의 경우, 모든 상장 기업은 분기마다 재무 보고서를 발표해야 한다. ICO 기업은 경영 방식에 따라 일주일

혹은 1년 단위로 재무 정보를 공개할 수도 있고, 아예 공개하지 않을 수도 있다. 투자자는 이를 참고해 투자 여부를 결정한다.

내가 보기에 ICO는 아직 초기 단계이며, 주류 금융 부문으로 진입하려면 10년이 걸릴지도 모른다. 2017년 전반기에 10여 개 기업이 ICO로 약 15억 달러를 확보했다. 권투 선수 플로이드 메이웨더나 패리스 힐턴 같은 유명인들도 ICO에 투자했다.[7] 동시에 수많은 국가의 정부가 대부분 규제를 받지 않는 ICO의 증가를 우려하고 있다. 미국 증권거래위원회는 2017년 중반에 ICO가 증권법에 저촉될 수 있다고 경고했으며, 한국과 중국은 아예 ICO를 금지했다.[8] 그러나 시간이 걸리더라도 블록체인 기반 ICO는 투자은행, 증권거래소, 규제 당국, 벤처투자사의 기반을 뒤흔들 것이다.

큰 위험부담을 안고 스타트업과 혁신 기업에 투자하는 벤처투자사식 투자는 갈수록 원자화될 것이다. 보다 다양한 사람이 보다 다양한 창업자를 후원할 수 있는 보다 다양한 수단이 생길 것이다. 은행과 마찬가지로 대형 벤처투자사들이 제대로 도울 수 없는 사람과 기업이 많다. 탈규모화된 투자 수단은 모두에게 통하는 방식으로 틈새시장의 수요를 충족할 것이다. 제너럴 캐털리스트, 세쿼이어 캐피털Sequois Capital, 앤드리슨 호로위츠 같은 대형 벤처투자사들이 조만간 사라지지는 않을 것이다. 그러나 그들의 역할은 바뀔 것이다. 그들은 이미 대규모 자본이 필요한 '대형' 스타트업을 적절하게 상대할 수 있는 구조를 취하고 있다. 창업에 많은 자본이 필요하지 않거나, 벤처투자사의 관심을 크게 끌지 않는 지역이나 국가에 있거나, 언뜻 비현실적인 아이디어를 가진 듯 보이는 주변부 창업자들은 크라우드펀딩이나 엔젤 투자자를 통해 자금을 구할 것이다.

한 가지는 확실하다. 금융 부문은 탈규모화로 새로운 유형의 기업과 사업 모델을 뒷받침할 커다란 기회를 창출할 것이다. 금융 부문의 탈규모화로 사회가 혜택을 보려면 적절한 정책이 필요하다. 이 부분은 3부에서 다룰 것이다. 모든 일이 잘 진행된다면 탈규모화는 돈과 기회를 더욱 균등하게 분배해 빈부격차 해소를 도울 것이다.

금융산업에서 다가오는 기회

금융은 재발명의 시기가 도래한 세계적인 산업이다. 금융은 여러 측면에서 이동통신망, 소셜미디어, 클라우드 컴퓨팅이 일으킨 지난 10년 동안의 혁신을 따라잡지 못했다. 그래서 아직 메인프레임 컴퓨터와 전용 네트워크로 운영되는 획일적인 산업으로 머물러 있다. 그러나 탈규모화의 힘은 다른 산업과 마찬가지로 금융과 뱅킹 부문에도 작용할 것이다.

다음은 내가 파악한 금융 부문의 기회들이다.

소비자

금융 앱 은행들은 소비자들에게 돈을 관리하는 혁신적인 방식을 제대로 제공하지 못했다. 현재 여러 기업이 대형 은행과 소비자 사이에 자리 잡기 위해 서두르고 있다. 그들은 근본적으로 은행을 플랫폼으로 활용해 소비자와의 관계를 획득한다. 디지트가 그 예다. 나는 비슷한 기업이 많이 생기리라 본다. 가령 웰스프런트Wealthfront와 베터먼트Betterment는 소비자에게 인공지능 주도 금융 자문 서비스를 제공한다. 사용자가 금융 계좌에 접근하도록 허용하면, 인공지능 소프트웨어가 패턴과 목표를 학습한 다음 과거 상담사의 역할을 대신한다. 이 서비스는 전문가와 상담하는 것보다 훨씬 저렴하다. 스태시Stash는 성격 유형에 따라 조금씩 주식에 투자할 수 있도록 돕는다. 가령 사회의식이 강한 투자자는 대의를 위한 사업에 투자할 수 있다. 렌도Lenddo는 전통적인 신용 점수가 아니라 소셜네트워크 관련 데이터를 토대로 대출 상환 가능성을 판단한다. 그래서 은행 계좌나 신용카드가 없는 사람도 대출할 수 있도록 해준다. 지금까지 렌도의 대다수 고객은 필리핀이나 인도 같은 개도국 사람들이었다. 앞으로 뱅킹 부문이 탈규모화되고 인공지능이 소비자에 대한 학습을 촉진하면, 은행을 이용하지 못하는 사람들을 대상으로 새로운 서비스가 많이 생길 것이다. 세계은행이 발표한 자료에 따르면, 은행을 이용하지 못하는 사람이 세계 인구의 40퍼센트에 이른다.

소비자 시장에서 생길 또 다른 흥미로운 기회는 세금과 관련이 있다. 10년 뒤에는 직접 세금 신고를 하거나 세무사를 고용하면 바보 취급을 받을 것이다. 이미 은행 기록, 납세 기록, 신용카드 거래내역 같은 재무 정보가 거의 디지털화돼 있다. 세법은 터보택스^{TurboTax} 같은 소프트웨어에 입력할 수 있는 거대한 알고리즘과 같다. 그래서 인공지능이 개인의 재무 기록과 세법을 파악해 1년에 한 번이 아니라 지속적으로 세액을 산출할 수 있다. 납세자는 납세 기간이 되면 얼마를 내야 하는지 이미 알 수 있다. 그냥 '납부' 버튼만 누르면 된다. 2017년 초에 IBM과 H&R 블록^{Block}은 세금 납부를 돕는 왓슨 인공지능 기반 서비스를 제공하기 시작했다. 현재는 H&R 블록의 전문가들이 인공지능의 도움을 받아 이전과 같은 방식으로 고객을 상대한다. 그러나 이런 변화가 어디로 나아갈지는 쉽게 예측할 수 있다. 머지 않아 인공지능 납세 서비스가 클라우드에서 소비자에게 직접 제공될 것이며, 세무사와 세금 관련 소프트웨어는 변화를 따라잡는 데 어려움을 겪을 것이다.

기업용 서비스

대형 은행들은 대기업들에게 폭넓은 서비스를 제공한다. 그러나 소기업들은 대출을 받기는커녕 관심조차 끌기 어렵다. 탈규모화는 스타트업들이 수익성 있게 틈새시장에 초점을 맞추도록 해준다. 앞으로 소기업에 초점을 맞춰 흥미로운 서비스를 제공하는 스타트업이 많이 생길 것이다.

앞서 소개한 펀드박스가 그 예다. 펀드박스는 인공지능과 금융 데이터를 활용해 소기업에게 결제 자금을 빌려줄 수 있는지 즉시 판단한다. 스트라이프는 아마도 가장 강력한 사례로, 전 세계 소기업이 즉시 해외 판매를 할 수 있도록 해주는 결제 시스템을 만든다. 독일에 있는 렌디코Lendico는 소기업을 위한 '대출 장터'라고 자사를 소개한다. 렌디코의 앱은 은행을 완전히 배제한 채 인공지능으로 대출자와 대부자의 신뢰도를 분석한 다음 양쪽을 이어준다. 소기업에게 필요한 모든 금융 서비스는 결국 인공지능이 주도하는 클라우드를 거쳐 앱으로 제공될 것이다.

디지털 화폐

비트코인과 이더리움 그리고 다른 블록체인 기반 글로벌 화폐들이 2010년대에 많은 주목을 받았다. 이런 암호화폐가 조만간 기존 화폐를 파괴할지는 불확실하다. 그러나 정책 입안자들은 이 부문에 관심을 기울여야 한다. 전문가들은 중국이 세계경제에서 미국 달러가 차지한 지배적 입지를 무너뜨릴 암호화폐를 개발하고 있다고 믿는다. 보편적으로 수용되는 암호화폐는 작은 나라의 화폐나 불안정한 화폐를 대체할 수 있다. 이는 전례가 없는 일로, 어떤 여파를 미칠지 생각할 필요가 있다.

블록체인 기술은 돈, 신탁, 계약을 소프트웨어에 인코딩해 클라우드에 접속할 수 있는 모든 사람이 공유하도록 해준다. 그래서 조작이 불가능하다. 다시 말해 돈은 훔칠 수 없고, 신탁은 위조할 수 없으며, 계약은 스스로를 감시하다가 약속이 깨질 경우 모든 당사자에게 그 사실을 알린다. 블록체인을 활용해 '돈'이라는 개념을 재고한 혁신적인 사례가 있다. 플라스틱 뱅크Plastic Bank의 사명은 대다수 사람이 은행 계좌가 없으며, 현금을 갖고 다니면 위험한 개도국 사람들에게 재활용 플라스틱을 수집할 동기를 부여하는 것이다. 이 회사는 전 세계의 재활용품 수집 센터 및 재활용 플라스틱으로 제품을 만드는 기업들과 협력한다. 또한 재활용 플라스틱을 위한 글로벌 시장을 창출하는 데 도움을 주는 소프트웨어로 생태계를 한데 묶는다. 누구나 플라스틱 뱅크에 가입해 플라스틱 제품을 수집할 수 있다. 수집한 플라스틱을 플라스틱 뱅크에 팔면, 휴대전화로 접속할 수 있는 클라우드 계정으로 블록체인 주도 디지털 화폐가 송금된다. 이 화폐는 교육비나 의료비를 대거나 필수품을 사는 데 쓸 수 있다. 계좌가 없으면 특정 은행의 현금인출기에서 현금으로 바꿀 수 있다. 블록체인, 모바일, 클라우드를 비롯한 새로운 기술들은 플라스틱 뱅크만큼 상상력 넘치는 수많은 혁신을 이끌 것이다.

미디어

알아서 찾아오는 맞춤형 콘텐츠

미디어산업은 다른 어떤 산업보다 많이 탈규모화됐다. 그래서 다른 산업이 참고할 수 있는 모범이 됐다. 탈규모화된 미디어 부문은 넷플릭스의 주문형 영화나 스포티파이의 스트리밍 음악 같은 새로운 시대의 수많은 경이를 보여줬다. 그러나 동시에 미국의 체제를 유지하는 데 대단히 중요한 저널리즘을 손상시키고, 전 세계에서 분열적 정치를 조장한 미디어 반향실echo chamber을 끌어들였다. 현재 우리가 접하는 미디어는 정책 입안자들이 탈규모화의 영향을 감안하지 못했을 때 어떤 일이 생기는지 보여주는 한 예다.

　이번 세기에 모바일, 소셜, 클라우드 기술은 미디어를 해체하고 분해하는 데 상당한 역할을 했다. 저널리즘 부문에서 개별 기사는 〈뉴욕 타임스〉나 〈뉴스위크〉 등 원매체에서 분리돼 독자적인 삶을 살아간다. 그래서 페이스북이나 트위터에서 재결합돼 과거에는 매체로 가던 광고비를 벌어들인다. 스티븐 콜베어Stephen Colbert가 텔레비전에서 선보인 익살스런 행동을 담은 영상도 해당 프로그램에서 분리돼 유튜브에 올라간다. 2017년, 넷플릭스와 훌루Hulu처럼 가입자들이 언제든 원하는 텔레비전 프로그램이나 영화를 볼 수 있도록 해주는 스트리밍 서비스가 전통적으로 폭넓은 오락거리를 한데 묶어 제공하는 케이블 TV보다 많은 가입자를 확보했다.[1] 음악 부문에서는 스포티파이와 타이덜Tidal 같은 스트리밍 음악 서비스들이 앨범에 든 노래를 원하는 대로 자유롭게 들려준다. 그동안 인터넷 시대는 수많은 블로그, 비디오 쇼, 자작곡, 팟캐스트를 풀어놨다.

그러나 인공지능과 탈규모의 경제는 미디어 부문에서 이제막 영향력을 미치기 시작했다. 이상하게도 오랫동안 매력이 떨어지는 부문이었던 라디오가 오히려 인공지능 세기의 역학이 저널리즘과 오락을 어떻게 바꿀지 보여준다. 라디오는 대중매체에서 1인 청중 매체로 변신하고 있다. 바라건대 앞으로의 진전이 미디어 부문에 수익성 있고 생산적인 시대를 열어줬으면한다.

과거 라디오가 어떻게 규모화됐는지 먼저 살펴보자. 우선 라디오 사업을 시작하려면 돈이 많이 들었다. 방송용 주파수를 확보하고, 송신탑을 세우고, 방송 장비를 사들이고, DJ를 비롯한 인력을 고용하고, 매출을 올릴 광고영업팀을 꾸리려면 막대한 비용이 필요했다. 일단 이 모든 기반을 마련한 다음에는 100만 명에게 도달하는 비용과 10명에게 도달하는 비용이 거의 차이가 없었다. 그래서 돈을 벌려면 폭넓은 청중에게 어필하는 프로그램을 만들고, 최대한 많은 청취자를 확보하며, 광고료를 올려야 했다. 다음 단계는 여러 방송국을 두고, 표준화된 선곡으로 필요 인력을 줄이며, 영업 및 다른 활동을 중앙화하는 것이었다. 20세기 말, 미국에서의 정책 변화가 라디오 부문의 규모화를 앞당겼다. 1996년에 제정된 통신법은 한 회사가 라디오 방송국을 과다 소유해 부당한 규모의 경제 효과를 누리지 못하도록 막은 핵심 규제를 철폐했다. 이전에는 어떤 회사도 라디오 방송국을 40개 이상 소유하지 못했다. 2010년대 최대 라디오 방송사인 아이하트미디어iHeartMedia(과거 명칭은 클리어 채널Clear Channel)는 1,200개가 넘는 방송국을 보유했다. 규모의 경제 효과는 규제가 없어지자마자 일련의 합병을 초래했다. 그 결과, 아이하트미디어 같은 회사가 선곡을 표준화하고 자동화하면서 방송의 다양성이 줄어들었다.

1996년에 통신법이 제정되기 직전, 라디오업계는 인터넷을 실험하기 시작했다. 1994년, 노스캐롤라이나주 채플힐Chapel Hill에 있는 방송국 WXYC FM이 최초로 인터넷 방송을 시작해 전 세계에서 컴퓨터로 들을 수 있도록 했다. 송전탑이 없어도 URL만 있으면 라디오 '방송'을 할 수 있게 된 것이다. 10여 개 스타트업이 인터넷 라디오 사업을 시도했다. 현재 NBA 댈러스 매버

릭스의 요란한 구단주이자 〈샤크 탱크Shark Tank〉의 스타인 마크 큐반Mark Cuban과 그보다 덜 알려진 공동 창업자 토드 와그너Todd Wagner는 1998년에 대학 스포츠 경기를 인터넷으로 중계하면 멀리 사는 팬들에게도 전달된다는 아이디어에 매료됐다. 두 사람은 브로드캐스트닷컴Broadcast.com이라는 회사를 만들고, 인터넷 라디오방송국을 통합하기 시작했다. (나중에는 영상도 내보냈으나 모뎀 시대에는 제대로 돌아가지 않았다.) 야후는 이 사업을 좋아한 나머지 1999년에 57억 달러를 주고 브로드캐스트닷컴을 사들였다.

그러나 브로드캐스트닷컴은 야후 산하에서 부진을 면치 못하다가 사라지고 말았다. 인터넷 라디오는 별다른 영향력을 발휘하지 못했고, 돈도 벌지 못했다. 통신망이 부실한 시대에 인터넷 라디오방송은 자동차나 휴대 기기에 도달하지 못했다. 광고주들은 청취자가 누구인지 알지 못했다. 과거에는 최소한 특정 지역 청취자들이 방송을 듣는다는 사실을 알았다. 그래서 해당 지역 식당이나 자동차 매장이 광고를 했다. 반면 청취자가 전 세계에 흩어져 있는 상황에서는 딱히 어떻게 광고를 해야 할지 알 수 없었다. 게다가 청취자들은 자신이 원하는 방송을 찾기 어려웠다. 검색이 너무 복잡했기 때문이다.

이처럼 인터넷은 큐반이나 야후 경영진이 일찍이 포착한 탈규모화의 가능성을 창출했다. 그러나 그들은 인터넷 라디오방송 사업에 타당성을 부여할 수 있는 이익과 사업 모델을 확보하지 못했다. 이런 이유로 새롭게 부상하는 탈규모화된 라디오산업에는 임차 가능한 새로운 플랫폼이 필요했다.

이 대목에서 텍사스 출신 사업가 빌 무어Bill Moore가 등장한다. 캘리포니아대학 버클리캠퍼스에서 MBA를 딴 그는 통신사에 소프트웨어를 판매하는 이피션트 네트웍스Efficient Networks에서 몇 년 동안 일했다. 그러다가 2002년 무렵, 모든 라디오방송을 녹음하고 저장할 수 있는 티보TiVo 스타일 디지털 라디오방송 녹음 기기에 대한 아이디어를 떠올렸다. 이 아이디어는 온라인에서 라디오 콘텐츠를 검색하는 좋은 방법이 없다는 문제를 즉시 부각시켰다. 구글은 텍스트 기반 뉴스를 훑어서 검색 결과를 제시했다. 케이블TV에 연결된 DVR은 방송 목록을 살펴서 녹화해야 할 프로그램을 파악했다. 그러나 라디오는 검색엔진이 훑을 수 없는 말과 노래로 돼 있어 방송 목록이 거의 없었다. 특정한 날에 두어 시간 동안 특정한 음악을 틀어줄 라디오방송을 찾는다면 운에 맡겨야 했다. 결국 라디오는 인터넷에 맞지 않는 미디어로 이전 시대에 계속 머물러 있었다.

무어는 이런 문제를 해결하기 위해 소위 라디오 밀Radio Mill을 만들었다. 그는 전 세계에 걸쳐 현지 라디오방송국 및 라디오방송 정보를 입력할 업체들을 고용했다. 그다음 소비자들이 컴퓨터에 설치할 수 있는 소프트웨어에 해당 정보를 올렸다. 이 소프트웨어는 NPR의 〈디스 아메리칸 라이프This American Life〉처럼 소비자가 지정한 프로그램을 녹음해 하드드라이브에 저장했다.

사실상 라디오 방송을 위한 티보인 셈이었다.

라디오 밀은 소비자용 제품으로 큰 성공을 거뒀다. 무어는 여기에 그치지 않고 계속 그 개념을 발전시켰다. 라디오 밀의 API를 공개해 다른 개발자들이 관련 서비스를 구축하거나 소비자용 오디오 기기에 내장할 수 있도록 했다. 2007년, 아이폰이 시장에 등장했다. 또한 이동통신망이 브로드밴드 속도를 높이면서 고음질 인터넷 라디오를 휴대 기기에서 들을 수 있게 됐다. 소형 라디오방송사가 규모를 임차해 대형 라디오방송사와 경쟁할 수 있게 된 것이다. 2010년, 무어는 회사를 실리콘밸리로 옮기고, 사명을 튠인TuneIn으로 바꿨다.

이후 몇 년 동안, 튠인은 라디오 부문의 넷플릭스 같은 회사가 됐다. 사용자는 튠인 앱으로 전 세계에 있는 라디오방송 수천 개를 검색하고, 원하는 콘텐츠를 들었다. 튠인은 메이저리그 라디오방송권도 얻었다. 2016년, 튠인의 사용자 수는 6,000만 명에 이르렀다. 사람들은 차, 직장, 집, 거리 등 언제 어디서든 전통적인 라디오방송과 비슷한 음질로 원하는 라디오 콘텐츠를 들었다. 전문 라디오방송은 튠인 플랫폼에서 취향이 비슷한 전 세계 청취자들로 이루어진 틈새시장을 공략하면서 아이하트미디어 같은 대기업들이 장악한 시장을 일부 빼앗았다. 넷플릭스가 데이터와 인공지능을 활용해 제작할 프로그램에 대한 정보를 얻듯이 튠인도 인공지능으로 청취자의 기호를 분석해 자체 콘텐츠를 제작한다.

이 모든 변화는 현재 부상하는 인공지능과 진정한 탈규모화 혁명으로 이어졌다. 인터넷 라디오방송은 신기술 덕분에 이점을 누리게 됐다. 지상파 라디오방송은 개별 청취자에 대해 아는 것이 거의 없다. 반면 튠인은 사용자들이 앱으로 무슨 방송을 듣는지, 어디서 듣는지, 어떤 사람이 어떤 방송국에 접속하는지 등 수많은 데이터를 얻는다. 튠인의 인공지능 주도 소프트웨어로 걸러지는 이 데이터는 아마존이 특정한 칼을 구매한 사용자에게 특정한 숟가락을 추천하거나, 넷플릭스가 시청 기록을 토대로 영화를 추천하듯이 사용자에게 방송을 추천할 수 있도록 해준다. 튠인은 이런 식으로 청취자가 어떤 사람인지 파악해 소규모 독립 방송국이 적절한 열성적인 청취자들에게 도달하도록 돕는다. 이 모든 것이 처음으로 인터넷 라디오가 돈을 벌게 해줬다. 튠인 대표 존 돈험John Donham은 향후 몇 년에 걸쳐 인터넷 라디오 부문에서 선순환이 일어날 것이라고 말한다. "디지털 라디오의 콘텐츠 품질이 급상승해 지상파 라디오를 앞지를 것입니다. 라디오가 온라인 매체로 변신하면 송신탑이 라디오 생방송의 축으로 남으리라고 상상하기는 어렵습니다."[2] 라디오방송 업계지인 〈라디오 잉크Radio Ink〉가 지상파 라디오업계에 제시한 조언도 돈험의 시각과 비슷하다. 카츠 미디어 그룹Katz Media Group의 전략 수석 스테이시 린 슐먼Stacey Lynn Schulman은 기고문에서 "유능한 제작자들은 최고의 아날로그 라디오가 제공하는 가치와 디지털 환경의 휴대성 및 개인화를 결합할 길을 찾을 것"[3]이

7 장 미디어

215

라고 말했다. 최대한 많은 사람에게 최소공통분모인 방송을 제공하는 대형 라디오방송사들은 틈새시장에 초점을 맞춰서 개별 청취자에게 직접 다가가는 새로운 라디오방송사들과 경쟁하는 데 갈수록 어려움을 느낄 것이다.

라디오 부문에서 일어나는 일은 규모화가 이뤄진 지 100여 년 뒤 인공지능과 탈규모의 경제가 다른 모든 형태의 미디어를 해체하고 재구성하는 양상과 비슷하다.

규모화한 20세기 미디어

20세기 초에는 '미디어'가 대개 신문을 뜻했다. 미국에서 발행되는 신문은 1909년에 2,600종으로 정점에 이르렀다.[4] 발행 지역에 뿌리를 둔 소기업이나 가족회사가 거의 모든 신문사를 개별적으로 소유했다. 1900년에 뉴욕에서는 〈뉴욕 타임스〉부터 〈뉴욕 아메리칸〉, 〈데일리 미러Daily Mirror〉, 〈월드〉, 〈선Sun〉, 〈뉴욕 저널〉 등 15개 이상의 일간신문이 발행됐다. (지금은 뉴욕에 기반을 둔 전국지인 〈월스트리트 저널〉을 제외하면 〈뉴욕 타임스〉, 〈데일리 뉴스〉, 〈뉴욕 포스트〉뿐이다. 다른 대다수 도시에서는 지역지가 하나만 발행된다.)

당시의 신기술로 효율적인 전동 인쇄기가 신문업계에서 규모의 경제 효과를 일으켰다. 헤르만 리더Hermann Ridder는 이런 변화를 이끈 주요 인물 중 한 명이다. 독일계 가톨릭교도인 부모에게서 태어나 뉴욕에서 자란 그는 획기적인 인쇄기를 개발했으며, 독일어 신문과 가톨릭 신문을 발행하기도 했다. 1911년에는 인터내셔널 타입세팅 머신 컴퍼니International Typesetting Machine Company를 세우고 인터타입Intertype이라는 인쇄기를 만들었다. 이 인쇄기는 1912년에 〈뉴욕 상업 저널New York Journal of Commerce〉에 처음 설치된 이후 수십 년 동안 신문업계를 장악했다.

신문사는 인쇄기 덕분에 짧은 시간에 더 많은 신문을 찍어 배포할 수 있었다. 그 결과 광고비와 구독료가 늘어나 인쇄기를 돌리고, 기자와 편집자를 고용하는 데 따른 경제적 여건이 개선됐다. 구독자를 늘리려면 대중에게 어필하는 뉴스 콘텐츠를 제공해야 했다. 그래서 신문들은 더 폭넓은 관심사를 다루기 시작했다. 또한 스포츠, 비즈니스, 정치, 범죄, 만화 등 사람들이 유용하거나 흥미롭다고 생각할 만한 모든 콘텐츠를 한데 묶어 제공했다. 규모를 키울 수 있는 신문사는 그러지 못하는 신문사보다 경쟁우위를 누렸다. 결국 1920년대가 되면서 규모화에 실패한 수많은 신문사가 망하거나 합병됐고, 성공한 신문사들은 몸집을 키웠다. 〈컬럼비아 저널리즘 리뷰Columbia Journalism Review〉에 따르면 1919~1942년 동안 미국 인구는 29퍼센트 증가했는데 신문사 수는 14퍼센트나 줄었다. 살아남은 신문사들의 발행 부수는 급증했다.[5] 미디어 부문에 본격적인 규모화 시대가 열린 것이다.

20세기 전반기에 모든 종류의 미디어 부문에서 같은 역학이 작용했다. 1920년에 최초로 연방 정부의 허가를 받은 상업 라디오방송국 KDKA가 펜실베이니아주 피츠버그에서 방송을 시작했다. 1926년에는 NBC가, 1년 뒤에는 CBS가 전국 라디오 방송을 시작했다. 이 방송국들은 청취자가 많을수록 이득이라는 기조를 따랐다. 청취자를 많이 확보하려면 뉴스나 야구 경기 혹은 〈론 레인저The Lone Ranger〉 같은 인기 드라마를 방송해 대중에게 어필해야 했다.

텔레비전이 뒤를 이었다. 최초의 실험적 TV 방송국 W2XB가 1928년에 뉴욕 스키넥터디Schenectady에 있는 GE 공장에서 방송을 시작했다. 11년 뒤인 1939년에는 NBC가 루스벨트 대통령의 뉴욕 세계박람회 연설을 최초의 정규 방송으로 내보냈다. 미국 소비자들은 빠르게 대규모로 텔레비전 방송을 받아들였다. 미국에 보급된 텔레비전 수는 1941년에 약 7,000대였던 것이 1950년에 거의 1,000만 대로, 1959년에는 무려 6,700만 대로 폭증했다.[6] 다시 한 번 대중시장과 규모의 경제가 지배력을 얻었다. 텔레비전 방송국들은 폭넓은 시청자들을 겨냥해 〈아이 러브 루시I Love Lucy〉 같은 안전한 코미디 프로그램을 제작하거나 야구나 권투 같은 인기 스포츠를 보여줬다. 뉴스도 모두에게 어필할 수 있도록 비당파적이고 객관적인 입장을 유지했다.

20세기 후반기가 되자 텔레비전, 라디오, 신문이 미국의 거의 모든 가정에 보급됐다. 이 시기에 규모의 경제를 누리는 방법은 통합이었다. 산하에 보유한 신문사나 방송사를 늘리면 규모의 경제를 활용해 더욱 효과적으로 대중시장에 도달할 수 있었다. 소수 기업이 너무 많은 미디어를 보유하지 못하도록 막은 규제는 갈수록 약화되다가 2000년에는 아예 사라졌다. 헤르만 리더가 만든 신문사는 1974년에 나이트Knight 가문이 만든 신문사와 합병해 잠시 동안 미국 최대 신문사인 나이트-리더가 됐다. 1906년에 프랭크 개닛Frank Gannett이 뉴욕주 엘마이라Elmira에서 시작한 개닛은 연이어 인수에 나서 1979년에는 전국에 걸쳐 78곳이나 되는 신문사를 보유했다. (지금은 산하 신문사가 100개가 넘는다.) 아이하트미디어는 라디오방송사를 수백 곳 사들였다. 텔레비전 부문에서도 비슷한 통합이 이뤄졌다. 많은 경우, 같은 회사가 신문사와 방송사를 사들여 거대 미디어 재벌로 성장했다. 1983년에는 약 50개 회사가 대다수 미디어를 나눠 가졌다. 2012년에는 지속적인 통합에 따라 미디어 부문을 지배하는 기업이 컴캐스트Comcast, 디즈니, 바이어컴Viacom, 뉴스코퍼레이션News Corp, 타임 워너, CBS를 비롯한 소수로 줄었다. 2010년대는 미디어 부문에서 진행된 규모화가 정점에 이른 시기였다.[7]

또한 2010년대는 인공지능과 탈규모의 경제가 미디어 대기업 경영진에게 두통을 안기기 시작한 시기이기도 하다.

열성적인 틈새 청중을 공략하는 21세기 미디어

모바일, 소셜, 클라우드 등 2007년 이후 개발된 기술은 미디어 부문에서 일어날 탈규모화의 문을 열어젖혔다.

신문사들은 여러 주제를 다룬 기사와 다양한 광고를 한데 묶어 폭넓은 청중에게 패키지로 제공한다. 크레이그리스트Criaglist와 몬스터닷컴Monster.com 같은 사이트들은 개인 광고 시장을 빼앗아 갔다. 블로그와 정치 사이트인 폴리티코Politico(2007년 설립), 비즈니스 뉴스 사이트인 비즈니스 인사이더Business Insider(2009년 설립) 같은 전문 뉴스 사이트들은 특정 주제에 관심이 많은 틈새 청중을 빼앗아 가기 시작했다. 새롭고 전문화된 온라인 미디어들은 신문으로 통합된 콘텐츠들을 하나씩 해체했다. 페이스북을 위시한 소셜미디어들은 개인의 이야기를 인쇄 미디어로부터 빼앗았다. 사람들은 자신의 이야기를 소셜미디어에 올려 친구들과 공유했다. 페이스북의 알고리즘은 회원이 뭘 읽고 싶어 하는지 파악해 다양한 출처에서 모은 콘텐츠를 재구성해 제공한다. 이 콘텐츠들은 모두 1인 시장에 맞춰진 것이다. (여기에는 좋은 면과 나쁜 면이 있다. 이 문제는 뒤에서 다루겠다.)

탈규모화 초기, 전통적인 인쇄 미디어 기업들은 경제적 악몽을 겪었다. 광고는 줄었고 주가는 폭락했다. 뉴욕 타임스의 2017년 주가는 2002년 고점의 절반에도 못 미쳤다. 퓨 리서치가 조사한 바에 따르면, 2014년에 인쇄 미디어 및 온라인 미디어 기업들이 고용한 저널리스트는 20년 전보다 2만 명이나 줄었다.[8] 2016년만 해도 신문업계에서 400건의 명예퇴직 및 해고가 있었다. 이런 추세가 완화될 기미는 보이지 않는다. 이 책의 공저자인 케빈 매이니는 이런 변화를 몸소 겪었다. 그는 22년 동안 〈USA 투데이〉에서 일하다 2007년에 퇴사했다. 그 직후부터 일련의 명예퇴직 및 해고가 단행됐다.

텔레비전은 더 이상 대규모 청중을 확보하지 못한다. 시청자들이 여러 틈새 케이블 채널로 분산됐을 뿐 아니라 넷플릭스와 아마존닷컴 같은 기업들이 주문형 프로그램 기술로 기존 방송국과 경쟁하고 있다. 유튜브는 누구나 침실에서 콘텐츠를 제작해 전 세계 청중에게 제공할 수 있도록 해준다. 정상급 유튜브 채널은 전통적인 텔레비전 시트콤보다 시청자가 더 많다. ('브래지어가 끔찍한 이유'처럼 재미있는 콘텐츠로 구성된 릴리 싱Lily Singh의 슈퍼우먼 채널은 구독자가 1,030만 명이며, 해마다 750만 달러를 벌어들인다.)[9] 이제 장편영화든, 스포츠 생중계든, 뉴스든 혹은 개인 제작 영상이든 모든 영상 콘텐츠는 텔레비전에서 멀어져 스마트폰이나 태블릿 혹은 노트북에서 시청된다. 퓨 리서치의 조사에 따르면, 스마트폰 보유자 중 넷플릭스나 훌루에 가입해 스마트폰으로 영화나 텔레비전 프로그램을 시청한 사람의 비율이 2012년에는 15퍼센트였다가 2015년에는 두 배가 넘는 33퍼센트로 늘어났다.[10]

앞서 언급했듯 나는 스냅챗의 설립자들(현재 모회사는 그냥 스냅으로 불린다.)을 2012년에 처음 만났다. 스냅챗은 사용자들이 보낸 사진을 금세 사라지게 만드는 서비스로 사업을 시작했다. 뒤이어 우리가 하는 모든 행동을 데이터로 생성하는 것이 부자연스럽다는 생각을 토대로 사업 모델을 구축했다. 인터넷이 나오기 전에는 수천 년 동안 대화는 끝나는 순간 사라졌고, 어떤 기기도 우리가 가는 모든 장소를 기록하지 않았으며, 신문사는 독자가 어떤 이야기를 읽고 싶어 하는지 몰랐다. 내게 스냅챗은 사적 대화의 의미를 되살리는 것처럼 보였다. 앞서 언급한 대로 나는 스냅챗을 보면서 나중에는 인간이 기술에게 맞추는 것이 아니라 기술이 인간에게 맞추게 되리란 깨달음을 얻었다. 이 점은 현재 미디어 부문에서 중요성을 더해가고 있다. 너무 오랫동안 우리의 습관은 미디어가 전달되는 방식에 맞춰졌다. 좋아하는 프로그램이 방송되는 특정 시간대에 텔레비전 앞을 지키거나, 아침에 신문이 배달된 뒤에야 뉴스를 읽으며 관심 없는 내용을 거르는 것은 그다지 자연스럽지 않았다. 인터넷 시대에도 넷플릭스나 페이스북 같은 여러 미디어들은 사용자가 원하는 것을 제공하려고 데이터를 수집했다. 이 역시 자연스럽지 않았다. 인터넷이 나오기 전 수천 년 동안에는 오락거리를 얻기 위해 프라이버시를 포기할 필요가 없었다.

그래서 스냅은 대화를 나누는 자연스러운 수단을 제공하는 동시에 콘텐츠를 보다 자연스럽게 제공하는 모델이 됐다. 즉 미디어 소비 습관을 추적하지 않고, 원할 때 콘텐츠를 제공하면서 휴대 기기를 위한 미디어를 재정의했다. 그 결과, 나름의 틈새시장이 생겼다. CNN, 〈이코노미스트〉, 바이스Vice 같은 미디어 기업들은 스냅에 돈을 지불하고 콘텐츠를 싣는다. 스냅은 광고를 판매할 뿐 아니라 추적을 원하지 않는 젊은 모바일 청중을 겨냥한 미디어 기업들에게 플랫폼을 임대해 돈을 번다. 이 글을 쓰는 현재, 스냅은 전 세계에 걸쳐 약 1억 6,000만 명의 사용자를 확보했다.(2019년 현재, 2억 명을 돌파했다.―옮긴이 주) 지금은 적자이지만, 플랫폼이 여전히 초기 상태임을 감안해야 한다. 나는 스냅이 주요 기업으로 성장할 가능성이 높다고 생각한다.

2007년 이후의 기술 발전 때문에 미디어 부문에서 규모가 제공하는 경쟁우위는 플랫폼마다 조금씩 약화됐다. 미디어업계는 원자화되고 있다. 작고 초점을 맞춘 스타트업들이 유튜브, 튠인, 스냅 같은 글로벌 플랫폼을 토대로 지금까지 미디어 대기업의 대중시장용 콘텐츠만 소비할 수밖에 없던 틈새 청중의 수요를 충족하고 있다. 또한 향후 10년 동안 등장할 기술들은 미디어 부문에서 완전히 새로운 기회를 창출할 것이다.

인공지능은 갈수록 중요한 역할을 수행할 것이다. 인공지능은 소비자가 원하는 콘텐츠를 찾아주고, 개별 콘텐츠를 적절한 청중에게로 이끈다. 말하자면 넷플릭스가 스테로이드를 맞은 셈이다. 넷플릭스는 2017년 이후 시청 기록 및 평가를 토대로 영화나 텔레비전 프로그램을 추천한다. 또한 앞서 말한 대로 시청 습관 데이터를 수집해 어떤 콘텐츠를 제작할지 파악하는 데 활용한다. (넷플릭스는 어떻게 사업을 운영해야 하는지 잘 보여준다. 2012년에 약 12달러였던 주가는 2017년 중반에 약 150달러로 올랐다. 아마존과 다른 스트리밍 서비스도 넷플릭스의 전략을 모방하고 있다.) 온라인에서 소비되는 콘텐츠가 늘어나면 소비자들의 모든 선택이 데이터가 된다. 소프트웨어는 누가 뭘 어디서 보는지, 심지어 시청하는 동안 어떤 다른 행동을 하는지도 알아낼 수 있을 것이다. 이런 추세의 극단적이고 논쟁적인 측면에 속하는 티비전 인사이트TVision Insights라는 회사는 텔레비전에 달린 카메라로 시청자를 관찰한 다음 해당 데이터를 광고주와 제작자에게 보낸다. 그러면 시청자가 광고 시간에 휴대전화를 보는지 혹은 프로그램을 보면서 인상을 찌푸리는지 알 수 있다. 이는 고도로 표적화된 프로그램과 광고를 제작하는 데 도움을 준다. 시청자는 데이터 수집 여부를 스스로 선택할 수 있다. 그러나 이런 기술의 존재 자체는 우리가 알지 못하는 사이에 프라이버시를 침해당할 위험에 대한 우려를 낳는다.

인공지능이 주도하는 시대에는 말 그대로 우리가 원하는 미디어가 알아서 우리를 찾아올 것이다. 설령 다른 대륙에서 제작된 비인기 프로그램이라고 해도 말이다. 인공지능은 우리를 너무 잘 알아서 우리가 정말로 좋아할 미디어만 제공할 것이다. 또한 선호하는 프로그램이 특정 시간과 장소에(휴대전화의 GPS가 알려줄 것이다.) 맞춰 우리가 원하는 기기로 제공될 것이다. 미디어는 1인 청중을 위해 통합될 것이다. 여러 콘텐츠를 묶은 방송이나 신문은 타당성을 잃을 것이다. 우리는 인공지능이 전 세계 모든 미디어에서 걸러낸 콘텐츠로 우리 각자만을 위한 '채널'을 만들어주길 바랄 것이다. 다만 이런 변화는 다른 사람들과 미디어 경험을 공유하는 것이 아니라 자기만의 미디어 골방에 머무는 결과로 이어진다는 우려를 자아낸다. 이는 관점에 따라 좋은 일일 수도 있고, 나쁜 일일 수도 있다. 미디어 소비자는 원하는 콘텐츠를 얻기 때문에 아마 더 행복해질 것이다. 그러나 우리 각자가 자기만의 미디어 세계에 고립될 위험도 있다.

인공지능은 미디어 부문에서 수익의 열쇠를 쥐고 있다. 현재 온라인에서 이뤄지는 가치 있는 광고는 특정 대상을 겨냥한다. 광고주들이 페이스북이나 구글에 더 많은 광고료를 지불하는 이유는 사용자의 활동을 분석해 사용자에게 가장 적합한 광고를 노출하기 때문이다. 인공지능 주도 미디어 플랫폼은 이런 역량을 한 차원 더 끌어올릴 것이다. 그래서 온라인 및 (사물인터넷으로 포착된) 오프라인 활동에 대한 데이터에 접근해도 좋다는 허락을 받으면 사용자가 좋아할 제품에 대한 광고, 실질적인 효과가 있는 광고를 보여줄 것이다. 가령 웃기는 광고에 대한 반응이 좋으면 그런 광고를 계속 보여줄 것이다. 이처럼 광고가 개인화될수록 광고료가 올라갈 것이다. 앞으로는 스타트업이 틈새 청중에게 어필하는 콘텐츠를 제작해 인공지능이 주도하는 미디어 플랫폼에 올릴 수 있을 것이다. 그러면 적절한 청중에게 도달해 완벽한 표적을 추구하는 광고주들에게 광고료를 받을 수 있다. 이는 콘텐츠의 다양화와 수익성을 동시에 개선한다. 튠인은 지금 이런 방향으로 나아가고 있다. 즉 인터넷 라디오방송국이 적절한 틈새 청취자를 찾아 광고 수익을 올릴 수 있도록 인공지능 주도 플랫폼을 임대하고 있다. 이는 미디어 부문에서 드러나는 시대적 징후다.

이런 미디어 시장에서 규모화된 미디어는 우위를 잃는다. 사람들은 자신만을 위한 뉴스와 오락거리를 원한다. 개인화된 콘텐츠는 방송 청중을 끌어들이기 위한 대중시장용 콘텐츠를 이긴다. 물론 슈퍼볼이나 오스카 시상식처럼 사회적 관심을 끌기 때문에 어필하는 콘텐츠는 항상 있기 마련이다. 그러나 수백만 명이 딱히 볼 게 없어서 시시한 시트콤을 보던 시절은 오래전에 지났다. 앞으로는 각자가 자기만의 미디어 공간에서 다양한 유형과 규모의 미디어가 만든 콘텐츠를 소비할 것이다. 대형 미디어 기업은 갈수록 많은 청중을 스타트업에게 잃을 것이며, 지상파 방송국 같은 전통적인 미디어는 스냅, 넷플릭스, 유튜브 같은 플랫폼에 계속 패배할 것이다.

인공지능이 선별한 개인적인 미디어 콘텐츠라는 개념은 대단히 의미 있는 사안을 제기한다. 트럼프가 대통령에 당선된 2016년 대선은 사회가 심각하게 분열됐음을 드러냈다. 2010년대 미디어 환경이 이 분열에 크게 기여했다. 규모의 경제가 뉴스 미디어 부문을 지배하던 시기에는 폭넓은 시장을 위해 중립적인 뉴스를 제작하는 것이 경제적으로 타당했다. 그러나 탈규모의 경제가 효과를 발휘하고, 뉴스 미디어 부문이 세분화된 지금은 소규모의 열성적인 청중을 겨냥하고, 개인적 편견에 장단을 맞추고(폭스 뉴스나 브레이트바트 뉴스 네트워크Breitbart News Network를 보라.) 중립적인 대중시장용 뉴스 미디어로부터 시청자를 빼앗는 것이 더 나은 사업 모델이다. 브레이트바트처럼 고도로 당파적인 미디어가 부상하고, 전통적인 주류 미디어에 대한 신뢰가 무너진 현상의 배경에 이런 역학이 있다. 2016년 갤럽이 실시한 설문에 따르면, 주류 미디어를 신뢰하는 미국인의 비율은 32퍼센트에 불과했다.[11] 2017년에 트럼프 대통령은 주류 언론의 뉴스를 계속 '가짜 뉴스fake news'라 부르며 적어도 열성 지지자들 사이에서 신뢰도를 깎아내렸다. 지금은 이 역학이 계속 이어질지 아니면 역추세가 나올지 말하기 어렵다.

탈규모화가 사람들을 더 좁고 편향된 미디어로 몰아갈 뿐 아니라 미디어 부문 스타트업들이 틈새 청중의 수요를 수익성 있게 충족하기 위한 뉴스 미디어를 만들 것임은 분명하다. 모든 사람은 뉴스가 자신에게 맞춰진 듯한 느낌을 받을 것이다. 그러나 그만큼 각자가 다른 뉴스를 접하게 될 것이다. 이런 개인화는 사회적 분열을 메우고, 서로 대화를 나누는 일을 더욱 어렵게 만든다. 과거가 서막에 해당한다면 이런 추세는 계속 정치계를 분열시키고, 거대 정당들을 혼란스럽게 만들 것이다. 그것이 좋은 일인지 나쁜 일인지는 보는 관점에 달렸다.

미디어산업에서 다가오는 기회

미디어 산업은 다른 대다수 산업보다 일찍 탈규모화를 시작했다. 초기 변화는 새로운 종류의 전문 뉴스 미디어(폴리티코, 버즈피드Buzzfeed), 새로운 데이터 주도 오락 기업(넷플릭스, 훌루), 새로운 음악 사업(아이튠즈, 스포티파이)을 위한 기회의 문을 열었다. 다음 기회는 인공지능 그리고 뒤이어 가상현실과 증강현실을 중심으로 형성될 것이다.

인공지능

플랫폼　　튠인은 수익성 있는 탈규모화를 가능하게 만드는 인공지능 주도 플랫폼으로 진화했다. 앞서 설명한 대로 인공지능은 한쪽에서는 소비자의 취향, 다른 쪽에서는 콘텐츠의 성격을 파악한 다음 소비자가 어디에 있든 그가 열성적으로 원하는 콘텐츠와 그 비용을 대는 광고를 제공하는 수단을 제공한다. 라디오 부문에서는 튠인이 그런 역할을 하고, 텔레비전 부문에서는 넷플릭스가 프로그램 제작자들이 적절한 청중에게 도달하는 플랫폼으로서 그런 역할을 하고 있다.

나는 뉴스, 음악, 도서, 게임 혹은 다른 콘텐츠 시장에서 인공지능 주도 플랫폼을 위한 기회가 계속 생기리라 믿는다. 아마존이 만든 에코Echo는 인공지능 알렉사를 활용해 음성 명령에 대응하는 스피커형 기기다. 또한 오디오 뉴스, 음악, 오디오북, 기타 정보를 제공하는 실험을 이끄는 새로운 플랫폼이기도 하다. (구글, 삼성, 애플을 비롯한 다른 기업들도 아마존을 따라잡기 위해 서두르고 있다.) 포드와 다른 자동차 회사들은 도로 위의 미디어 플랫폼 역할을 하는 자율주행차를 구상하고 있다. 이 차량은 인공지능을 통해 영화를 보여주거나 위치 기반 미디어를 제공할 것이다. 지금은 인공지능 주도 미디어 플랫폼이 생기는 초기에 불과하다. 앞으로 모두를 놀라게 할 새로운 플랫폼이 등장할 것이다.

가상 현실

가상현실 부문이 나아갈 수 있는 한 가지 확실한 방향은 몰입형 오락이다. 기술이 개선되면, 영화를 스크린으로 보는 것이 아니라 그 속으로 들어간 듯한 경험을 할 것이다. 또한 스포츠 경기를 가상현실에서 구현해 마치 경기장에 선 선수가 된 듯한 경험을 할 것이다. 또한 가상의 무대에서 U2나 비욘세와 같이 노래하는 경험을 할 것이다. 이는 자기만의 폐쇄적인 경험이다. 가상현실은 인터넷과 비슷한 열린 플랫폼이 돼 현실 세계처럼 돌아다닐 수 있을 때 실로 흥미로워질 것이다. 초기 가상현실 게임 세컨드 라이프Second Life를 만든 필립 로즈데일은 새로 만든 회사 하이 피델리티에서 네트워크 가상현실 플랫폼을 개발하고 있다. 가상현실 세계에서 이뤄지는 쇼핑은 물리적 매장의 진열대 사이를 걸어 다니는 것과 아마존이나 웨이

페어^{Wayfair}에서 즉시 물건을 구매하는 것을 교차시킨 경험이 될 것이다. 일, 사교, 학습, 쇼핑 등 현재 인터넷에서 할 수 있는 모든 일이 가상현실에서 구현돼 마치 현실에서 하는 것처럼 느껴진다면 어떨지 상상해보라.

증강현실

앞으로 10년 뒤에는 증강현실이 가상현실보다 더 흥미로워질 것이다. 그러나 진정 새로운 오락거리를 만들려면 기술이 개선돼야 한다. 움직이는 이미지를 주위 환경에 자연스럽게 덧입히는 일은 쉽지 않다. 그러나 개발자들에게는 증강현실을 활용할 아이디어가 많다. 앞으로 전직 대통령, 유명 작가, 정상급 교수 같은 유명인의 성격, 태도, 화법을 증강현실로 구현해 누구나 저녁식사 자리에 초대할 수 있도록 해주는 새로운 증강현실 미디어 기업이 나올지도 모른다. 영화나 게임 내용을 집이나 동네에서 전개할 수 있을지도 모른다. 주방에서 우리가 실제로 하는 행동과 혼합되는 요리 프로그램은 쉽게 상상할 수 있다. 이런 측면에서 모든 종류의 강사를 가상으로 옆에 불러서 개인 교습처럼 기타나 스키를 배울 수 있다. 이는 탈규모화된 미디어가 자동적이고 수익성 있는 방식으로 1인 시장을 향해 나아가는 좋은 사례다.

이미 증강현실 부문에서 몇 가지 멋진 초기 실험이 이뤄졌다. 한 개발자는 노스캐롤라이나에 있는 실제 주택을 무대로 살인

미스터리 게임을 만들었다. 플레이어는 집 안을 돌아다니며 스마트폰을 셜록 홈스의 돋보기처럼 활용해 증강현실로 덧입힌 단서를 찾아야 한다.[12] 이런 게임은 인간적 상호작용과 가상현실 기술을 강력하게 혼합한 사례다.

이 모든 진전을 종합적으로 고려하면, 미디어 부문의 탈규모화가 소비자 제품 부문의 탈규모화를 촉진할 것임을 알 수 있다. 이 문제는 다음 장에서 자세히 다루겠다.

8장

...

소비자 제품
정확하게 당신이 원하는 물건

2010년 무렵, 모바일, 소셜, 클라우드 플랫폼을 임차해 즉시 규모를 키울 수 있게 됐다. 그에 따라 어떤 사업 부문에서든 새로운 탈규모화된 회사를 만들 수 있다는 분위기가 형성됐다. 자본이나 경험이 거의 없는 대학 졸업자들이 안경 부문에서 막강한 글로벌 대기업에게 도전해 소비자의 경험을 바꿀 수 있다고 생각했다. 이 생각은 와비 파커로 이어졌다.

와비 파커 공동 창립자 중 한 명인 닐 블루먼솔Neil Blumenthal은 적어도 안경 사업의 문외한은 아니었다. 대학에서 외교와 역사를 배운 그는 엘살바도르에서 연구원 생활을 하는 동안, 비전스프링VisionSpring이 진행하는 특이한 자선 활동에 참여했다. 비전스프링 회원들은 개도국에서 농촌을 돌며 시력검사를 하고, 안경을 4달러 미만의 저렴한 가격에 제공한다. 블루먼솔은 이 회원들이 판매를 잘하도록 도왔으며, 더 싸게 안경을 구하려고 중국에 머물기도 했다.

뒤이어 와튼스쿨 MBA에 들어간 블루먼솔은 데이비드 길보아David Gilboa를 만났다. 의대 예과를 마치고 투자은행인 베인 캐피털Bain Capital과 앨런 앤드 코Allen & Co.에서 일한 길보아는 700달러짜리 프라다 안경을 비행기 좌석 주머니에 넣어둔 채 내린 적이 있었다. 반면 그가 쓰는 아이폰을 구하는 데 들인 비용은 200달러에 불과했다. "안경을 휴대전화보다 세 배 넘는 가격에 사야 하는 건 그다지 합리적이지 않았다." 그는 와튼에서 만난 블루먼솔, 앤드루 헌트Andrew Hunt, 제프리 레이더Jeffrey Raider에게 이런 생각을 밝혔다. (레이더는 나중에 와비 파커와 비슷한 남성용품 스타트업인 해리스Harry's를 만들었다.) 길보아는 〈패스트 컴퍼니Fast Company〉와의 인터뷰에서 "우리는 안경이 그렇게 비쌀 필요가 있는지 이야기를 나누기 시작했습니다. 그러다 룩소티카Luxottica를 조금 알게 됐습니다."[1]

룩소티카는 20세기에 뛰어난 기업인들이 만들었던 전형적인 기업 중 하나다. 레오나르도 델 베키오Leonardo Del Vecchio는 1961년에 이탈리아 북부의 한 도시에서 룩소티카를 세우고, 안경 부품을 만들었다. 1967년에는 안경을 판매했고, 두어 해 뒤에는 다른 브랜드들을 위해 안경을 제작하기 시작했다. 베키오는 수직 통합과 규모의 경제를 신봉했다. 그래서 자사 제품을 시장에 내보내기 위해 유통 회사를 인수했다. 또한 디자이너 브랜드와 라이선스 생산 계약을 맺고, 유통업체를 사들였다. 그의 전략은 업계 최대로 규모를 키워 최대한 많은 고객에게 대중시장용 제품을 판매하는 것이었다. 이 전략이 통하려면 최대한 안경을 많이 팔아 고정비를 최대한 활용해야 했다. 그러면 소규모 경쟁자들보다 높은 효율성과 수익성을 앞세워 우위를 차지할 수 있었다.

2000년대에 룩소티카는 연 매출이 650억 달러에 이르는 안경 산업을 장악했다. 룩소티카의 안경은 아르마니, 오클리, 레이밴, 프라다, 샤넬, DKNY 같은 유명 브랜드를 달고 판매됐다. 또한 렌즈크래프터스LensCrafters, 펄 비전Pearle Vision, 선글라스헛Sunglass Hut, 타깃 옵티컬Target Optical 같은 유통업체도 운영했다. (2017년 초에는 규모화 접근법을 한층 강화해 프랑스의 렌즈 제작사인 에실로Essilor를 490억 달러에 사들이고, 에실로룩소티카로 이름을 바꿨다.) 안경 부문에서 룩소티카는 모든 사람에게 모든 제품을 제공하는 접근법의 대가가 됐다. 규모가 성공을 안기는 시대에는 이런 식으로 대기업이 만들어졌다. 수십 년에 걸쳐 이루어진 규모화는 경쟁우위를 제공했다. 도전자가 위협적인 수준에 이를 만큼 규모를 키우려면 마찬가지로 오랜 시간이 걸릴 것이기 때문이었다.

뿐만 아니라 룩소티카는 도로와 쇼핑몰 같은 오랜 물리적 플랫폼을 토대로 안경을 구하는 특정한 소비자 경험에 상당한 투자를 했다. 이 경험의 양상은 다음과 같았다. 우선 소비자는 안과에서 시력을 검사해 결과를 받았다. 그 검사 결과를 갖고 쇼핑몰에 있는 안경 매장에 가서 여러 안경테를 써본 뒤 안경테와 렌즈를 주문했다. 끝으로 얼마 후 다시 매장에 가서 새 안경을 받았다.

룩소티카가 계속 규모를 키우고 안경과 관련된 전반적인 경험에 투자하는 동안 기술 부문은 인터넷, 이동통신망, 스마트폰, 소셜미디어, 디지털 결제 시스템, 클라우드 컴퓨팅, 오픈소스 소프트웨어, 글로벌 하청 체계를 비롯한 강력한 디지털 플랫폼을 구축했다. 각 플랫폼은 과거 룩소티카가 직접 구축하던 역량에 거의 모두가 접근할 수 있도록 해줬다. 가령 룩소티카는 대규모 시장에 안경을 팔기 위해 전 세계에 걸쳐 유통망을 구축해야 했다. 반면 인터넷, 이동통신망, 클라우드 컴퓨팅, 디지털 결제 시스템을 결합하면 와비 파커 같은 스타트업이 하룻밤 새 판도를 바꾸는 온라인 매장을 열 수 있다.

와비 파커는 바로 그런 일을 했다.

핵심 아이디어는 멋진 디자이너 스타일 안경을 엄선해 길보아가 잃어버린 프라다 안경보다 훨씬 저렴하게 온라인으로 판매하는 것이었다. 고객들은 넷플릭스의 DVD 우편 발송 모델과 비슷하게 다섯 가지 안경테를 주문하고, 반송할 수 있었다. (나중에는 고객이 실물을 비교할 수 있도록 오프라인 매장을 열기 시작했다.) 와비 파커는 새로운 플랫폼을 활용했다. 인터넷의 경우, 매장을 열어서 저렴한 비용으로 전 세계에 판매할 수 있었다. 페이스북과 구글은 텔레비전이나 잡지에 광고하는 비용보다 훨씬 저렴하게 고객을 찾을 수 있도록 해줬다. 또한 클라우드를 활용하면 서버를 구매하거나 데이터 센터를 임차할 필요가 없었다. 안경테 제작은 외주 제조업체에 맡겼다. 앞서 언급한 대로 온라인에서 이뤄지는 거래는 데이터를 생성한다. 룩소티카는 고객이 뭘 원하는지 파악하려면 따로 시장조사를 해야 한다. 반면 와비 파커는 온라인 매장에서 즉각적인 피드백을 얻어 도시 청년층을 겨냥한 제품을 만들 수 있다. 또한 룩소티카는 어떤 제품이 팔리는지에 대한 데이터만 확보할 수 있는 반면 와비 파커는 개별 고객이 뭘 사는지, 심지어 사이트에서 살펴봤지만 사지 않은 것은 뭔지도 파악할 수 있다. 고객에 대한 긴밀한 정보는 어떤 디자인이 목표 시장에 가장 강하게 어필하는지 알려준다. 또한 오프라인 매장은 어디에 열면 좋은지(고객이 밀집한 지역), 또 그 매장에 어떤 제품을 진열할지 결정하는 데 도움을 준다.

와비 파커가 규모를 직접 구축하고 보유하는 것이 아니라 임차하는 사업 모델로 단기간에 틈새시장을 놓고 룩소티카와 경쟁한 양상을 보면 탈규모화 역학의 힘을 확인할 수 있다. 컴퓨팅 능력은 아마존 웹 서비스나 마이크로소프트 아쥐르Azure 같은 클라우드 서비스에서 임차할 수 있다. 제조 능력은 아시아에 있는 외주 업체에서 임차할 수 있다. 고객에게 접근하는 능력은 인터넷과 소셜미디어에서 임차할 수 있다. 물류 능력은 UPS나 우체국 같은 배송 회사에서 임차할 수 있다. 이런 방식으로 와비 파커는 800명이 채 되지 않는 직원으로 기성 업체와 경쟁해 성공할 수 있었다. 현재 와비 파커는 10억 달러 이상의 가치를 인정받으며 패션 안경 시장에서 자리를 잡았다.

와비 파커는 소비자와 브랜드가 맺는 관계를 바꾸는 추세의 일부이기도 하다. 브랜드는 소비자가 정보를 얻기 힘들던 시대에 제품에 대한 정보를 제공하기 위해 만들어졌다. 그러나 지금처럼 고도로 연결되고 데이터가 넘치는 시대는 대중시장에 대한 브랜딩이 필요한 이유 자체를 없애고 있다. 소비자는 들어보지도 못한 제조사가 만든 기기나 셔츠 혹은 하키 채에 대해 모든 것을 알아낼 수 있다. 평가 글을 읽고, 구글로 검색하고, 소셜네트워크로 물어보면 된다. 소규모 제품에 대해 더 나은 정보를 얻으면, 별로 알려지지 않은 특이한 브랜드도 안심하고 구매할 수 있다. 그래서 와비 파커 같은 회사들이 룩소티카와 경쟁할 여지가 생긴다.

이타마르 시몬슨Itamar Simonson과 엠마뉴엘 로젠Emanuel Rosen은 《절대 가치Absolute Value》[2]에서 그에 따른 사회적 변화를 설명한다. 과거 우리는 다른 모두가 가진 브랜드를 원했다. 그러나 지금은 집단적 개인주의로 옮겨 가면서 누구도 갖지 않은 브랜드를 원한다. 그 결과, 대형 브랜드들이 작고 기발한 브랜드들에 취약해지고 있다. 힐턴은 에어비앤비의 특별한 숙박 서비스에 취약해지고 있다. 소규모 맥주 회사들이 버드와이저에게서 시장을 빼앗고 있다. 티파니는 엣시Etsy의 장신구 제조자들에게 취약해지고 있다. 와비 파커는 이런 추세의 핵심으로 파고들었다. 길보아만 단지 프라다 브랜드라는 이유로 안경 하나에 700달러를 지불할 가치가 있는지 의심하기 시작한 것은 아니다. 인터넷과 함께 성장한 청년 세대 모두가 이런 생각을 한다. 이는 탈규모화 제품과 서비스가 소비자의 마음속에 들어갈 수 있는 여지를 만든다.

탈규모의 경제가 소비자 경험을 크게 바꾸고 있다. 와비 파커에서 안경을 구매하는 방식은 과거와 많이 다르다. 온라인으로 안경을 주문하고, 집에서 안경테를 써보고, 마음에 드는 안경테를 고르면 집으로 안경이 배달된다. 이런 방식으로 700달러짜리 안경을 100달러에 살 수 있다. 전통적인 광고와 마케팅이 끼어들 자리가 없다. 물론 먼저 안과에 가서 시력검사를 받아야 한다. 그러나 이조차 바뀌고 있다. 옵터너티브Opternative 같은 스타트업은 온라인 시력검사 서비스를 제공하려 한다. 이런 서비스까지 추가되면, 안경을 구하는 전체 과정에서 룩소티카가 구축한 모든 것을 완전히 바꿀 수 있다. 룩소티카는 규모의 경제를 활용함으로써 당대의 승자가 됐다. 와비 파커는 정반대로 탈규모의 경제를 활용함으로써 새로운 시대의 승자가 되고 있다.

소비자가 달라지고 있다

소비자 시장은 지난 100년 동안 세계경제를 움직이는 가장 강력한 힘이었다. 전 세계 소비자들은 제품과 서비스를 구매하는 데 약 43조 달러를 쓴다. 이는 글로벌 GDP의 약 60퍼센트에 해당한다.[3] 미국의 경우, 전체 GDP에서 11조 5,000억 달러 규모의 소비자 시장이 차지하는 비중이 약 71퍼센트다. 놀랍게도 지난 세기에 구축된 규모의 경제가 대중시장의 소비문화 대부분을 창출해냈다. 그 전에는 제대로 된 대규모 소비자 시장이 없었다.

1900년대 초에 도입된 기술 플랫폼은 대중시장을 창출하고 그 수요를 충족하는 데 막대한 역할을 했다. 전국 라디오방송 및 텔레비전 방송은 기업들이 광고로 거의 모든 소비자에게 도달할 수 있는 수단을 제공했다. 그에 따라 모든 도시에 노출되는 광고는 다양한 사람들에게 어필할 수 있도록 최대한 단순하고 폭넓은 내용을 담아야 했다. 또한 승용차와 트럭이 늘어나고 고속도로가 생기면서 대중시장용 제품을 모든 지역의 매장에 보낼 수 있게 됐다. 소비자는 매장이나 쇼핑몰로 차를 몰고 가서 광고에 나온 제품을 샀다. 전력망은 이 모든 과정을 관통하면서 라디오방송과 텔레비전 방송을 내보내고, 매장 조명을 밝히고, 조립라인을 가동하는 데 필요한 전력을 공급했다. 또한 진공청소기부터 전동 드릴, 모형 기차까지 획기적인 제품을 선보일 새로운 가능성을 열었다.

20세기 중반 무렵 운송, 대중매체, 통신 같은 모든 기술 플랫폼이 슈퍼마켓, 맥도날드, 세븐일레븐에 이어 궁극적으로 대중시장 소비문화의 정점인 월마트의 등장을 뒷받침했다. 전국 혹은 전 세계에서 매장을 운영하는 대형 유통업체들은 대중이 구매할 제품을 대형 제조업체에서 조달해 재고를 채워야 했다. 그래서 P&G, 앤호이저부시^Anheuser-Busch, 나이키, 소니, 룩소티카 등 값비싼 광고를 하고, 대형 공장을 짓고, 시장의 폭넓은 중간대에 어필하는 제품을 쏟아내는 기업들이 더 많은 영향력을 얻게 됐다. 지역의 틈새시장에 맞춘 소규모 매장은 훨씬 나은 경험을 제공한다고 해도 유명 브랜드를 저가에 판매하는 월마트와 경쟁할 수 없었다.

대중시장 소비문화의 역학들은 서로를 강화했다. 가령 대형 제조사들은 대형 매장에서 더 많은 전시 공간을 차지해 틈새 제품이 소비자들에게 도달하기 어렵게 만들었다. 또한 규모의 경제가 시장을 지배했다. 유통업체는 규모가 클수록 가격을 협상하기 쉬웠고 효율적인 운영이 가능했다. 특히 월마트가 이런 방식으로 우위를 확보했다. 또한 소비재 제조사는 규모가 클수록 광고비를 더 많이 들이는 한편 대량 생산 및 물류로 효율성을 기할 수 있었다. 이 부분에서는 P&G가 다른 제조사들을 앞질렀다.

그러나 생각해보면 대중시장 소비재 기업들은 자신들에게 이득이 되는 방식에 소비자가 맞추게 만들었다. 월마트까지 차를 몰아 주차하고, 삭막한 매장을 돌아다니며 (없을 수도 있다는 사실을 감안한 채) 원하는 물건을 찾고, 고객의 선호를 모르는 직원들에게 묻고, 계산대 앞에 줄을 서고, 물건들을 차에 실어서 집으로 돌아오는 과정을 즐기는 사람은 별로 없다. 게다가 어렵게 산 제품이 개인의 특정한 취향에 맞지 않을 수도 있다. 그래서 최대한 많은 사람에게 어필하도록 만들어진 버드와이저 맥주나 리바이스 청바지처럼 타협적인 제품을 사는 경우가 많다. 대다수 사람들이 진정 원하는 경험은 어디에 있든 원하는 물건을 쉽게 찾아서 몇 시간 만에 손에 넣는 것이다. 이것이 탈규모화된 소비자 경험이다.

아마존은 이 새로운 소비자 경험으로 나아가는 길을 열었다. 제프 베조스는 '세계 최대 서점'을 만들겠다며 아마존을 창업했다. 그때까지 사람들은 오프라인 서점에서 책을 사는 데 익숙했다. 반스 앤드 노블Barnes & Noble 같은 대형 서점들은 약 20만 권을 소장했다. 이는 상당한 양이지만, 여전히 시장에 나와 있는 전체 도서의 극히 일부에 불과했다. 그래서 특정한 책을 사려고 서점에 갔다가 헛걸음할 가능성이 높았다. 베조스는 인터넷에 하나의 거대한 글로벌 서점을 만들면 어떤 책이든 고객이 구매하는 대로 배송할 수 있다고 생각했다. 소비자들은 아마존을 통해 자신에게 맞춘 경험이 어떤 것인지 감을 잡기 시작했다. 이제는 판매자와 제조자가 제공하는 것에 맞출 필요 없이 원하는 책을 집에서 받아볼 수 있다.

물론 시간이 지나면서 아마존은 도서에서 모든 종류의 소비재로 사업 영역을 확장했다. 또한 인공지능을 추가해 방대한 구매 데이터를 토대로 적절한 제품을 적절한 사람과 연결함으로

242

써 1인 시장에 더욱 가까이 다가갔다. 아마존의 물류 창고에서는 로봇이 상품을 찾아서 옮긴다. 또한 아마존의 배송망은 때로 몇 시간 안에 배달을 완료한다. 이제는 특이한 제품이라도 아마존의 플랫폼을 통해 전 세계에 흩어진 목표 고객들에게 비교적 쉽게 도달할 수 있다. 전 세계에 매장을 둔 월마트는 제품을 약 400만 종 판매한다. 아마존은 3억 5,600만 종을 판매한다. 아마존은 누구나 무엇이든 휴대전화나 컴퓨터로 찾아서 주문할 수 있도록 만들었다.

아마존의 성공을 보고 여러 경쟁 업체들이 인터넷 유통 부문에 뛰어들었다. 구글은 쇼핑과 당일 배송을 위한 플랫폼이 되려고 노력해왔다. 심리스Seamless, 딜리버루Deliveroo, 포스트메이츠Postmates, 우버이츠Ubereats는 소기업과 식당을 위한 최종 구간 배달 플랫폼이 되고 싶어 한다. 동시에 모바일, 클라우드, 소셜 플랫폼은 소비재 사업을 시작하고 틈새 제품을 전 세계에 판매하는 일을 한결 쉽게 만들었다. 이 모든 플랫폼이 모여, 와비파커뿐 아니라 달러 셰이브 클럽이나 어니스트 컴퍼니처럼 소비재 대기업과 효과적으로 경쟁하는 신시대 소비재 기업들을 위한 무대가 마련됐다. 제조, 전시 공간, 대중매체 광고 측면에서 규모의 경제를 통해 룩소티카나 P&G가 구축한 방벽은 취약해졌다.

2010년대 중반이 되자, 소비자 시장에서 탈규모화가 진행되는 속도가 빨라졌다. 소비자들은 탈규모화된 1인 시장 경험을 갈수록 많이 원했다. 유통 부문에서 그 결과를 볼 수 있다. 상업 부동산 기업 코스타^{CoStar}에 따르면, 2017년 기준으로 미국에 있는 1,300개 쇼핑몰 중 거의 4분의 1에 해당하는 310개가 핵심 매장을 잃을 위험에 처해 있다.[4] 또한 2016년 기준으로 18~34세 구매자들은 다른 유통업체보다 아마존을 선호하는 것으로 드러났다. 이 연령대의 전체 온라인 의류 구매에서 아마존이 차지하는 비중은 거의 17퍼센트에 이른다. 2위인 노드스트롬^{Nordstrom}보다 두 배도 더 되는 수치다.[5] P&G는 거의 모든 산하 브랜드가 프레시펫^{Freshpet}, 줄렙 뷰티$^{Julep\ Beauty}$, 이설론^{eSalon} 같은 탈규모화된 경쟁사에게 공격받고 있다는 사실을 발견했다. 이 모든 경쟁사는 초점화된 제품을 온라인으로 틈새시장에 판매했다. 가령 프레시펫은 '몸에 좋은' 사료만 판매하며, 이설론은 고객이 작성한 원래 머리 색과 바라는 머리 색에 대한 프로필을 참고로 맞춤형 염색약을 보낸다.

이는 대개 인터넷과 모바일, 소셜, 클라우드 기술을 토대로 지금까지 진전된 수준에 불과하다. 다음에 찾아올 인공지능 주도 기술은 소비자 경험과 소비재 산업을 더욱 크게 바꿔놓을 것이다.

소비 데이터를 모으는 기업들

똑똑한 신시대 유통업체와 소비재 제조사는 고객과 교류하며 데이터를 수집한다. 이 데이터는 인공지능 소프트웨어가 개별 고객을 학습해 소비자 경험을 맞추도록 돕는다. 인공지능은 근본적으로 개인 서비스라는 개념을 자동화해 모두에게 관심을 기울이는 것이 경제적으로 타당하도록 만든다. 월마트의 획일적인 서비스 대신 개인 서비스를 선호하지 않을 사람이 어디 있을까? 인공지능을 기반으로 개인화된 서비스는 성공을 부르는 공식이다.

스티치 픽스Stitch Fix는 앞으로 어떤 소비자 경험이 제공될지 보여준다. 카트리나 레이크Katrina Lake가 2011년에 창립한 이 회사는 인공지능과 전문가의 역량을 결합해 모두에게 쇼핑 도우미의 경험을 제공한다. 먼저 고객이 온라인으로 스타일 프로필을 작성해 체격, 체형, 약간의 개인 정보(직업이나 자녀 유무)를 제공한다. 그러면 소속 스타일리스트가 이 프로필을 토대로 옷을 다섯 벌 보내준다. 고객은 그중 마음에 드는 것을 사고 나머지는 반송한다. 인공지능은 이를 토대로 고객 스타일에 대해 더 많은 정보를 학습한다. 스티치 픽스는 고객이 정한 주기에 따라 새로운 옷을 보낸다. 고객은 원하는 대로 구매하거나 반송할 수 있다. 이런 거래를 통해 인공지능은 고객의 스타일을 알게 되며, 스타일리스트가 고객이 좋아할 옷을 보내도록 이끈다.

이런 경험은 고객이 원하는 제품을 찾도록 돕는 아마존의 경험을 훌쩍 뛰어넘는다. 스티치 픽스는 고객 성향을 파악해 고객조차 자신이 좋아하리란 사실을 모르는 제품을 보내준다. 인공지능은 고객의 욕구를 예측하고 예상하는 데 도움을 준다. 이 접근법은 식료품, 화장품, 가정용 장식품 등 소비재 전반으로 퍼져나갈 것이다. 인공지능은 고객의 필요를 예측해 정확하게 맞는 제품을 보내줄 것이다. 이런 경험은 대중시장 브랜드들에게 치명적인 타격을 입힐 것이다. 소비자는 P&G 같은 대기업이 만들었든, 캐나다 소도시의 스타트업이 만들었든 자신에게 가장 잘 맞는 제품을 시스템이 알아서 보내도록 허용할 것이다. 소비자가 주문하는 제품은 드론이나 소형 자율주행차로 신속하게 배달돼, 즉각적인 만족을 얻으려고 굳이 매장까지 갈 필요가 없어질 것이다.

지난 세기 동안 고도로 규모화된 식품 산업은 데이터와 인공지능이 주도하는 변화의 문턱에 서 있다. 가족농은 더 많은 사람을 먹이고, 국가적 브랜드를 창출하며, 거대한 슈퍼마켓을 채우기 위해 기업농에게 자리를 내줬다. 집채만 한 농기계들이 방대한 농지를 관리하게 됐다. 웨슬스 리빙 히스토리 팜Wessels Living History Farm이 집계한 연방 통계치에 따르면, 1950~1960년대에 이런 추세가 빠르게 진행됐다.[6] 1950~1970년에 농장 수가 합병이나 매각을 통해 절반으로 줄었다. 같은 기간에 농장의 평균 규모는 두 배로 커졌다. 농장에서 일하는 사람은 1950년에 2,000만 명 이상이다가 1970년에 1,000만 명 미만으로 절반 이상 줄었다. 생산성은 크게 높아져 비슷한 크기의 토지에서 더 낮은 비용으로 더 많은 식량이 생산됐다. 이런 추세는 정도가 약해지기는 했지만, 이후 40년 동안 이어졌다.

지금은 기술이 농업 부문을 탈규모화하고, 식량 생산을 소비자 더 가까이로 가져가고 있다. 뉴욕시에서 겨우 15분 거리에 있는 바우어리 파밍Bowery Farming이라는 농장이 한 예다. 이 농장은 자연광 대신 LED 조명을 쓴다. 작물은 바닥부터 천장까지 쌓인 수경재배판에서 자란다. 농장의 추정에 따르면, 이런 방식으로 산업형 농장보다 평방피트당 100배나 더 많은 작물을 키울 수 있다. 사물인터넷 센서는 계속 작물과 주변 환경을 감지해 인공지능 주도 소프트웨어로 데이터를 보낸다. 이 소프트웨어는 작물이 자랄 수 있는 최선의 조건을 파악하고 조명, 물, 비료의 양을 조절해 수확량을 늘린다. '농사'의 대부분은 이리저리 돌아다니며 물을 주는 로봇형 기계가 한다. 바우어리 파밍뿐 아니라 도시의 빌딩 안이나 옥상, 공터 등에서 다양한 농장이 생기고 있다.

스타트업 레터스 네트워크Lettuce Networks는 클라우드와 모바일 기술을 활용해 도시 농장들을 네트워크로 잇는다. 창립자 요게시 샤르마Yogesh Sharma는 자신의 회사를 농업 부문의 에어비앤비라고 부른다. 레터스 네트워크는 도시 여기저기에 소규모 토지를 가진 사람들과 재배 계약을 맺고, 작물과 환경을 관찰할 수 있는 센서들을 설치한다. 인근 주민들은 레터스 네트워크의 서비스에 가입해 농산물을 배달받을 수 있다. 레터스 네트워크의 시스템은 도시 전체에서 무엇이 자라는지 알기 때문에 배달할 농산물들을 한데 모은다. 토지 소유자는 작물을 재배해 돈을 벌고, 가입자는 인근에서 자란 신선한 농산물을 구할 수 있다. 먼 농장에서 재배돼 냉장 트럭으로 운송된 농산물보다 훨씬 신선하다. 이런 농산물 네트워크가 성공한다면 도시 자생력이 한층 높아질 것이다.

이 모든 변화는 사람에게 맞추는 소비자 경험으로 이어진다. 사람들은 오랫동안 슈퍼마켓에서 농산물을 구하는 데 길들여졌다. 즉 차를 몰고 가 매장을 돌아다니며 정확하게 원하는 것은 아니지만 그런대로 괜찮은 대중시장용 농산물(특히 산업형 농장에서 재배한 맛없는 토마토와 딸기)을 사 집으로 돌아왔다. 탈규모화 시대에 레터스 네트워크 같은 시스템은 고객 취향과 인근 지역에서 제공할 수 있는 농산물을 파악해 신선한 상태로 배달한다. 우유 배달부가 며칠마다 한 번씩 집으로 찾아오던 시절을 기억하는 사람이 있는가? 미래는 지금보다 그때와 더 비슷해질 것이다.

실제로 소비재, 유통, 식품, 제조, 브랜드 가치 측면에서의 모든 변화를 종합하면, 2020년대 소비자 경험은 지난 50년 동안과는 크게 달라질 것임을 알 수 있다. 지금 우리가 직접 매장에 가서 구매하는 대다수 물품이 집으로 배달될 것이다. 스티치 픽스나 레터스 네트워크 같은 다양한 서비스가 고객 정보를 파악해 고객이 원할 때 원하는 것을 제공할 것이다. 식료품을 사러 가는 일은 거의 없어질 것이다. 오프라인 매장에는 주로 오락이나 학습 혹은 흔히 구매하던 물건이 아닌 새로운 물건을 보기 위해 갈 것이다. 대부분의 경우에는 대중시장 브랜드에 만족할 필요 없이 자신에게 맞춰진 듯한 제품을 찾을 수 있을 것이다. 또한 명품이나 고가 제품을 사는 것보다 브랜드 없는 특이한 제품을 사는 데 더 자부심을 느낄 것이다.

이런 변화는 지난 세기의 소비자 경험을 구축한 여러 산업에 엄청난 영향을 미칠 것이다. 우리는 브랜드 가치가 떨어지고, 광고가 구매에 미치는 영향력이 줄어드는 시대로 접어들고 있다. P&G, 코카콜라, 애플, 나이키, 앤호이저부시 인베브, 루이비통 같은 전설적인 기업들이 상당한 영향을 받고 있다. 브랜드 가치 하락은 대중시장 미디어, 특히 텔레비전에 파괴적인 영향을 미친다. 온라인에서 더 많은 구매가 이뤄지고 인공지능 주도 가입형 서비스가 늘면서 월마트, 세이프웨이, 베스트 바이 같은 대형 유통업체를 찾는 사람이 줄어들 것이다.

요컨대 지난 세기 동안 규모를 토대로 구축된 소비자 경험은 해체되고 탈규모화될 것이다. 대규모의 이점이 점차 줄어들고 있다. 새로운 시대에는 소비자를 중심에 두는 소규모 초점화 기업들이 대규모 대중시장 기업들을 대체로 이길 것이다.

이 모든 변화는 부동산, 토지 활용, 도시 환경에 방대한 영향을 미칠 것이다. 부동산 기업 그린 스트리트Green Street가 예측한 바에 따르면, 10년 안에 최소한 15퍼센트의 쇼핑몰이 문을 닫을 것이다. 2017년 기준으로 월마트가 미국에서 운영하는 매장은 3,522점으로, 각각 최대 2만 4,100제곱미터 규모다. 집으로 물건이 배송되기를 원하는 소비자가 늘면 일부 월마트 매장은 문을 닫을 것이다. 그에 따라 새로 생기는 부지와 활용 기회를 생각해보라. 이미 폐점한 쇼핑몰을 콘도, 병원, 하키장, 실내 온실로 전환한 사례들이 나오고 있다. 동시에 탈규모화가 진행되면서 사람과 제품의 이동 패턴이 달라질 것이다. 사람들의 이동이 줄면서 더 적은 차량이 예측 가능한 시간에 도로와 주차장을 채울 것이다. 그 결과, 더 많은 토지를 활용할 수 있게 될 것이다. 반대로 사람들의 집으로 배달되는 물량이 늘어나면서 도시계획 당국은 배달 트럭과 소형 자율주행 배달 로봇, 나아가 거리 위로 날아다니는 배달용 드론을 수용할 수 있는 새로운 방식을 적용해야 할 것이다.

소비 시장에서 다가오는 기회

소비자 시장의 커다란 기회는 개별 소비자가 원하는 것을 필요한 시점에 제공하는 것을 중심으로 생길 것이다. 이는 탈규모화의 일관된 주제를 반영한다. 즉 규모화된 대중시장 제품은 오랫동안 우리가 그들에게 맞추도록 강요했다. 반면 탈규모화된 제품은 그들이 우리에게 맞춘다. 그래서 자동화와 맞춤화를 토대로 개별 소비자를 위해 만들어진 듯 보일 것이다. 향후 10년 동안 혁신 기업들이 차례로 제품들을 바꿔가면서 대중시장에서 1인 시장으로 나아갈 것이다.

다음은 내가 파악한 몇 가지 기회들이다.

대중시장

해체　　　P&G, 네슬레, 삼성 같은 소비재 기업들은 대중시장을 토대로 구축됐다. 최대한 많은 사람에게 어필하는 획일적인 제품이 인기를 끌었다. 그러나 이런 제품은 타협적이다. 그래서 소비자의 욕구와 정확하게 일치하지 않는 대신 적당히 쓸 만하고 쉽게 구할 수 있다. 이 사실은 작고 새로운 기업들이 기술을 활용해 틈새시장에 강력하게 어필하는 제품을 만들 여지를 준다. 해당 시장의 소비자들은 이 제품이 자신을 위해 특별히 만들어졌다고 느낄 것이다.

어니스트 컴퍼니, 와비 파커, 달러 셰이브 클럽, 블루 에이프런Blue Apron, 그리고 계속 늘어나는 다른 기업들이 바로 이런 일을 한다. 어니스트 컴퍼니는 첫 아이를 낳은 뒤 천연, 유기농 유아용품을 찾는 데 어려움을 겪은 배우 제시카 알바가 브라이언 리Brian Lee, 숀 케인Sean Kane, 크리스토퍼 개비건Christopher Gavigan, 마이라 아이벳Maria Ivette과 함께 세운 회사다. 이 회사는 초기에 친환경 기저귀를 만들면서 팸퍼스 같은 대중시장 브랜드와 경쟁했다. 지금은 다양한 천연 가정용품 및 미용 제품까지 판다. 와비 파커는 룩소티카의 고객 기반 중 특정 집단에 초점을 맞췄다. 회원제로 면도날을 판매하는 달러 셰이브 클럽은 질레트의 시장 중 일부를 빼앗았다. 집에서 데워 먹을 수 있는 요리를 배달하는 블루 에이프런은 냉동식품 시장 일부를 차지했다. 거의 모든 대중시장 제품은 탈규모화 전략에 취약해질 것이다. 앞으로 이런 현상이 거듭 일어날 것이다.

새로운 기업들은 틈새시장 제품을 재구성해 어니스트 컴퍼니의 경우처럼 새로운 P&G가 될 기회를 얻을 것이다. 그래서 몸집을 키울 수 있겠지만, 언제나 특정 고객들의 수요를 충족하는 데 더욱 집중할 것이다.

옴니 채널

판매　　　　문명이 생긴 이래, 사람들은 언제나 시장에 모였다. 우리는 쇼핑을 좋아한다. 많은 사람에게 쇼핑은 필요한 물건을 구하는 일인 동시에 사교 활동이자 오락이다. 그래서 많은 구매가 온라인에서 이뤄진다 해도 오프라인 매장이 사라질 가능성은 낮다. 그러나 유통 부문은 분명 변할 것이다. 성공적인 유통 매장은 온라인 쇼핑과 오프라인 쇼핑을 잇는 완전한 경험의 일부가 될 것이다.

와비 파커 매장에서는 멋스러운 분위기에서 다양한 안경테를 써볼 수 있다. 그러나 대다수 고객은 나중에 온라인으로 원하는 스타일의 안경을 구매한다. 아마존은 지난 수십 년 동안 자신이 사라지게 만든 오프라인 서점을 열어 도서 시장에 충격을 안겼다. 왜 그랬을까? 사실 사람들은 여전히 이런저런 책들을 훑어보길 즐기고, 그 과정에서 나중에 온라인으로 살 책을 정한다. 그래서 아마존이 온라인 매출에 도움이 된다고 판단하는 한 오프라인 매장의 수익은 문제가 되지 않는다.

성공적인 유통업체는 인공지능으로 고객을 파악한 다음 매장에서 제공하는 경험을 이에 맞출 것이다. 가령 의류업체는 특정 스타일을 선호하는 고객들만 따로 매장에 초청해 전문 스타일리스트와 함께하는 시간을 만든 다음 취향에 맞춘 온라인 쇼핑 경험을 제공할 수 있다. 이 경우 매장과 사이트는 같이 매출을 올리는 데 기여하며, 특정 고객들에게 우대받는다는 느낌을 준다. 개별 고객에 대한 데이터가 많을수록 1인 시장의 느낌을 자아내는 매장 경험을 제공할 수 있다.

지역

농업　　　규모화된 농업은 세계 인구를 먹여 살렸다. 그러나 '신선한' 토마토가 플라스틱 맛이 나게 만들기도 했다. 인공지능 제어 조명부터 토양 영양분을 지속적으로 확인하는 사물인터넷 센서까지 다양한 기술들이 고객 가까이에서 농사 짓는 것을 타당하고 수익성 있게 만들고 있다. 말하자면 제조업 부문의 분산화가 농업 부문에서 가능하게 된 것이다. 도시에서도 오래된 쇼핑몰, 공장, 창고, 주차장에 실내 농장을 만들 수 있다. 농산물 직판장을 보면 알 수 있듯 소비자 가까이에서 농산물을 재배하면 운송과정이 생략된다. 그래서 자연스러운 방식으로 숙성시킬 수 있다. 한겨울에도 실내에서 자란 토마토는 제맛을 낼 것이다. 물론 소비자들은 당연히 이런 농산물을 선호한다.

바우어리 패링 같은 여러 신생 기업이 이 부문에 진입하고 있다. 프레이트 팜스Freight Farms는 화물용 컨테이너에서 농산물을 재배한다. 뉴욕에 있는 브라이트 팜스BrightFarms는 식료품점 근처에서 온실을 '설계, 구축, 운영'하며 지금까지 자금을 1,100만 달러 확보했다. 이든웍스Edenworks는 녹색 채소, 버섯, 허브를 기르는 옥상 온실을 만든다. 여기서 쓰는 비료도 미니 농장에서 자란 틸라피아tilapia와 새우에서 얻는다. 휴렛팩커드에서 임원을 지낸 데이브 로저Dave Roser는 미니애폴리스에서 가든 팜스Garden Farms라는 회사를 운영하고 있다. 이 회사는 창고를 실내 농장으로 바꾼다. 이런 스타트업들이 계속 생길 것이다. 향후 10년 동안 현지에서 신선한 농산물을 재배하는 농장들이 기업형 농장의 시장점유율을 잠식할 것이다.

로봇

배달　　이 부문은 개발에 오랜 시간이 걸린다. 그러나 20~30년 뒤에는 UPS 배달 차량이 자동화될 것이다. 지금은 어떤 방식이 가장 좋을지 말하기 어렵다. 널리 알려진 대로 아마존은 배달 드론을 개발하고 있다. 빨리 배달해야 하고, 부피가 작은 음식 같은 것은 자율운행 드론이 나를 가능성이 높다. 자율주행차가 운전석에 사람이 없어도 될 만큼 충분히 좋아지면 UPS 로봇 차량이 고객의 집까지 찾아와 문자를 보낼지도 모른다. 스카이프 창립자 두 명이 에스토니아에서 만든 스타십 테크놀로지Starship Technologies는 유모차 크기에 바퀴가 여섯 개 달린 로봇을 개발했다. 이 로봇은 인도를 지나 피자나 치즈스테이크를 배달할 수 있다. 배달업체인 포스트메이츠가 워싱턴 DC와 샌프란시스코에서 이를 시험하고 있다. 이 글을 쓰는 현재 위스콘신주 정부는 배달 로봇의 운행 범위를 인도와 횡단보도로 한정하고, 무게와 속도를 각각 3.6킬로그램과 시속 16킬로미터로 제한하는 법안을 추진하고 있다. (위스콘신주 정부는 2017년 6월 21일을 기준으로 법안을 통과시켰다. 단 로봇의 무게와 주행속도에 제한을 두고, 인력을 배치할 것을 법으로 규정했다. ─편집자 주) 지금은 로봇 배달이 이상해 보일 수 있다. 그러나 탈규모화 시대에는 자연스러워 보일 것이며, 대중시장에서 1인 시장으로 나아가는 대전환에서 중요한 부분을 차지할 것이다. 앞으로는 소비자가 월마트로 가서 다른 사람들과 같은 제품을 사는 것이 아니라 인근 분산형 공장에서 개별 소비자에게 맞춰 제작한 제품을 로봇이 배달할 것이다.

3부

우리는
무엇을 해야 하는가

9장

...

**바람직한
인공지능 시대를 위한
중대한 결정**

크리스 휴스는 미국에서 기술이 불평등을 초래하는 양상을 대단히 잘 안다. 그는 노스캐롤라이나주 히커리Hickory의 노동자 가정에서 자랐다. 그의 아버지는 제지 회사 영업 사원이었고, 어머니는 학교 교사였다. 2002년에 하버드대학에 들어간 그는 마크 저커버그, 더스틴 모스코비츠Dustin Moskovitz와 같은 기숙사 방을 배정받았다. 이듬해, 이 세 명과 에드와도 새버린Eduardo Saverin이 페이스북을 만들었다. 2016년 기준으로 〈포브스〉가 추정한 휴스의 자산은 4억 3,000만 달러였다.

휴스와 나는 친구다. 그는 자신이 복권에 당첨된 것만큼 운이 좋았다는 사실을 한 번도 잊은 적이 없다. 그는 2007년에 페이스북을 떠나 당시 상원의원이던 오바마의 대선 팀에서 일했다. 이후 〈뉴 리퍼블릭New Republic〉을 살리기 위해 애쓰다 결국 크

9장 바람직한 인공지능 시대를 위한 중대한 결정

게 실패하고 말았다. 2010년대 중반, 휴스는 임박한 위기를 막는 데 집중했다. 그가 보기에 인공지능과 로봇이 이끄는 자동화는 곧 다른 사회적 역학과 맞물려, 위엄 있는 삶을 살기에 충분한 돈을 벌 수단을 수많은 사람에게서 빼앗을 것이었다. 그래서 이코노믹 시큐리티 프로젝트Economic Security Project 추진을 주도했다. 이 프로젝트는 기금 1,000만 달러를 모아 2년에 걸쳐 보편적 기본소득에 대한 연구를 진행했다. (나도 후원자로 참여했다.) 그 목적은 자동화로 일자리를 잃어도 모든 시민이 적절한 수준의 생활을 할 수 있도록 정기적으로 돈을 주는 것이 합당한지 파악하는 것이었다.

인공지능과 탈규모화가 초래할 모든 변화를 합치면 사회와 기업에 어떤 일이 생길까? 세상은 천국이 될까, 아니면 지옥이 될까? 휴스를 비롯한 기술과 정부 부문의 많은 사람이 지옥이 되는 길을 피하는 법을 고민하고 있다. 나도 그중 한 명이다.

인공지능 기술과 탈규모화를 이끄는 동력은 불가피한 변화를 일으킨다. 인공지능 기술의 진전을 막을 수는 없다. 유전자 분석, 3D 프린팅, 로봇, 드론, 사물인터넷 그리고 여기서 언급한 다른 모든 것은 이미 우리 앞에 와 있다. 이 기술들은 20세기 규모의 경제를 해체해 21세기 탈규모의 경제로 대체할 동력을 계속 제공할 것이다. 이 과정은 이미 10년 동안 진행됐으며, 앞으로 10~20년 동안 한층 활발히 이루어질 것이다. 스트라이프 같은 전자상거래 플랫폼의 자동화된 회계와 뱅킹은 수많은 금융 종사자와 변호사를 낙오시킬 것이다. 3D 프린팅을 기반으로 한 새로운 제조업은 대기업 공장에서 더 작고 자동화된 주문형 공장으로 수많은 일자리를 옮겨갈 것이다. 이런 추세는 무시할 수 없다. 정책 입안자들은 국민이 이런 변화를 감당할 수 있도록 도울 방법을 찾아내야 한다. 지도자들은 미래를 내다보고, 오늘날의 기술이 부를 결과에 대해 중대한 질문을 던져야 한다. 정책 입안자들이 한 세기 전에 내연기관 자동차가 풍경, 에너지, 공기, 도시, 전쟁에 미칠 영향을 예측했다면 다른 규제와 인센티브를 적용했을까? 분명 그랬을 것이다!

기술은 그 자체로 선하거나 악하지 않다. 기술이 사회와 지구에 미치는 영향을 좌우하는 것은 우리가 기술을 활용하는 방식이다. 전 세계의 기술산업은 책임 있는 혁신을 받아들여야 한다. 우리는 너무 오랫동안 '파괴disruption'에 초점을 맞췄다. 도덕적으로 파산한 파괴는 사회를 황폐하게 만들 뿐이라는 사실을 상기해야 한다. 기술 부문이 이 사실을 깨닫기 시작했다는 징후들이 있다. IBM, 마이크로소프트, 구글, 아마존, 페이스북은 인공지능을 개발하면서 도덕적 의무를 지키기 위해 인공지능협력기구Partnership on AI라는 단체를 만들었다. 이 단체의 공동 대표이자 구글 딥마인드DeepMind의 공동 창립자인 무스타파 술레이만Mustafa Suleyman은 설립 취지와 관련해 "우리는 사려 깊고, 긍정적이며, 도덕적인 방식으로 인공지능 부문을 진전시켜야 한다는 사실을 깨달았다"[1]고 밝혔다. 나는 이 기업들이 설립 취지를 따르고, 다른 기업들도 뒤를 잇길 바란다. 동시에 정책 당국도 보조를 맞추는 것이 중요하다. 더 이상 기다릴 수 없다. 탈규모화 혁명은 이미 10년 동안 진행됐으며, 향후 20년 동안 엄청난 변화가 일어날 것이다. 지금이 이 혁명이 좋은 결과로 이어지게 만들 시기다.

현재 내가 관심을 가지는 두 부문은 자동화(무인자동차와 로봇)와 장수(수명 연장)다. 자동화 기술을 트럭에 적용하는 일은 가치가 수십억 달러인 기업을 만들기에 이상적인 방법으로 보인다. 장수도 비슷한 가치를 지닌 아이디어로 보인다. 우리 회사가 투자한 엘리시움 헬스는 무병장수할 수 있도록 DNA를 복구하는 약을 만든다. 두 부문에서 사업을 펼치는 기업들이 많다. 자동화와 장수를 한데 묶으면 부담스러운 문제가 제기된다. 두 가지 아이디어가 모두 실현되면 어떻게 될까? 많은 사람이 일자리 없이 더 오래 살 것이다. 이는 트럭 운전수나 공장 노동자에게만 해당되는 문제가 아니다. 많은 직장인이 자동화로 일자리를 잃을 것이다. 2014년에 골드만삭스는 켄쇼Kensho라는 인공지능 주도 매매 플랫폼을 구축하기 시작했다. (우리 회사도 여기에 투자했다.) 2000년에 골드만삭스가 뉴욕 지부 현금성 자산 매매 부서에 채용한 인력은 600명이다. 그러나 2016년에는 해당 인력이 단 두 명으로 줄었으며, 나머지 업무는 기계가 대신했다.[2] 이마저도 인공지능이 완전히 영향력을 미치기 전에 일어난 변화다. 대니얼 내들러Daniel Nadler 켄쇼의 대표는 〈뉴욕 타임스)와의 인터뷰에서 "10년 뒤, 골드만삭스는 인력 측면에서 훨씬 작은 기업이 될 것"[3]이라고 했다.

기술혁명과 더불어 일자리, 부, 권력에 극적인 변화가 일어날 것이다. 20세기 초에도 자동차, 전자 기기 같은 새로운 산업과 엔지니어, 전문 경영인 같은 새로운 직업으로 일자리, 부, 권력이 이동했다. 오늘날의 기술은 의료, 운송, 청정에너지 부문의 인공지능 주도 기업으로 일자리, 부, 권력을 옮기고 있다.

이처럼 거대한 혁명은 생활과 경력을 뒤흔들고 사람들을 낙오시킨다. 2016년에 트럼프가 대통령으로 당선되고, 영국인들이 유럽연합 탈퇴를 찬성한 일은 사람들이 느끼는 혼란과 분노를 분명하게 드러낸다.

역사적으로 새로운 종류의 자동화는 언제나 파괴한 일자리보다 더 나은 일자리를 더 많이 창출했다. 20세기는 멋진 자동화의 시대였다. 그래서 조립라인부터 컴퓨터까지 모든 것을 도입하면서 낙후된 일자리들을 쓸어냈다. 동시에 1960년~2000년에는 컴퓨터 전문가라는 일자리를 만들어냈다. 노동통계청Bureau of Labor Statistics 자료에 따르면, 1960년에 약 1만 2,000명이던 컴퓨터 전문가가 2000년에 250만 명으로 늘어났다.[4] 회계사와 감사인은 1910년 3만 9,000명에서 2000년 180만 명으로 늘어났다. 대학 교직원 수는 1910년 2만 6,000명에서 2000년 43배인 110만 명으로 늘어났다.

인공지능이 이끄는 자동화도 이처럼 일자리를 만들어낼까?

아니면 파괴하기만 할까? 아직은 알 길이 없다. 대다수 사람이 일할 기회를 잃을 경우 어떻게 할지에 대한 의문은 휴스를 비롯해 와이 콤비네이터의 샘 올트먼 같은 사람들이 기본소득에 대한 연구 프로젝트를 시작하게 만들었다. 우리는 모든 국민에게 매달 돈을 주는 것이 타당할지, 타당하다면 어떻게 줄지 알아내야 한다. 이코노믹 시큐리티 프로젝트에 따르면 핀란드, 네덜란드, 스위스, 영국, 캐나다, 덴마크 같은 국가들이 이미 기본소득 문제를 연구하고 있다. 알래스카주에서는 석유에서 나온 수입으로 모든 주민에게 약 2,000달러를 지불하는 소규모 실험이 진행되고 있다.

그러나 기본소득과 관련된 여러 까다로운 문제가 있다. 우선 재원 조달 방법이다. 지지자들은 소득세를 17퍼센트에서 36퍼센트 정도까지 올리면 된다고 주장하고, 반대자들은 60퍼센트 정도는 올려야 될 것이라고 주장한다. 이런 증세가 경제를 마비시킬까, 아니면 부의 재분배에 따른 소비 증가로 경제가 활성화될까? 전 국민에게 기본소득을 지급하느라 정부의 행정 부담이 급증할까, 아니면 다른 복지 제도의 필요성이 없어지면서 부담이 줄어들까? 이코노믹 시큐리티 프로젝트는 이런 문제들을 탐구하고 있다. 정책 입안자들도 관련 논의를 당장 시작해야 한다.

다만 이런 논의는 직업이 수 세기 동안 삶에 부여한 구조와 목적을 다루지 않는다. 나는 어릴 때 저녁 자리에서 "크면 뭘 하고 싶니?"라는 말을 자주 들었다. 대다수 사람은 주어진 삶 속에서 어떤 일을 하고 싶어 한다. 자신이 중요한 존재임을 느끼고 싶어 한다. 직업, 예술, 가족, 신앙 등을 통해 어떤 식으로든 기여하고 싶어 한다. 이 대목에서 더 많은 생각이 필요하다. 인간의 잠재력을 대체하는 것이 아니라 살린다는 관점에서 기술의 진화를 생각해야 한다. 가령 대다수 전문가가 인공지능이 똑똑한 비서처럼 우리가 더 나은 일을 하도록 돕는 파트너가 될수 있다고 믿는다. 자동화로 일자리를 없애는 것만이 아니라 이것이 인공지능의 목표가 돼야 한다. 또한 자동화되는 일자리의 경우, 기본소득을 둘러싼 논의가 고용과 생계에 미치는 자동화의 영향에 대응하는 좋은 출발점이다. 전반적으로는 대다수 사람이 일할 필요가 없는 세상에서 어떻게 보람과 행복을 찾을지진지하게 탐구할 필요가 있다.

일자리에 대한 우려와 더불어 인공지능과 탈규모화가 초래하는 두 가지 체제적 사안이 있다. 하나는 독점 플랫폼이고, 다른하나는 알고리즘 책임성이다.

독점 플랫폼의 등장

지금까지 규모가 더 이상 권력과 동의어가 아니라는 사실을 살폈기에 독점을 우려하는 것이 이상해 보일지도 모르겠다. 그러나 규모 방정식에 한 가지 예외가 있다. 이는 인공지능 소프트웨어가 학습하는 방식과 관련이 있다. 앞서 말한 대로 탈규모화가 가능한 이유는 스타트업이 규모를 임차해 작고 초점화된 상태를 유지하면서도 수익성 있게 글로벌 시장의 수요를 충족할 수 있기 때문이다. 즉 탈규모화된 기업들은 플랫폼 기업에게서 규모를 임차해야 한다. 그래서 일부 플랫폼은 상당히 거대해질 수 있다. 플랫폼의 경우, 승자가 시장을 거의 점유해 경쟁자들을 멀리 따돌린다. 클라우드 컴퓨팅 플랫폼으로 시장을 장악한 아마존 웹 서비스가 그 예다. 아마존 웹 서비스는 탈규모화의 핵심 요소로, 대기업에 도전하는 수많은 스타트업의 사업을 뒷받침한다. 덕분에 거대한 규모를 달성할 수 있었다. 마이크로소프트, 구글, IBM을 비롯한 경쟁사의 클라우드 플랫폼은 아마존을 따라잡는 데 애를 먹는다.

왜 그럴까? 우선 아마존 웹 서비스를 이용하는 기업이 늘수록 클라우드 컴퓨팅 활용 양상에 대한 데이터가 더 많이 수집된다. 그 결과, 아마존 웹 서비스의 인공지능이 더 나은 서비스를 제공할 수 있다. 아마존 웹 서비스와 데이터가 상대적으로 적게 수집되는 경쟁자들 사이가 더 벌어진다. 인공지능 시대에는 이런 역학이 거듭 작용할 것이다. 선두를 차지한 플랫폼은 경쟁 플랫폼보다 더 많은 데이터를 확보할 것이다. 해당 플랫폼의 인공지능은 경쟁 플랫폼의 인공지능보다 훨씬 많은 데이터를 학습할 것이다. 이는 선도 플랫폼에 우위를 제공해 더 많은 고객을 끌어들이고, 더 많은 데이터를 수집하고, 경쟁사와의 격차를 더 벌리는 결과로 이어질 것이다. 이런 선순환을 통해 선도 플랫폼은 시장을 거의 독점할 것이다.

독점적 경쟁력을 확보한 플랫폼은 규모를 더욱 확장하는 경향이 있다. 여러 서비스를 묶어 제공하면 사용자들을 끌어들이는 매력이 강화돼 잠재적 경쟁자들을 저지한다. 구글이 두드러진 예다. 구글의 검색 플랫폼은 최대한 많은 데이터를 흡수한다는 사명 아래 맵, 지메일, 닥스docs 등으로 확장됐다. 사용자들은 이 모든 서비스가 통합적으로 맞물려 제공되는 것을 좋아한다. 또한 구글 플랫폼은 창업자들이 과거에는 구매 혹은 구축해야 했던 수많은 기능을 빌려주거나 무료로 제공해 탈규모화를 촉진한다. 그러나 구글(혹은 모회사인 알파벳)이 더 많은 서비스를 같이 제공할수록 검색 부문에서 차지한 독점적 지위는 더 강화될 것이다.

결국 수많은 소기업이 의존하는 핵심 플랫폼을 몇몇 독점 기업이 통제하게 될 수 있다. 탈규모화된 소기업은 핵심 플랫폼에게서 규모를 임차하지 않고는 존재할 수 없다. 이런 상황에서 독점 기업이 가격을 크게 올려버리면 어떻게 될까? 혹은 독점 체제에서 흔히 일어나는 대로 독점적 지위를 활용해 도전자들을 몰아내거나 혁신을 저지하면 어떻게 될까? 일부 플랫폼 독점 기업들은 이미 세계에서 가장 강력한 기업 중 하나가 됐다. 현재 시장가치 기준으로 미국 5대 기업인 애플, 알파벳, 아마존,

페이스북, 마이크로소프트는 모두 탈규모화를 이끄는 디지털 플랫폼을 제공한다.

21세기의 독점 기업들은 탈규모화 경제의 고속도로이자 발전소에 해당하는 플랫폼으로, 과거의 독점 기업들과 다를 것이다. 가령 금세 세계화돼 한 국가가 규제하기 어려워질 것이다. 또한 규모 때문에 성능이 대단히 탁월해진 인공지능이 플랫폼을 이용하는 수많은 기업에게 너무나 중요해져 해체하거나 분할하기 어려울 것이다. 기업을 분할하면 인공지능이 이전처럼 좋아지지 않아, 결국에는 플랫폼 이용 기업들이 피해를 입기 때문이다.

블록체인 기술이 일부 플랫폼에 대한 대안을 제공할지도 모른다. 이 경우, 플랫폼이 한 기업에 속하지 않고 오픈소스 소프트웨어나 위키피디아처럼 모두와 공유될 것이다. 블록체인 기술은 소프트웨어에 내재된 규칙에 따라 전 세계에 흩어진 수많은 컴퓨터를 기반으로 돌아간다. 그래서 어떤 독점 기업도 통제할 수 없다. 비트코인은 중앙은행의 통제에서 벗어난 화폐로, 블록체인을 토대로 만들어졌다. 어떤 기업도 장악할 수 없는 블록체인을 토대로 구축된 서비스나 애플리케이션을 생각해보라. 블록스택Blockstack이라는 기업은 개발자들이 블록체인 기반 앱을 제작해 대중에게 쉽게 제공할 수 있도록 해주는 블록체인 애플리케이션 플랫폼을 구축하고 있다. 블록체인을 위한 일종의 애플 앱스토어인 셈이지만, 기업이 아니라 공동체가 주도한다는 점이 다르다. 이런 개방형 플랫폼이 인기를 끌면 획일적인 상업적 플랫폼에 대항할 수 있다. 1990년대 말, 오픈소스 운영체제 리눅스가 독점에 가까운 마이크로소프트의 시장점유율을 잠식한 것처럼 말이다. 블록체인은 과다한 통제력을 가진 강력한 기술 기업 없이도 우리에게 플랫폼의 혜택을 안겨줄지 모른다.

정책 입안자들은 독점 플랫폼 문제를 이해하고 논의해야 한다. 탈규모화를 이루려면 이런 플랫폼들이 필요하다. 그러나 플랫폼이 자유로운 경쟁을 저해한다면 규제에 나서야 한다.

알고리즘 책임성에 대해

2016년 미국 대선은 탈규모화 기술이 야기할 수 있는 새로운 위협을 드러냈다. 바로 나쁜 짓을 하는 인공지능 알고리즘이다. 페이스북에서 퍼진 '가짜 뉴스'가 그 산물이다. 페이스북의 인공지능은 사용자를 계속 잡아둘 수 있을 만한 콘텐츠를 제공하도록 돼 있다. 그 대가로 페이스북은 광고를 노출시켜 돈을 벌 기회를 얻는다. 사람들의 편견을 자극하는 선동적인 가짜 뉴스는 이목을 끈다. 페이스북의 인공지능은 이 점을 학습해 더 많은 가짜 뉴스를 제공한다. 이 인공지능 알고리즘은 가짜 뉴스와 진짜 뉴스를 구분하지 못하며, 어떤 콘텐츠가 페이스북이 설정한 목적에 부합하는지만 알 뿐이다. 가짜 뉴스가 선거 결과에 영향을 미쳤는지는 누구도 확실히 알지 못한다. 다만 이런 양상은 알고리즘을 조작하기가 얼마나 쉬운지 보여준다. 인공지능이 우리를 대신해 온갖 결정을 내리는 시대로 접어드는 이 시점에서 대단히 위험한 현상이다.

기업들은 인공지능 알고리즘으로 모든 변수를 최적화할 수 있다. 우버는 통근 시간에 수요가 많은 지역으로 차량을 효율적으로 배치하고, 아마존은 적시에 적절한 제품을 제안해 구매를 유도한다. 이런 긍정적인 기능이 있기는 하지만, 알고리즘은 올바른 일을 하거나 일정한 투명성을 보이도록 최적화되지는 않는다. 기업 운영을 관리하는 알고리즘은 가장 간편하고, 효율적이고, 효과적인 방식을 선호한다. 그 결과, 특정 소수 인종이 서비스를 받지 못한다고 해도 신경 쓰지 않는다. 신경 쓰도록 프로그래밍이 돼야만 신경 쓴다.

사람들의 생활을 관장하는 '블랙박스' 알고리즘에 대한 우려가 퍼지고 있다. 뉴욕대 정보법률연구소Information Law Institute는 알고리즘 책임성을 논의하는 학회를 주최했다. 예일 로스쿨의 정보사회 프로젝트Information Society Project도 알고리즘 책임성을 연구하고 있다. 그들이 내린 결론에 따르면 "알고리즘을 활용한 모형화는 편향되거나 한정될 수 있으며, 여러 주요 부문에서 알고리즘을 어떻게 활용하는지는 여전히 모호하다".[5]

이런 현실은 바뀌어야 한다. 기업들이 앞장서서 알고리즘 책임성을 서비스에 도입해야 한다. 정부가 그 역할을 하도록 기다려서는 안 된다. 국회의원과 관료가 세우는 구식 규제는 너무 느려서 기술 발전을 따라잡지 못한다. 정부가 주도하는 규제는 대개 기술 기업에게 부담을 주고 혁신을 저해한다. 이런 운명을 피하려면 구글, 아마존, 페이스북처럼 주요 플랫폼을 운영하는 기업들이 알고리즘 책임성을 적극적으로 시스템에 구축하고, 스스로 감시자가 돼 정직하고 투명하게 행동해야 한다.

이제는 1900년대 초에 폭증한 신기술을 감독하기 위해 만들어진 표준 강제 기구를 갱신할 필요가 있다. 복잡한 전기 주도 혁신이 시장에 진입하자, 1918년에 공학 학회 다섯 곳과 정부 기관 세 곳이 모여 미국 공학표준위원회American Engineering Standards Committee를 만들었다. 이 위원회는 나중에 미국 표준협회American National Standards Institute가 됐다. 미국 표준협회의 역할은 언제나 (어떤 표준을 쓰는지 사용자들이 알 수 있도록) 투명성과 안전성을 보장하고, 이를 통해 의회가 감독을 강제하지 않도록 막는 것이었다.[6]

마찬가지로 오늘날의 인공지능 기업들은 나름의 표준 및 투명성 요건을 만들 수 있다. 또한 기업들의 알고리즘을 관찰하는 감시 알고리즘을 누구나 확인할 수 있는 오픈소스 소프트웨어로 개방할 수 있다. 그러면 기업들은 독자 알고리즘과 데이터를 보유하는 한편, 그에 대한 적절한 감시가 이뤄지는지 확인할 수 있다. 기술 기업과 정책 입안자는 머리를 맞대고 아이디어를 공유해야 한다. 알고리즘 책임성이 거의 없는 현재 상태를 계속 유지하면 정부가 소셜네트워크, 검색 서비스, 그리고 다른 핵심 서비스를 감독하기 위해 규제에 나설 것이 분명하다.

모든 산업이 인공지능과 탈규모화의 시대에 엄청난 변화를 겪을 것이다. 이 변화는 정책 입안자들에게 중대한 문제를 제기할 것이다. 우리 사회가 생각해야 할 모든 사항을 여기서 모두 다룰 수는 없다. 다만 내가 보기에 앞으로 다가올 몇 가지 주요 사안들을 살피도록 하자.

탈규모화된 의료와 유전체학에서 발생할 문제들

의료 부문은 특히 유전체학을 둘러싸고 몇 가지 아주 까다로운 문제를 제기할 것이다. 크리스퍼 같은 신기술은 유전자를 편집해 사람을 바꿀 수 있도록 해준다. 우리는 스스로 진화를 통제할 수 있는 수준에 근접했다. 나중에는 유전자 편집술로 몸이나 뇌를 업그레이드해주는 스타트업이 생길 것이다. 그렇게 되면 과거의 디지털 간극보다 훨씬 파괴적인 생리적 간극이 생길 위험이 있다. 부자들은 자신을 더 낫고, 건강하고, 똑똑하게 만들 기회를 얻어 부와 기회뿐 아니라 재능과 신체 능력에서도 빈부격차를 초래할 것이다. 사회적 장벽이 삶을 개선하고 경제적 지위를 높이려는 노력을 가로막는 것만 해도 충분히 나쁘다. 그러나 일부 계층이 금전적 우위를 지닌 계층과 신체적, 정신적

272

능력을 겨룰 기회마저 얻지 못하는 것은 완전히 새로운 문제다. 그러면 사회적 계층이 고정되고 말 것이다. 정부는 이런 일이 생기기 전에 대책을 고민해야 한다.

유전체학 부문 스타트업들은 이미 법률을 앞지르고 있다. 유전자 분석 서비스를 제공하는 23앤드미가 이런 문제에 봉착해 있다. 이 회사는 초기(2006년 창립)에 유전자 분석으로 탈모부터 알츠하이머병까지 특정 질환에 걸릴 가능성을 예측하는 서비스를 제공했다. 2013년, 미국 식약청은 소비자가 분석 결과를 오해해 해를 입을 수 있다는 이유로 미국 식약청이 관련 사업을 중단시켰다. 결국 23앤드미는 질환 예측 서비스를 접고 혈통을 추적하는 서비스로 전향해야 했다. 미국 식약청은 시간을 갖고 유전자 분석 서비스를 연구한 뒤 2017년 4월에 마침내 입장을 바꿨다. 덕분에 23앤드미는 알츠하이머병, 파킨슨병, 실리악병celiac을 비롯한 10가지 질병을 대상으로 고위험성 판별 서비스를 제공하게 됐다.[7]

23앤드미의 사례는 앞으로 벌어질 정책적 논쟁의 이른 징후에 불과하다. 미국 인간유전체연구소National Human Genome Research Institute는 폭넓은 사안을 연구하고 논의할 것을 요구한다. 고용자가 지원자의 유전 데이터를 받아 채용 자료로 써도 될까? 보험사가 고객의 유전 데이터를 분석한 뒤 파킨슨병 같은 질환에 취약하다는 이유로 보험료를 높게 책정해도 될까? 유전자 검사 결과의 소유권은 누구에게 있을까? 검사 서비스를 제공한 회사일까, 고객일까? 의료 부문을 진정으로 탈규모화해 예방의학을 구현하려면 유전자 정보를 의사나 병원 혹은 애플리케이션과 공유해야 한다. 유전자 정보는 대단히 민감하므로 사람들은 긴밀하게 통제하고, 자신이 선택한 대상에게만 제공하기를 원한다. 그렇다면 어떻게 해야 할까? 미국 인간유전체연구소는 이렇게 설명한다. "유전자 연구만으로는 새로운 지식을 활용해 건강을 개선하기에 충분치 않다. 관련 연구와 관련해 제기된 여러 윤리적, 법적, 사회적 사안도 신중하게 검토해야 한다."[8]

23앤드미의 사례는 식약청이 획기적인 변화의 시대에 사명을 바꿔야 한다는 사실을 보여준다. 식약청의 승인 절차는 너무 느리다. 신약을 시장에 출시하려면 평균 10년이 걸린다. 이 절차는 안전성과 효능, 즉 약품이 의도치 않은 피해를 입히지 않을지, 그리고 의도한 효능을 발휘할지 알아내기 위한 것이다. 그러나 의료 기술 부문에서는 식약청이 안전성에 집중하고 효능은 시장과 데이터 분석에 맡겨야 한다는 목소리가 커지고 있다. 다시 말해 약품이나 검사 혹은 요법이 복구할 수 없는 피해를 입히는지만 판단한 다음 시장에 내보내야 한다는 것이다. 이제는 환자들에 대한 데이터를 아주 많이 수집할 수 있기 때문에 효능이 있는지는 일련의 소규모 연구를 거칠 때보다 훨씬 빨리 파악할 수 있다. 게다가 소셜미디어와 옐프Yelp식 평점 시대에 효과가 없는 약품에 대한 불만은 금세 불거지기 마련이다. 이런 생각을 토대로 자유선택의료Free to Choose Medicine 같은 혁신안이 제시됐다. 조지메이슨대학Geroge Mason University 메르카투스연구소Mercatus Center와 연방주의자협회Federalist Society가 제시한 이 혁신안은 식약청 승인 절차를 유지하되 안전성만 검증된 약품을 의사와 환자가 선택적으로 써볼 수 있도록 허용하는 내용을 담고 있다.[9]

의료 부문에서 제기될 또 다른 사안은 개인 건강 데이터에 대한 접근과 관련이 있다. 지난 10년 동안 의사들이 날려 쓴 의료 기록들이 디지털화돼 소프트웨어로 입력됐다. 이 데이터는 민간 시스템에 갇혀 있어 활용성이 떨어졌으며, 접근하기 쉽지 않았다. 최대 전자건강기록 기업인 에픽 시스템Epic Systems의 시장 점유율은 54퍼센트에 이른다. 그러나 이 회사의 소프트웨어는 사용성이 나빠 의사나 간호사의 시간을 많이 잡아먹는다. 〈베커스 호스피털 리뷰〉에 실린 한 보고서에 따르면, 에픽 시스템 고객 중 30퍼센트는 해당 소프트웨어를 다른 사람에게 추천하지 않겠다고 밝혔다.[10] 에픽과 비슷한 종류의 시스템은 폐쇄적이어서 의사나 병원이 데이터를 공유하기 어렵다. 게다가 소비자에게 데이터에 대한 통제권이 거의 없다. 즉 고객이 쉽게 확보해 건강을 유지하는 데 도움을 얻도록 다른 데이터와 혼합할 수 없다. 이 모든 문제는 해당 데이터를 활용해 혁신적인 의료 서비스를 제공할 여지를 막아 의료 부문의 탈규모화를 저해한다. 나는 환자들에게 자신의 데이터에 대한 통제권이 더 많이 주어져야 하며, 이런 데이터를 (익명화하고) 종합해 연구와 학습에 활용할 수 있어야 한다고 생각한다.

의료 부문에서 탈규모화가 진행되면 건강보험개혁법Affordable Care Act(일명 오바마케어)에 대한 당파적 논쟁은 곧 의미를 잃을 것이다. 스타트업, 방대한 데이터, 자동화는 의료비를 낮추고 유효성을 높일 것이다. 이런 추세가 전개되면 5~10년 안에 폭증하는 의료비와 보험료를 놓고 의회가 다툴 필요가 없어질 것이다. 대신 여유 재정으로 뭘 할지를 놓고 다투게 될 것이다. 앞서 소개한 리봉고의 사례를 보라. 리봉고의 인공지능 주도 기술은 당뇨병 환자들이 건강을 유지하도록 돕는다. 그래서 응급실에 실려 가는 일을 줄이고, 치료비가 많이 드는 합병증을 예방한다. 내가 관찰한 바에 따르면, 이런 기술로 미국의 당뇨병 환자들을 치료하는 데 드는 비용을 1,000억 달러는 가볍게 줄일수 있다. 다른 고질병에 같은 기술을 적용한다고 상상해보라. 의회는 의료비가 줄고, 앱과 기기를 통한 의료 제공이 보편화되면 의료 부문이 어떤 양상으로 변할지 생각해야 한다.

탈규모화된 에너지가 만드는 변화

인공지능은 세상이 화석연료에서 벗어나 태양광을 비롯한 재생에너지 및 탈규모화된 에너지로 옮겨가도록 해준다. 트럼프 대통령은 취임 첫 달에 광산 부문 일자리를 지키기 위한 행정명

령에 서명하고, 자동차 제조사들이 전기차를 개발하도록 만든 규정을 없애고, 기후변화가 사실이 아니라고 믿는 사람을 에너지부 장관으로 임명했다. 이런 조치는 미국 기업들이 차세대 에너지에 투자하는 것을 중단하게 만들 수 있다. 반면 중국 정부는 태양광발전, 배터리, 지능형 전력망, 전기차 부문에 수십억 달러를 투자하는 정책을 추진하고 있다. 지금 이 부문에서 이뤄지는 정책적 결정은 향후 20년 동안 탈규모화가 진행되는 양상에 큰 영향을 미칠 것이다. 현재 미국의 정책은 시대에 뒤처진 반면 중국의 정책은 인공지능의 세기가 지닌 힘을 활용하고 있다.

각국 정부는 에너지 부문이 어떻게 변하는지, 그리고 혁신가들이 어떻게 사회와 기업을 돕는지 파악해야 한다. 가령 휘발유차에서 전기차로 나아가는 것은 엄청난 변화가 될 것이다. 이 경우, 수많은 주유소는 어떻게 할 것인가? 새로운 수요를 감당할 전력망은 어떻게 구축할 것인가? 차량 검사 및 정비소는 어떻게 될까? 정책적 논의는 전기차가 휘발유차를 대체하는 명백한 종착점에서 출발해 그 과정을 잘 진행하는 방법으로 이어져야 한다.

마찬가지로 결국에는 태양광에너지 및 재생에너지가 화석연료 에너지를 대체할 것이다. 이 변화는 어떻게 이끌어야 할까? 발전 부문에서 탈규모화가 일어나면 수많은 소규모 발전업체가 전기를 팔고 싶어 할 것이다. 이때 어떻게 개방형, 양방향 전력망을 구축해야 할까? 기존의 대형 발전업체들이 수많은 소형 발전업체를 뒷받침하는 플랫폼이 되도록 어떻게 도와야 할까?

근래에 확인했듯 에너지 기업, 특히 석유 기업들은 견고하고 돈이 많아 정치계에 엄청난 돈을 뿌린다. 로비 활동으로 화석연료에서 멀어지려는 움직임을 막아 사업적 이해관계를 지키려드는 것이다. 우리는 화석연료에서 멀어지는 것이 나쁘지 않다는 사실을 알려야 한다. 실제로 그 변화는 대단히 큰 경제적 기회를 만들고, 아주 많은 일자리를 창출하는 동력원이다. 모든 주유소를 대체하고, 모든 가정에 태양전지판과 배터리를 설치하고, 네트워크로 연결된 양방향 전력망으로 과거의 전력 인프라를 재구축하는 데 얼마나 많은 일이 필요할지 생각해보라. 이런 일은 다른 나라로 외주할 수 있는 성격이 아니라 현지에서 직접 수행해야 한다. 에너지 부문의 거대한 변화를 받아들인다면 인공지능이 자동화로 일자리를 없애는 동안 많은 일자리를 창출하는 데 도움이 될 것이다.

탈규모화된 금융에 대처하는 방법

은행 부문을 관장하는 법률과 규제는 금융 대기업의 시대에 맞게 제정됐으며, 은행들이 '망하기에는 너무 큰' 지경에 이르는 문제를 막는 데 주력했다. 그러나 금융 부문에서 탈규모화가 진행되면 정책 기조도 바뀌어야 한다. 대형 은행은 더 이상 문제가 되지 않을 것이다. 앞으로는 수많은 스타트업이 앱으로만 제공하는 소프트웨어 주도 금융 상품에 대응하는 정책이 필요할 것이다.

앞서 설명한 대로 디지트 같은 기업들은 대형 은행을 플랫폼 삼아 금융 서비스를 제공한다. 규제 당국은 이런 변화에 대처해 은행들이 통합적인 서비스를 해체하고, 탈규모화된 신생 기업을 위한 플랫폼이 되도록 허용해야 한다. 이런 시나리오에서 어떻게 소비자를 보호해야 할까? 연방예금보험공사의 예금보험을 앱으로 확대해야 할까? 플랫폼을 제공하는 대형 은행들이 모든 규제 및 법률 문제를 처리하고, 스타트업들은 그럴 필요가 없도록 해야 할까? 아니면 은행과 비슷한 역할을 하는 경우, 규제해야 할까?

인공지능과 탈규모화는 연방준비은행의 역할을 논의해야 할 필요성을 제기한다. 연방준비은행은 더 이상 지난 데이터를 수집하고 분석한 다음 1년에 여덟 번 모여 금리를 조정할 필요가 없다. 인공지능을 통해 실시간으로 실업 급여 창구, 주식시장, 월마트 같은 유통업체, 페덱스 같은 물류업체에서 나오는 데이터를 분석할 수 있다. 인공지능은 경제 상황과 관련된 데이터를 학습해 조기 대응 방안을 지속적으로 제안할 수 있다. 그러면 경제 사정에 맞춰 금리를 분기별로 몇 퍼센트포인트씩 조정하는 것이 아니라 지속적으로 최소 0.01퍼센트포인트씩 조정할 수 있다. 다시 말해 인공지능이 주도하는 금융정책을 수립할 수 있다. 그렇게 하는 것이 바람직할까? 어떤 방식으로 작동할까? 다시 말하지만, 정책 입안자들은 내일을 만들기 위해 지금 이런 문제를 고민해야 한다.

교육은 어떻게 바뀌어야 하는가

탈규모화는 적절한 정책이 뒷받침한다면, 시대에 맞는 더 나은 학교를 만들고 과다한 학비 문제를 해결하는 데 도움을 줄수 있다. 어쩌면 많은 부문에서 전통적인 4년제 대학 교육을 필요 없게 만들지도 모른다.

더 나은 학교를 만드는 일은 수십 년 동안 교육 부문의 지속적인 목표였다. 그동안 차터스쿨Charter School, 바우처voucher 제도, 집단 지도team teaching, 공통 교과과정Common Core 등 다양한 시도가 있었다. 이 모두는 하향식 규모화 접근법이었다. 정책 입안자들은 교사들이 개별 교실을 개선하도록 만드는 방법을 찾아야 한다. 그래야만 개별 교실이 소속 학생들의 필요를 중심으로 초점화, 탈규모화된 독자적인 단위가 될 수 있다. 교사들은 신기술을 활용해 학생 및 학부모와 교류할 수 있어야 한다. 또한 전 세계에서 이뤄지는 최선의 수업을 교실로 받아들일 수 있어야 한다. 그리고 칸 아카데미 수업 같은 인공지능 주도 수업을 통해 학생들이 각자의 속도에 맞게 배우도록 도와야 한다. 이때 교사는 국가에서 제시한 교과과정을 무작정 따르는 것이 아니라 학생들의 공부를 돕는 일종의 코치가 된다.

대학 학비는 지속하기 힘든 수준으로 신입생들에게 엄청난 부채를 안긴다. 칸 아카데미 같은 신생 업체나 MIT 혹은 스탠퍼드 같은 기존 대학의 온라인 과정은 대안을 제공한다. 다만 그에 맞춰 대학 학위를 인정하는 새로운 접근법이 필요하다. 온라인 과정이 오프라인 과정을 대체할 수 있는 유일할 길은 오프라인 과정과 동일한 학위로 인정받는 것이다. 고용자는 기존 학위를 덜 중시하고, 온라인 학위도 그만큼 혹은 그보다 좋을 수 있다는 사실을 인정함으로써 이런 변화를 이끌 수 있다. 구글 같은 선구적인 기업들은 채용 시 정식 교육을 덜 중시한다. 이런 추세가 널리 퍼지면 대안적인 학습 방식을 고려하는 사람이 늘어날 것이다.

교육 체계를 경제체제에 맞춰야 한다. 이전 세기에는 당대의 규모화된 공장 및 기업에 맞추기 위해 규모화된 학교를 구축했다. 교육 체계는 경제구조에 맞는 인재들을 양성했다. 오늘날의 학교는 시대에 뒤떨어졌다. 경제가 탈규모화되고 변화하는 데도 대다수 학교는 여전히 100년 전처럼 운영되고 있다. 지금 우리가 가르치는 방식은 시대에 맞지 않다. 향후 10년 동안 정책 입안자들과 교육자들은 이 문제를 바로잡아 경제 변화에 맞춘 교육을 준비해야 한다. 이 일을 회피할 길은 없다.

10장

...

규모화된
기업이 나아가야 할
탈규모화의 길

남북전쟁이 일어나기 20여 년 전인 1837년, 윌리엄 프록
터William Procter와 그의 동서 제임스 갬블James Gamble은 오하이오
주 신시내티에 양초와 비누를 만드는 회사를 세웠다. 당시 신시
내티는 번성하는 도축업의 중심지였으며, 양초와 비누는 모두
도축 과정에서 나오는 부산물인 지방으로 만들었다. 두 창업자
는 회사 이름을 간단하게 프록터 앤드 갬블P&G이라고 지었다.

　　P&G의 사업은 서서히 성장하다가 남북전쟁 동안 북부군과 납
품 계약을 맺으며 번창했다. 이후 신문이 대량으로 배포되고, 제
품을 주요 도시로 배송할 철도가 놓일 무렵인 1878년에 획기적
인 돌파구가 열렸다. 전하는 이야기에 따르면, P&G의 한 화학자
가 실수로 비누 혼합기를 켜놓은 채 점심을 먹으러 갔다. 그 결
과, 혼합 과정에서 평소보다 많은 공기가 들어갔다. 이렇게 만들

어진 비누는 물에 떴다. P&G는 아이보리Ivory라는 이름을 붙이고, 물에 뜨는 비누라고 홍보했다. 이때부터 P&G는 규모화에 나섰다. 1890년에는 판매하는 비누를 30종으로 늘렸다. 1911년에는 크리스코Crisco 쇼트닝을 출시해 식품 부문에 진출했다. 또한 2차 세계대전 후 소비자 시장이 커지자 최초의 대중시장용 세제인 타이드Tide를 선보였다. 20세기 말 무렵, 초대형 기업으로 덩치를 키운 P&G는 300개 이상 브랜드로 해마다 370억 달러의 매출을 올렸다. 세계적인 대기업의 반열에 오른 것이다.

2016년, 시장 분석 기업 CB 인사이트는 한 보고서에 탈규모화된 기업들이 P&G를 공격하는 양상을 묘사한 그림을 실었다.[1] 벌 떼가 곰을 공격하는 그림이었다. 이 그림에서 P&G는 더 이상 새로운 경쟁자들을 상대로 강력한 방어 체제를 구축한 대기업처럼 보이지 않는다. P&G가 판매하는 일련의 개별 제품들은 작고, 탈규모화되고, 기민하고, 인공지능이 주도하고, 제품 자체에 집중하는 진취적인 기업들의 공격에 취약하다. P&G의 질레트 면도기는 달러 셰이브 클럽과 해리스Harry's의 새로운 회원제 모델에 도전받고 있다. P&G의 팸퍼스 기저귀는 어니스트 컴퍼니의 친환경 기저귀에 고객 일부를 빼앗기고 있다. 띵스Thinx의 생리 팬티는 새로운 방식으로 P&G의 탐팩스Tampax 탐폰을 공격하고 있다. 이설론의 맞춤형 염색약은 P&G의 대중시장용 클레롤Clairol 염색약에 도전하고 있다.

CB 인사이트는 이 전반적인 현상을 'P&G 분해'라 부른다.

이 표현은 규모의 경제보다 탈규모의 경제를 선호하는 시대에 모든 대기업이 직면한 문제를 단적으로 말해준다. 작고 탈규모화된 기업들이 특정 구매자를 완벽하게 겨냥한 제품, 대중시장용 제품을 이길 수 있는 제품을 내세워 대기업의 모든 사업에 도전한다. 이 기업들이 고객을 충분히 빼앗아 가면 규모의 경제는 기성 기업들에게 역효과를 가져온다. 비용이 많이 드는 대규모 공장과 물류 체계로 처리하는 제품의 수가 줄기 때문이다. 탈규모화된 기업들은 애초에 이런 비용 부담을 질 일이 없다.

이것이 새로운 현실이라면, 인공지능의 세기에 기업들은 어떻게 해야 할까? 어떻게 규모의 이점을 활용하기 위해 구축된 사업 방식을 되돌려 탈규모의 이점을 활용할 수 있을까?

이는 쉽지 않다. 그러나 미래를 내다본 일부 기업들은 현실을 파악하고 대응 방안을 실험하는 중이다. P&G도 그중 하나다. P&G의 대표적인 대응 사례는 약 10년 동안 운영한 커넥트+디벨롭Connect+Develop 프로그램이다. P&G는 175년 동안 자체적으로 신제품을 개발했다. 그러다 외부에도 명민한 발명가가 많다는 사실을 깨달았다. 인터넷은 외부 발명가들이 P&G와 연계할 수단을 제공했다. 커넥트+디벨롭 프로그램은 누구라도 P&G와 잘 맞는 제품을 개발해 판매를 제안할 수 있도록 해준다. P&G 스스로 한 말은 아니지만, 커넥트+디벨롭은 근본적으로 (새로운 탈규모화 제품과 경쟁하는 것이 아니라 그 가치의 일부를 획득하는) P&G와 (P&G의 유통 및 마케팅 역량과 시장에 대한 지식을 '임차'하는) 혁신가들에게 모두 혜택을 안기는 방식으로 틈새 제품의 플랫폼이 되는 수단이다.

커넥트+디벨롭이 P&G를 규모화 기업에서 탈규모화 기업으로 완전히 바꾼 것은 아니다. 그러나 P&G를 올바른 경로로 옮겨놨다. 2015년에 조사한 결과를 보면, P&G의 제품 개발 포트폴리오에서 약 45퍼센트가 커넥트+디벨롭을 통해 핵심 요소를 발견했다.[2] 미래의 탈규모화된 P&G는 초점화된 소규모 기업들이 임차하는 거대한 소비재 플랫폼으로 소비재 부문의 아마존 웹 서비스와 비슷해질지도 모른다.

GE는 탈규모화 시대에 활력을 유지하려 애쓰는 또 다른 오래되고 끈기 있는 기업 중 하나다. GE는 프리딕스라는 인공지능 플랫폼에 대규모로 투자했다. GE는 기관차, 항공기 엔진, 산업용 자동화 기계, 조명 시스템 등 대개 다른 많은 산업을 뒷받침하는 산업재를 만들었다. 그러다 2010년대에 자사의 산업재 중 다수에 효율성과 상태를 측정하기 위한 센서가 들어간다는 사실을 파악하고 사물인터넷 기술을 본격적으로 개발했다. 센서에 사물인터넷 기술을 적용하면, 데이터를 클라우드와 인공지능으로 보내 전반적인 기계 작동 상태에 대해 더 많은 것을 파악할 수 있다.

프리딕스가 전송하는 데이터는 고객을 위해 제품을 최적화하는 데 도움을 준다. 가령 인공지능이 기관차에 대해 학습한 정보는 철도 회사가 보다 효율적으로 기관차를 운용하는 데 도움을 준다. GE는 프리딕스를 개방해 다른 기업들도 활용할 수 있도록 했다. GE는 프리딕스를 '산업 애플리케이션을 위한 클라우드 기반 운영 체제'라고 부른다. 다른 기업들은 프리딕스를 토대로 공장을 더 잘 운영하는 방법을 학습하는 소프트웨어를 만들 수 있다. GE는 개발자를 위해 앱스토어와 비슷한 프리딕스 카탈로그Predix Catalog를 제공한다. 프리딕스 블로그에 따르면 "프리딕스 카탈로그는 개발자의 시간과 노력을 아끼는 동시에 산업용 사물인터넷의 요건을 충족하도록 설계된 서비스와 애널리틱스 50여 종으로 이루어졌다. 개발자는 다른 사람들이 재사용할 수 있는 소프트웨어를 카탈로그에 올려 자사(혹은 GE 프리딕스)에 기여할 수 있다."[3] GE는 개발자들이 서로에게 배울 기회를 제공하고, 프리딕스 생태계를 구축하기 위해 프리딕스 트랜스폼Predix Transform이라는 콘퍼런스도 주최한다.

P&G의 커넥트+디벨롭처럼 프리딕스도 그 자체로 GE를 바꾸는 것은 아니다. 그러나 GE가 기술과 데이터를 활용해 임대 가능한 플랫폼을 구축함으로써 탈규모화의 혜택을 누리도록 해준다.

월마트는 2016년에 30억 달러를 들여 제트닷컴Jet.com을 인수했다. (제트닷컴은 우리가 투자한 회사 중 하나다.) 8장에서 설명한 대로 월마트는 규모화의 슈퍼스타로, 현재 유통 부문의 탈규모화 때문에 대단히 취약해져 있다. 아직 가치가 증명되지 않은 기업을 인수하는 데 30억 달러나 투자한 이유가 여기에 있다. 제트닷컴은 다른 유통업체들을 위한 인공지능 플랫폼이다. 즉 정교한 인공지능을 활용해 주문량이나 배송 거리를 비롯한 여러 요소에 따라 계속 가격을 조정한다. 그 목표는 소비자에게 최대한 낮은 가격, 월마트보다 낮은 가격을 제공하는 것이다. 대다수 상품은 2,000여 곳이 넘는 유통업체가 제공한다. 제트 닷컴은 아마존이 자사 사이트에서 상품을 판매하는 유통업체와 경쟁할 수 있는 것과 달리 자신들은 유통업체와 경쟁하지 않는 다는 점을 내세운다.

월마트가 제트닷컴을 인수한 이유는, 한편으로 보면 인재와 혁신적인 기술을 확보하기 위한 것이다. 그러나 탈규모화의 관점에서 보면 플랫폼 전략을 시험하기 위함이기도 하다. 제트닷컴은 월마트가 구축한 플랫폼의 힘을 초점화된 틈새 유통업체가 빌릴 수 있는 수단으로 진화할 것이다.

대기업이 살아남는 길

지난 100년에 걸쳐 규모화의 시대가 전개되는 동안에도 소기업들은 계속 존재했다. 그중 다수는 소규모를 유지하면서 번영했다. 소기업은 규모화 시대 내내 미국 경제를 떠받치는 힘이었다. 통계국에 따르면 2010년 기준으로 소기업은 약 3,000만 곳이며, 그중 500명 이상을 고용한 기업은 1만 8,500곳에 불

과하다.[4]

그러나 규모의 경제가 번성하던 시대에 규모화된 기업과 직접 경쟁했던 소기업들은 대개 패배했다. 지난 25년 동안 월마트가 중소도시에서 얼마나 많은 지역 유통업체들을 밀어냈는지 생각해보라.

그러나 탈규모화가 진행되면 대기업이 소기업을 밀어내는 역학이 역전될 것이다. 향후 10~20년 동안 규모를 경쟁우위로 삼던 기업들은 갈수록 힘이 빠질 것이다. 초점화된 탈규모화 기업과의 경쟁에서 불리한 입장에 놓일 것이다. 지난 시대에 소기업이 사라지지 않은 것처럼 앞으로도 대기업이 쉽게 사라지는 일은 없을 것이다. 그러나 사업 모델을 바꾸지 않으면 점차 사세가 기울 것이다. 오늘날의 대기업 중 일부는 망할 것이다.

〈포천〉 500대 기업을 이끄는 최고의 리더들은 탈규모화의 시대에 회사를 변화시킬 방법을 찾을 것이다. 구체적으로 어떻게 변화할지 알기는 어렵다. 그러나 P&G, GE, 월마트의 경우처럼 현재 부상하는 일부 전술을 파악할 수는 있다. 다음은 탈규모화 경제에서 대기업이 영향력을 유지하면서 중요한 역할을 할 수 있는 몇 가지 방법이다.

플랫폼으로
변신　　커넥트+디벨롭, 프리딕스, 제트닷컴이 이런 방향으로 나아가는 사례다. 3장에서 전력 회사들이 플랫폼을 제공한다는 사고방식으로 전환해 전력망을 수많은 중소 전력 회사들을 뒷받침하는 시스템으로 만들어야 한다고 말했다. 6장에서는 대형 은행들이 디지트처럼 초점화된 소규모 금융 앱을 위한 플랫폼이 돼야 한다고 설명했다.

그렇다고 해서 모든 기업이 플랫폼으로 변신하지 않으면 망한다는 것은 아니다. 그러나 성공적인 플랫폼 전략은 탈규모화 시대에 성장할 수 있는 길인 듯하다. 플랫폼은 대단히 수익성이 좋고 생명력이 뛰어나다. 수많은 기업들로 이루어진 생태계가 성공하기 위해 플랫폼에 의존하기 때문이다. 클라우드 플랫폼인 아마존 웹 서비스가 아마존의 수익원으로 자리 잡은 이유가 여기에 있다. 2017년 기준, 아마존 웹 서비스의 영업이익률은 23.5퍼센트로 유통 부문의 약 3.5퍼센트보다 훨씬 높다.[5]

활기찬 기업들은 수십 년 동안 해당 산업에 고도로 특화된 규모를 구축했다. 그들은 효율적인 공장, 물류 채널, 유통 매장, 공급사슬, 마케팅 전문성, 글로벌 협력 체계를 확보했다. 그러나 이제는 아마존 웹 서비스가 컴퓨팅 역량을 수많은 고객들에게 임대하듯이 그 역량을 간단하고 확실하게 임대할 수 있을지 파악해야 한다.

포드가 수많은 소기업을 위해 혁신적인 신차를 설계, 제작, 마케팅, 배송하는 플랫폼이 된다고 상상해보라. 이를 통해 소기업들은 틈새시장을 공략해 수익을 낼 수 있을 것이다. 그러면 분명 대단히 흥미로운 차들이 나올 것이다. 혹은 앤호이저부시 인베브가 타 브랜드 인수를 중단하고, 소규모 맥주 회사들이 사이트에서 몇 번만 클릭하면 새로운 맥주를 생산할 수 있도록 역량을 임대하는 플랫폼이 될 수도 있다.

이는 지난 수십 년 동안 기술 기업들이 플랫폼으로 자리 잡은 양상과 일정 부분 상반된다. 기술 부문 스타트업들은 대개 단일 목적 애플리케이션 같은 작은 사업부터 시작한다. 페이스북은 명문대 학생들의 인명부로 출발했다. 스트라이프는 결제 처리 사업으로 출발했다. 똑똑한 기업들은 고객이 임계치까지 확보되면 외부 개발자와 사용자가 자사 기술을 활용하는 것을 허용한다. 페이스북은 기업이나 록밴드가 홍보용 페이지를 만들도록 허용할 뿐 아니라 게임 개발자와 뉴스 매체를 위한 퍼블리싱 서비스까지 제공한다. 스트라이프는 커넥트 플랫폼을 구축하고 1,000만 달러의 지원금까지 동원해 해당 플랫폼을 활용하는 기업들을 도왔다. 또한 거의 모든 부문에서 전 세계 스타트업이 미국에서 사업을 운영하는 데 도움을 주는 아틀라스 서비스도 선보였다. 공동 창업자 패트릭 콜리슨은 "앞으로는 우리가 운영 및 매출과 관련된 모든 부문을 관리하고, 고객들은 제품 및 제품 차별화에만 집중하도록 하고 싶다"라고 말한다. 이는 스트라이프가 탈규모화 시대를 이끄는 동시에 활용하도록 해주는 원대한 목표다.

이처럼 기술 기업들은 바닥에서부터 플랫폼을 구축한다. 대기업들은 완전히 새로운 일, 즉 자신을 해체함으로써 플랫폼을 구축하는 일을 해야 한다.

한편 플랫폼 사업에서는 대개 한 기업이 시장 대부분을 차지한다. 앞서 언급한 대로 마이크로소프트와 구글이 클라우드 부문에서 아마존 웹 서비스와 경쟁하기 위해 얼마나 애를 먹는지 보라. 어느 부문이든 처음 플랫폼으로 변신하는 기업이 뚜렷한 우위를 누릴 것이다. 내가 〈포천〉 500대 기업 대표라면 당장 플랫폼 사업을 연구하고 커넥트+디벨롭, 프리딕스, 제트닷컴 같은 초기 버전에 투자할 것이다.

제품에 대한 초점 강화

회사가 커지면 대개 절차, 관료 체제, 사내 정치, 주가에 대한 고려 그리고 특정 고객을 위해 좋은 제품을 만드는 일과 아무 관련 없는 여러 요소들 때문에 사업의 초점이 희미해지는 경우가 많다. 대기업은 규모의 경제를 이룩하고 수익성을 높이기 위해 최대한 많은 사람에게 어필하는 제품을 만들려 노력한다. 그러나 탈규모화 시대에 이런 대중시장용 제품은 초점화된 소규모 경쟁자가 공략할 수 있는 급소가 된다.

탈규모화 시대의 대기업들은 소규모 사업부의 네트워크에 더 가까워질 것이다. 각 사업부는 틈새시장에 완벽하게 맞는 제품을 만드는 데 집중할 것이다. 다른 모든 사업 활동은 임차할 것이다.

외주는 수십 년 동안 주된 추세였다. 기업들은 '비핵심' 업무를 계속 외주로 돌렸다. 애플이나 나이키가 중국 기업에 생산을 맡기고, 넷플릭스가 데이터 센터를 짓는 대신 아마존 웹 서비스로 스트리밍 서비스를 운영하는 이유가 여기에 있다. 차세대 탈규모화 기업들은 훨씬 많이 외주에 나설 것이다. 임금 및 인사 관련 직능은 구스토Gusto 같은 회사에게 임차할 수 있다. 구스토는 현재 소기업에 서비스를 제공하지만, 앞으로는 대기업 업무도 처리할 수 있을 것이다. 결제 처리 직능은 스트라이프 같은 기업에게 임차할 수 있다. 뛰어난 제품을 개발하는 일과 관련 없는 모든 것은 외주로 돌려야 한다.

새로운 유형의 경영팀이 이런 제품 중심 기업을 이끌 것이다. 기업 경영을 배운 MBA 대신 제품 및 플랫폼 전문가들이 성공적인 기업을 이끌 것이다. 스티브 잡스의 애플이 아마도 가장 근래의 사례일 것이다. 과거 애플은 탈규모화 기업이 아니라 대중시장을 겨냥해 대중이 좋아할 만한 제품을 선보였다. 그런데 잡스의 시대로 접어들면서 아이폰, 앱스토어, 아이튠즈 같은 플랫폼을 만드는 기업이 됐다. 이처럼 대기업도 획기적으로 변할 수 있다.

탈규모화 사고방식은 기업의 거의 모든 활동에 영향을 미친다. 가령 채용 인력(절차 운영 인력이 아니라 제품 인력)과 투자자가 달라진다. 또한 브랜드가 아니라 경험으로 초점을 옮겨 간다. 브랜드는 대중시장 소비문화의 유물이기 때문이다. 그리고 조직 구조를 하향식에서 상향식으로 뒤집는다. 그에 따라 제품 개발자들이 결정을 주도하고, 경영진은 그들이 토대로 삼을 플랫폼을 제공한다. 앞으로 20년 뒤 〈포천〉 500대 기업은 더 작아지고, 더 빠르게 움직일 것이다. 또한 이번 세기 초처럼 거대한 조직이 아니라 작은 사업부의 네트워크에 가까워질 것이다.

역동적

리번들링   탈규모화 경제의 승자는 모든 고객에게 1인 시장 같은 느낌을 줄 것이다. 개인에게 맞춰진 제품과 서비스는 대중시장용 제품과 서비스를 물리칠 것이다. 다만 제품이 여럿인 기업이 우위를 누릴 수 있는 길이 있다. 바로 특정 제품의 고객을 파악한 다음 그에 맞는 다른 제품을 같이 제공하는 것이다. 그러면 개별 고객에게 맞는 제품들을 한데 묶을 수 있다.

어니스트 컴퍼니가 성장하는 과정을 살펴보면 이런 방식이 통하는 양상을 이해할 수 있다. 어니스트는 2012년에 회원들에게 친환경 기저귀와 물티슈를 판매하기 시작했다. 사업 첫 해에 올린 매출은 1,000만 달러였다. 어니스트는 대중시장용 제품과 다른 특정한 틈새 제품을 원하는 틈새 고객들을 확보했다. 그들은 고객에 대한 지식을 활용해 같은 맥락에 속하는 샴푸, 치약, 비타민 같은 다른 제품들을 개발했다. 2016년에 어니스트가 판매하는 틈새 제품은 135종으로 늘어났다. 뒤이어 어니스트는 특정 소비자들을 위한 특정 제품들을 묶어 1인 시장의 느낌을 제공했다. 덕분에 2016년 매출은 1억 5,000만 달러를 넘어섰다. 어떤 측면에서 어니스트는 미니 P&G가 돼 다양한 품목을 제공하고 있다. 그러나 둘 사이에는 큰 차이가 있다. 어니스트는 고객을 알고, 그에 따라 다양한 제품을 한데 묶는다. 반면 P&G의 각 제품군은 별도의 브랜드를 달고, P&G가 결코 어니스트처럼 알거나 이해하지 못하는 소비자들에게 팔린다.

이런 리번들링rebundling은 실제로 규모를 구축하지 않고도 규모의 우위를 모방할 수 있게 해준다. 그래서 기민성과 혁신성을 유지하는 가운데 제품에 집중하고, 포트폴리오를 활용해 개별 고객에 대한 매출을 늘릴 수 있다. 미래의 P&G는 수많은 제품 중심 기업들을 위한 플랫폼 역할을 하되 개별 고객을 이해할 만큼 똑똑하고, 그에 맞춰 일련의 제품을 역동적으로 리번들링할 것이다. 내가 보기에 이것이 탈규모화 시대에 똑똑한 기업이 나아갈 길이다.

탈규모화 기업에 투자하기

미래의 기업이 어떤 모습일지 알고 싶다면 우선 아마존의 이면에 있는 기조를 살펴라. 그다음 우리 회사가 진행하고 있는 올 터틀스All Turtles라는 실험적인 사업에 주목하라.

2017년 초, 아마존 대표 제프 베조스는 주주들에게 '첫날Day 1'이라는 개념을 소개하는 서신을 보냈다. 그는 이 서신에서 이렇게 말했다. "저는 (아마존이 존재한 거의 모든 기간인) 수십 년 동안 직원들에게 오늘이 첫날임을 상기시켰습니다. 저는 첫날이라는 이름을 붙인 건물에서 일했고, 다른 건물로 사무실을 옮겼을 때는 그 이름을 가져갔습니다. 저는 이 주제를 생각하면서 시간을 보냅니다."[6]

아마존은 거대 기업으로, 매출이 2016년 4분기에만 437억 달러였다. 베조스가 이 서신을 보낼 무렵, 아마존의 가치는 약 4,340억 달러였다. 애플, 알파벳(구글), 마이크로소프트에 이어 4위에 해당한다. 그런데도 베조스는 대단히 탈규모화된 기조를 유지하려 애쓴다. 베조스의 설명에 따르면, 첫날이라는 개념을 내세우는 취지는 아마존 내부에서 새롭고 기민한 제품 중심 사업, 아마존의 플랫폼을 토대로 신속하게 구축할 수 있으며 첫날을 맞은 듯한 사업을 계속 창출하자는 것이다. 이런 맥락에서 보자면 기업이 자신의 규모에 발목이 잡힐 때 둘째 날이 된다.

베조스는 이 문제를 어떻게 관리할까? 그는 서신에서 이렇게 말한다. "제가 모든 답을 아는 것은 아닙니다. 그러나 약간의 답은 알고 있습니다." 그는 "첫날 정신을 지키기 위한 필수 요소"로 네 가지를 제시한다. 이 요소들은 우리가 아는 탈규모화에 부합한다.

첫 번째는 "고객에 대한 진정한 집착"이다. 탈규모화 시대에 성공하는 제품은 고객에게 1인 시장 같은 느낌을 준다. 그러기 위해서는 고객을 깊이 알아야 하고, 아무리 작더라도 특정 수요에 완벽하게 대응하는 제품을 만들어야 한다. 대기업들은 대개 그러지 못한다. 대신 최대한 폭넓은 고객을 위한 제품을 만들려 애쓴다. 베조스는 "첫날에 머물려면 참을성 있게 실험하고, 실패를 받아들이고, 씨앗을 뿌리고, 묘목을 보호하고, 고객이 기뻐할 때 더욱 투자해야 한다"라고 말한다. 이런 접근법 덕분에 아마존은 킨들, 아마존 웹 서비스, 알렉사 등을 선보일 수 있었다. 오랜 기간에 걸쳐 계속 새로움을 유지하면서 말이다.

두 번째 전술은 "부차적 요소에 저항하는 것"이다. 규모화된 기업은 중요치 않은 일들을 관리하는 데 매몰되기 쉽다. 절차가 한 예다. 대기업들은 커지는 사업 영역을 관리하기 위해 직원들이 따라야 할 절차를 만든다. 베조스의 지적에 따르면 "절차를 지키는 것이 주가 되는 경우가 너무 많다. 그래서 결과를 살피지 않고 그저 절차만 제대로 밟으려고 애쓴다". 다른 부차적 요소로는 고객에 대한 실질적 지식을 대체하는 시장조사다. "제품을 책임지는 사람은 고객을 알고, 비전을 갖고, 제품을 사랑해야 한다." 이 말은 스타트업을 위한 의도적인 지침처럼 들린다. 베조스는 아마존이 스타트업의 집합체처럼 느껴지기를 원한다.

세 번째 요점은 "외부의 추세를 받아들이는 것"이다. 베조스의 말에 따르면 "큰 추세는 (자주 언급되기 때문에) 포착하기 그리 어렵지 않다. 그러나 이상하게도 대규모 조직에서는 받아들이기 어려운 경우가 많다". 가령 신문사들은 인터넷의 시대가 임박했음을 알고도 너무 늦을 때까지 온라인으로 나아가지 않았다. 대기업이 기민한 소기업의 집합체처럼 운영된다면 신기술을 포착하고 취향 변화에 대응할 가능성이 높아진다.

마지막 요소는 "빠른 의사결정"이다. 이는 탈규모화를 위한 지침과 잘 부합한다. 베조스는 "절대 획일적인 의사결정 절차를 활용하지 말라"라고 말한다. 작은 사업부들은 나름의 통찰과 고객의 현실에 맞춰 독자적으로 결정을 내릴 수 있어야 한다. 회사 규모가 커지면 사업이 복잡해지고 그만큼 결정도 복잡해진다. 경영진은 수많은 자료와 정보가 있어야 결정을 내릴 수 있을 것 같다고 생각한다. 이는 지체에 이어 둘째 날의 시작으로 이어진다. 언제나 첫날처럼 결정을 내리고 설령 잘못된 것으로 드러나도 계속 나아가야 한다.

베조스가 인정한 대로 이 개념은 대기업을 탈규모화된 조직처럼 운영하기 위한 기초에 불과하다. 그래도 그는 오늘날의 기업들이 탈규모화된 조직으로 운영돼야 한다고 확신한다.

이 사실은 내게 올 터틀스를 상기시킨다. 올 터틀스는 2017년 봄에 우리 회사가 시작한 실험이다. 어떤 결과가 나올지는 알 수 없다. 올 터틀스는 탈규모화 시대를 맞은 기업가정신의 미래 그리고 이 책에서 소개한 여러 개념들에 대한 투자다.

올 터틀스는 8년 동안 에버노트 대표로 일한 뒤 제너럴 캐털리스트에 합류한 필 리빈Phil Libin이 제시한 아이디어의 산물이다. 우리는 탈규모화, 사업을 창출하고 구조화하는 방식에 미치는 탈규모화의 영향, 그에 따른 벤처투자 모델의 변화에 대해 자주 이야기를 나눴다. 탈규모화의 논리적 결론을 따라가면 아예 회사를 세울 이유가 없어진다. 혁신적인 제품에 대한 아이디어만 있으면 근본적으로 회사를 임차할 수 있기 때문이다. 다시 말해 컴퓨팅, 클라우드, 금융, 결제, 엔지니어링, 마케팅, 유통, 법무 등 규모와 관련된 모든 것을 임차 가능한 플랫폼에 모으면 된다. 혁신가가 할 일은 제품을 개발하고, 나머지는 플랫폼에 맡기는 것뿐이다.

우리는 이런 일을 가능하게 만드는 한편 혁신가들이 플랫폼의 집합적 사업에서 혜택을 누리도록 하는 방법이 있을지 고민했다. 우리는 벤처투자가 이뤄지는 방식과 아마존의 첫날 정신 이면에 있는 생각을 적절하게 조화시킬 길을 찾았다.

필은 소위 스튜디오 모델을 제안했다. 벤처투자사를 HBO나 넷플릭스가 운영하는 텔레비전 스튜디오처럼 생각하자는 것이다. 그 과정은 다음과 같다. 어떤 사람이 좋은 아이디어를 들고 스튜디오를 찾아온다. 스튜디오는 그 아이디어가 마음에 들면 인력을 모아 파일럿 프로그램을 제작한다. 파일럿 프로그램이 잘 나오면 스튜디오와 배급 체계를 비롯한 플랫폼을 토대로 시리즈를 제작해 시청자들에게 공개한다. 아이디어를 제시한 사람이 인력을 고용하거나, 자금을 모으거나, 사무실 공간을 찾는 것 같은 일들을 할 필요가 없다. 창작만 하면 나머지는 플랫폼이 해결한다.

그러나 우리는 올 터틀스가 그 이상의 역할을 하길 원했다.

올 터틀스는 창업자들에게 개발과 교류를 할 수 있는 스튜디오를 제공할 것이다. 리빈은 전 세계에 이런 스튜디오를 둘 계획이다. 실제로 우리는 올 터틀스가 실리콘밸리 이외 지역에서 좋은 아이디어를 살리는 길이 되길 바란다. 또한 모든 혁신가 및 창업자가 전체 생태계에서 일정한 지분을 얻기 원한다. 즉 올 터틀스에 합류하면 자신의 프로젝트뿐 아니라 전체 프로젝트에 대한 지분도 얻는다. 이는 다른 프로젝트에도 도움을 주도록 동기를 부여할 것이다.

필은 이 방침에 대해 이렇게 말한다. "동료가 되는 겁니다. 일단 합류하면 앞으로 누구를 합류시킬지 결정하는 데 참여할 수 있어요. 이처럼 정직한 구조는 기존 기업 구조를 해체할 수 있다고 봅니다. 동료 의식이 생기는 거죠. 목표는 최고의 사람들이 최고의 제품을 만들도록 돕고, 프로젝트에 대한 참여 폭과 자금 지원 대상을 크게 늘리는 겁니다."

만약 성공한다면 올 터틀스는 20~30년 뒤에 거대한 세계적 기업인 동시에 완전히 탈규모화된 기업이 될 것이다. 즉 전 세계를 포괄하는 대기업식 플랫폼을 통해 고도로 표적화된 수요에 대응하는 제품 중심 소기업들이 뭉친 새로운 형태의 탈기업uncorporation이 될 것이다.

지금의 기업 형태가 아담과 이브 시대부터 있었던 것은 아니다. 규모와 복잡성을 한 지붕 아래에서 관리하기 위해 산업 시대에 고안한 것이다. 기업은 규모를 키우도록 해준 동시에 규모의 산물이다. 탈규모의 시대에는 새로운 구조가 필요하다. 그것은 올 터틀스 같은 형태일 수도 있고, 아직 존재하지 않는 형태일 수도 있다. 다만 가까운 미래에 일종의 탈기업이 등장할 것은 확실하다.

11장

...

사업가로
살기 위하여

나는 아이가 셋 있다. 각각 13살, 8살, 3살이다. 탈규모화 경제로 나아가는 변화는 우리 아이들의 삶에 큰 영향을 미칠 것이다. 그렇다면 나는 교육, 경력, 삶에 대해 어떤 이야기를 해줘야 할까? 우리 아이들이 걸어갈 길은 내가 알던 길과 완전히 다를 것이다. 가령 나이를 감안할 때 큰 아이는 전통적인 4년제 대학이 여전히 직업 세계로 들어가는 최선의 길이라고 생각할 것이다. 그러나 막내의 경우에도 그럴지는 확신할 수 없다. 우리 아이들이 대학에 들어갈 나이가 되면 전통적인 대학은 더 이상 최고의 선택지가 아닐 수 있다.

　앞으로 교육에 대한 우리의 사고방식은 모두 바뀌어야 할 것이다. 일에 대한 사고방식이 바뀌어야 할 것이기 때문이다. 이 둘은 나란히 나아간다. 실제로 탈규모화 시대에는 일과 교육이 혼합될 것이다. 20여 년 동안 학교에 다니다가 나머지 평생 동안 일한다는 개념은 멍청하게 보일 것이다. 대신 평생 일하고 배울 것이다. 즉 더 일찍 일을 시작하고, 훨씬 나중까지 새로운 것들을 배우게 될 것이다.

그렇다면 탈규모화 시대를 살아갈 계획을 어떻게 세워야 할까? 핵심은 기업가적 삶을 살아가는 것이다.

20세기에는 대다수 사람들이 기업가적 삶을 살지 않았다. 물론 기업가라는 명칭이 없었을 때도 기업가인 사람들은 항상 있었다. 규모화 경제에서는 취직해서 경력을 쌓는 것이 일반적이었다. 이전 세대 미국인들에게 성공적인 삶은 좋은 교육을 받고, 대기업에 입사하고, 승진을 이어가다가 65세에 은퇴해 연금을 받는 것이었다. 그러나 현재 노동인구 중 다수가 성년이 됐을 무렵부터 이 인생 전략은 이미 흔들리고 있었다. 또한 앞으로 10~20년이 지나면 완전히 무너질 것이다.

사실 일반적인 노동자의 생활은 자연스러운 존재 양식이 아니다. 1800년대 중반 이전에는 일주일을 기준으로 일하는 사람이 드물었다. 산업 시대 초기에 이런 체계가 고안된 이유는 노동자들을 같은 시간에 공장이나 사무실로 출근시켜 효율적으로 제품을 생산하거나, 협력시켜야 했기 때문이다. 지난 100년 동안 주 40시간 근로가 생활의 중심이 된 이유는 사람들을 같은 시간에 한곳에 모아 일을 시키는 더 나은 방식이 없었기 때문이다.

대기업들은 수십 년 동안 규모 구축의 일환으로 직원들을 고용했다. 규모화를 통해 계속 사업을 추가하고 더 높은 진입장벽을 쌓으려면 많은 인력이 필요했다. 그래서 계속 인력을 유지하고 추가했다. 핵심은 몸집을 키우는 것이었다.

탈규모화 경제에서는 스타트업의 태도 혹은 제프 베조스가 말한 첫날에 가깝게 머무는 것이 더 나은 전략이다. 핵심 인력은 작게 유지하면서 나머지는 모두 빌리는 것이 낫다. 거기에는 업워크Upwork나 노조를 통해 확보할 수 있는 기술과 노동력뿐 아니라 구스토나 스트라이프 같은 기업의 소프트웨어로 자동화할 수 있는 역량도 포함된다. 인터넷, 클라우드 컴퓨팅, 소프트웨어, 3D 프린팅 그리고 다른 기술들은 전 세계의 개인과 소기업 같은 곳에 있지 않아도 서로 협력해 성과를 낼 수 있도록 해준다.

대형 공장과 사무실은 일을 분산하는 클라우드에 자리를 내줄 것이다. 또한 시대별 필요에 따라 일자리는 계속 이동하고 변화할 것이다.

많은 사람들에게 20세기식 일자리는 사라질 것이다. 한 분야에서 정해진 경로를 밟는 경력이라는 개념도 같이 사라질 것이다. 이미 우리 사회에서 이런 변화가 감지되고 있다. 수많은 공장이 자동화와 외주 때문에 혹은 생계를 이어가는 새로운 방식인 긱 이코노미의 부상으로 노동자들을 해고한다. 탈규모화는 기업뿐 아니라 일도 해체하고 있다. 일자리 시장은 다른 모든 것들처럼 1인 시장이 되고 있다. 고용자가 항상 노동자의 모든 기술이나 시간을 필요로 하는 것은 아니다. 대개는 특정한 시간 동안 특정한 일만 해주기를 바란다.

일이 해체되는 추세는 앞으로 계속 빨라질 것이다. 어떤 정치인도 속도를 약간 늦출 수는 있으나 완전히 멈추지는 못할 것이다. 탈규모화 경제가 부상하는 가운데 개인이 할 수 있는 최선의 선택은 저항이 아니라 활용이다. 탈규모화는 직업 안정성이라는 오랜 개념을 허물지만 대신 새로운 기회를 제공한다.

지금까지 탈규모화가 누구나 사업을 시작하고 규모를 임차해 경쟁하는 것을 쉽게 만든다는 점을 거듭 밝혔다. 즉 아이디어만 있으면 신속하고 저렴하게 사업을 시작할 수 있다. 탈규모화 시대에 성공하는 사람들은 무엇보다 사업가 기질을 가질 것이다. 그들이 모두 차세대 마크 저커버그가 돼 오랫동안 전부를 바쳐야 하는 회사를 시작하지는 않을 것이다. 다수는 경력 전반에 걸쳐 여러 번 작은 회사를 차릴 것이다. 기술 부문에서는 이처럼 창업자로 살아간다는 개념이 폭넓게 받아들여졌다. 2012년, 링크드인의 공동 창립자 리드 호프먼Reid Hoffman과 벤 카스노카Ben Casnocha가 《연결하는 인간The Start-Up of You》을 펴냈다. 그들은 이 책에서 "모든 사람이 사업가"라고 말했다. 그들의 말에 따르면, 오늘날의 경제에서 경력을 진전시키려면 기업가정신을 받아들여야 한다. 요즘 많은 책과 자기계발 세미나에서도 타당한 이유로 같은 이야기를 한다. 그것이 탈규모화 경제에서 성공하는 방법이기 때문이다.

사업가가 된다는 것이 반드시 회사를 세운다는 뜻은 아니다. 기술 플랫폼은 우리 자신과 자산을 팔 수 있는 온갖 수단을 만든다. 우리는 이미 그 양상을 목격하고 있다. 사람들이 남는 방을 임대할 수 있도록 하는 에어비앤비나 자기 차를 빌려줄 수 있도록 하는 겟어라운드Getaround가 그런 예다. 자기 차를 몰아 돈을 벌 수 있도록 하는 우버도 마찬가지다. 또한 업워크 같은 플랫폼은 저술가나 프로그래머가 기술을 팔 수 있도록 해준다. 그리고 셰이프웨이Shapeways는 누구나 제품을 설계하고 3D로 인쇄해 전 세계에 팔 수 있도록 해준다. 이 모든 것은 기술을 가진 사람이 다면적인 경력을 통해 복수의 수입원을 얻도록 해준다.

이는 좋은 일일까, 나쁜 일일까? 그 답은 관점에 좌우된다. 많은 사람이 안정성, 지속성, 복지 혜택 그리고 회사 생활의 다른 부속물들이 사라지는 것을 아쉬워할 것이다. 그러나 다른 많은 사람은 애초에 좋은 회사에 취직하는 것이 힘들었다. 매일 아침 9시부터 오후 5시까지 마음이 가지 않는 일에 매달려야 하는 회사 생활을 견디지 못하는 사람도 많았다.

일이 탈규모화되면 언제 뭘 할지에 대한 선택지가 늘어날 것이다. 핵심은 열정을 살리는 데 매진하는 것이다. 정말로 하고 싶은 일, 특히 잘하는 일을 찾아 모든 사람을 상대로 영업하라. 탈규모화는 우리가 정말로 좋아하는 일을 할 기회를 제공한다. 또한 각자가 자신의 일을 주도하게 해주며, 행복과 수입에 대해 더 많은 책임을 개인에게 지운다. 물론 부담스럽겠지만 동시에 자유도 누릴 수 있다.

나이 든 세대는 이런 역동적인 사업가적 삶을 고통스럽게 느낄 수 있다. 그러나 젊은 세대는 일이 더욱 탈규모화되는 것을 선호한다. 퓨처 워크플레이스Future Workplace가 근래에 조사한 바에 따르면, 밀레니얼 중 91퍼센트가 한 직장에 3년 이상 다니지 않으리라 예상하며, 유연한 근무시간과 어디서든 일할 수 있는 근무 조건을 원한다.[1] 그들에게는 급여보다 유연한 근무 정책이 더 중요하다.

그렇다면 정규직 일자리가 완전히 사라질까? 아니다. 다만 과거와 달라질 것이다. 구스토 대표 조슈아 리브스Joshua Reeves가 말한 대로 탈규모화 경제에서는 인재를 놓고 소기업이 대기업과 경쟁할 수 있다. 탈규모화를 통해 대기업과 고객 쟁탈전을 벌일 수 있게 된 것처럼 말이다. 정규직 일자리를 원하는 인재는 대기업이 아니라 탈규모화된 소기업에 들어갈 것이다.[2]

소기업에 들어가는 것은 기업의 위계 구조에 편입된다기보다 공동체에 가입하는 느낌에 가까울 것이다. 공동체는 구성원이 기여하기를 바라지만 명령하지는 않는다. 각자의 성공에 대한 책임은 회사가 아니라 각자에게 있다. 다시 말해 '직장인'이라도 사업가처럼 일해야 성공할 수 있다.

사업가적 삶을 사는 것은 인공지능을 앞지르는 길이기도 하다. 인공지능은 반복 작업, 심지어 높은 급여를 받는 전문직의 일도 갈수록 자동화할 것이다. 월가 트레이더와 방사선 전문의는 트럭 운전수와 매장 계산원만큼 자동화로 일자리를 잃을 위험에 처해 있다. 인공지능은 반복 작업을 학습하는 데 뛰어나다. 그러나 새로운 기회를 파악하고 새로운 방식을 고안하는 데는 뛰어나지 않다. 창의적인 사람은 인공지능의 위협을 걱정할 필요가 없다.

그렇다면 미래는 어떤 모습으로 전개될까? 사람들의 삶은 사업, 프리랜서 일, 부업이 계속 뒤섞인 채 이어질 것이다. 사람들은 수많은 짧은 경력들을 거칠 것이다. 일주일에 5일, 8시간씩 일하는 것이 아니라 다양한 장소에서, 다양한 요일에, 다양한 시간 동안 일할 것이다. 10~20년 뒤에는 지붕에 설치한 태양 전지판에서 얻는 전기를 팔아 추가 수입을 얻거나, 자율주행차를 사서 필요 없을 때 우버 서비스에 활용할 수 있을 것이다. 이 모든 활동을 더하면 계속 변화하고, 다면적이며, 사업 같은 삶이 될 것이다.

앞서 언급한 대로 정책 입안자들은 사람들이 규모화된 정규직의 세계에서 탈규모화된 임시직의 세계로 나아갈 수 있도록 도와야 한다. 이런 사회적 지원이 없는 가운데 인공지능이 일자리를 하나씩 대체하기 시작하면 실업자가 넘칠 것이다. 이 시점이 되면 보편적 기본소득을 고려해야 할 것이다.

해법의 주요 요소는 칸 아카데미 등을 통한 온라인 교육이 될 것이다. 그러나 이 문제를 해결하기는 쉽지 않을 것이다. 오래

전에 농업 인구를 산업 시대의 삶으로 유도하기 위해 학교와 다른 기관 들이 만들어진 것처럼 현대인들을 사업의 시대로 유도하려면 새로운 기관들이 만들어져야 한다.

달라지는 교육의 역할과 의미

여기서 다시 교육 문제가 대두된다. 앞으로 평생 사업가처럼 살아야 한다면 학교와 교육의 의미가 어떻게 달라질까?

우리 아이들은 내가 살만 칸과 같이 만든 학교에 다닌다. 이 학교는 칸 아카데미의 본사와 같은 건물에 있다. 우리는 학생들이 다음 시대에 대비할 수 있도록 하는 교육을 하려 애쓴다. 그래서 최신 기술을 적극적으로 활용해, 교육에 대한 장에서 언급한 대로 학생들이 각자의 속도에 맞춰 학습하도록 돕는다. 또한 팀을 이뤄 문제를 해결하도록 권장함으로써 협력하는 법을 가르친다. 나중에 사업을 시작하거나 프로젝트를 진행하다가 어려운 문제를 해결할 때 협력이 필요할 것이기 때문이다. 교사는 코치 겸 가이드가 돼 학습하고 협력하는 법을 보여준다.

가까운 미래까지는 학생들이 집에서 온라인 강의로 학습하는 것이 아니라 교실에 가서 학습해야 할 것이다. 그러나 교실의 역할은 바뀌어야 한다. 나는 우리 아이들이 교사와 다른 아이들에게서 사회적 기술, 정서적 기술, 리더십 기술을 배우기를 바란다. 또한 칸 아카데미의 온라인 강좌나 MIT, 스탠퍼드대학의 강의 혹은 데이터, 소프트웨어를 통해 지식을 얻는 법을 배우길 바란다. 이런 방식은 나름의 속도에 맞게 학습하면서 관심 있는 주제를 탐구하도록 해준다.

무엇보다 학교는 이 모든 요소들을 한네 모아 시스템 사고를 가르쳐야 한다. 수학, 지리, 역사는 개별 과목으로 머물러서는 안 된다. 학생들은 모든 지식을 통합하고, 다른 사람들과 협력하며 현실 세계의 문제를 해결하는 법을 배워야 한다. 이것이 시스템 사고의 핵심이다.

현재 대다수가 우리처럼 자녀를 실험적인 학교에 보내는 특혜를 누릴 수 없다. 그래도 아이들이 다음 시대에 대비할 수 있도록 돕는 교육 방법을 고민해야 한다. 학교가 탈규모화 경제에 맞는 방식으로 아이들을 가르치고 규모화된 사무실과 공장에 맞춘 교육 방식에서 멀어지도록, 모든 학부모가 학교에 요청해야 한다.

고등학교를 졸업하고 나서는 일과 학습이 교차할 것이다. 이제는 젊을 때 배우고 늙을 때까지 그냥 일만 한다는 생각을 고쳐야 한다. 5장에서 언급한 클라우드 기반 평생학습은 우리의 경력에서 중요한 역할을 할 것이다. 우리는 기술 변화와 새로운 정보를 계속 따라잡아야 할 것이다. 또한 나이가 들면서 바뀌는 관심 분야를 계속 공부해야 할 것이다. 나이가 들면 젊은 시절에 좋아하던 분야와 다른 분야를 공부하고 싶어질 수 있다. 현재 부상하는 온라인 교육 부문은 산발적인 학습을 가능하게 만들 것이다. 이런 학습은 경력을 진전시키는 동력으로 직업 생활을 이끌고 자기계발을 도울 것이다.

이는 더 나은 삶의 방식이다. 지금까지는 우리가 규모화 경제에 맞춰야 했다. 우리는 규모화된 기업에서 일자리를 얻었다. 많은 사람이 그저 월급을 받기 위해 몇 년 동안 관성적으로 일했다. 반면 탈규모화 경제는 양상이 다르다. 우리에게 열정을 추구할(뛰어난 능력을 개발할) 기회를 주고 시장을 찾아준다. 그래서 더 많은 사람이 정말로 하고 싶은 일을 하고 정말로 알고 싶은 것을 배우도록 해준다.

인공지능과 가상현실이 미치는 영향

앞으로 두 가지 기술이 일에 막대한 영향을 미칠 것이다. 바로 인공지능과 가상현실이다. 이 기술들을 어떻게 받아들여야 할까?

인공지능의 세기에 성공하는 사람들은 사회적 소통, 창의적 사고, 복잡한 자료를 토대로 한 의사결정, 공감, 질문 같은 인간의 고유 역량을 살리는 데 초점을 맞출 것이다. 인공지능은 입력되지 않은 데이터에 대해 생각하지 못한다. 사람들이 페이스북에서 좋아한 콘텐츠를 토대로 뭘 보고 싶어 할지 예측할 뿐이다. 또한 완전히 기존 범위를 벗어난 것, 과거의 패턴과 어긋나는 것을 좋아할 수도 있다는 사실을 예측하지 못한다. 오직 인간만이 창의적으로 사고할 수 있다. 미래학자 케빈 켈리가 말한 대로, 버튼만 누르면 답이 나오는 시대에는 가장 흥미로운 질문을 제기하는 사람이 가장 가치가 높다.[3]

인공지능 지지자들은 인공지능이 인간과 경쟁하는 것이 아니라 협력할 것이라고 말한다. 종양 연구자 M. 솔레다드 세페다Soledad Cepeda는 자신의 연구에서 인공지능이 맡은 역할에 대해 이야기했다.[4] 그의 말에 따르면, 인공지능 소프트웨어는 연구원이 2주 동안 매달려야 하는 양의 데이터와 텍스트를 2초 만에 분석할 수 있다. 덕분에 연구원은 보다 세심한 연구를 할 수 있고, 진전이 빨라진다.

나는 인공지능과 협력할 줄 아는 사람이 다음 세기에 가장 크게 성공하고 영향력을 발휘하리라 생각한다. 인공지능 기술은 언뜻 무섭게 느껴질 수 있다. 그러나 인공지능은 인류가 개발한 가장 강력한 도구다. 인공지능의 역량을 고유한 인간적 사고와 결합하는 사람은 거대한 문제들을 해결하고, 지금은 상상하기 힘든 창조물을 선보일 것이다. 내가 모두에게 하고 싶은 조언은 인공지능을 활용해 꿈을 이루는 법을 배우라는 것이다.

언론에서는 인공지능의 위험성을 경고하지만, 이상하게도 나는 가상현실이 우리에게 미칠 영향이 더 걱정된다.

앞으로 가상현실 경험이 실제 세계의 경험과 견줄 수 있을 만큼 좋아질 것은 분명하다. 오늘날의 게임이 영화처럼 생생하게 구현되는 것을 보라. 이처럼 시각적으로 풍부하고 현실적으로 반응하는 세계에 빠져든다고 상상해보라. 그리고 그 세계에 다른 사람들도 있어서 대화하거나, 접촉하거나, 협력하거나, 같이 스포츠를 할 수 있다고 상상해보라. 2020년대가 되면 실제로 이런 수준에 이를 것이다.

이 세계에서 상거래도 이뤄질 것이다. 사람들은 옷이나 더 빠른 반응 속도 혹은 멋진 나이트클럽 입장권처럼 가상 세계에서 필요한 것들을 살 것이다. 상거래가 이뤄지면 일도 생길 것이다. 가상 세계에 있는 아바타가 옷을 판매하거나, 소프트웨어로 개선한 반응 속도를 활용하는 법을 가르치거나 멋진 나이트클럽을 운영할 것이다.

사람들이 갈수록 많은 시간을 가상현실 세계에서 보낼 수 있게 될 것이다. 많은 이들이 그 유혹에 빠져들 것이다. 10대 자녀가 게임을 너무 오래 한다고 걱정하는 부모들을 생각해보라. 가상현실 세계의 유혹은 훨씬 더 강력하다. 현실에서 탈출하고 싶은 사람들에게는 특히 그렇다. 가상현실 세계에 일자리와 친구가 있고, 그 안에 있는 것이 즐겁다면 굳이 실제 세계에서 많은 시간을 보낼 필요가 있을까? 오래전에 닐 스티븐슨Neal Stephenson의 《스노 크래시Snow Crash》 같은 과학소설들이 예측한 대로 수많은 사람이 가상현실 속으로 사라질 수 있다.

이런 사태는 존재론적 문제를 제기한다. 가상현실에 건설된 대안 사회는 현실 사회 혹은 인간의 근본적 가치에 어떤 영향을 미칠까? (가상현실 세계에서 다른 사람의 아바타를 죽여도 괜찮을까? 게임에서는 가능하다. 그러나 아바타가 소유자의 직업과 인간관계에 아주 중요한 의미를 갖는다면 문제가 달라지지 않을까?) 현실 세계의 문제에서 달아나는 것이 너무 쉬워지면 어떻게 될까? 지구온난화나 환경보호 혹은 이웃과의 교류 같은 것들을 지금처럼 신경 쓸까? 가상현실에서 인간적 접촉을 대체할 것을 찾고, 다른 사람들과의 교류를 포기할까?

가상현실은 놀랍고 유망한 기술이다. 나는 계속 가상현실 기술에 투자할 것이다. 또한 사람들에게 가상현실 기술을 이해하고, 그것을 토대로 사업을 구축하라고 권할 것이다. 가상현실은 교육에서도 중요한 역할을 할 것이다. 나는 아이들이 대공황 시대를 구현한 가상현실로 들어가 당시의 어려움을 느껴보길 바란다. 가상현실은 오락, 스포츠, 뉴스 등을 위한 환상적인 신매체가 될 것이다. 앞으로 나아가 가상현실이 창출할 기회의 일부가 돼라. 다만 한편으로는 가상현실을 너무 실제처럼 만들지 말았으면 하는 마음도 있다.

나는 아이들에게 커서 뭘 하고 싶은지 묻지 않는다. 지금은 무의미한 질문이기 때문이다. 우리가 개발하는 기술과 탈규모화의 힘은 1900년대 초 이후로 그 어느 때보다 근본적으로 세상을 바꾸고 있다. 지금 좋은 보상과 수익을 안기는 일들이 20년 뒤에는 사라질 수 있다. 지금은 상상하기 힘든 완전히 새로운 일이 2030년에는 큰 인기를 끌지 모른다. 지금 모두에게 최선의 전략은 호기심과 야심 그리고 적응력을 유지하는 것이다. 평생 공부하고, 다양한 일자리를 갖고, 여러 경력을 거칠 준비를 하라. 자신의 열정과 능력에 관심을 기울이고, 열심히 실현하겠다고 다짐하라.

나도 나중에 뭘 하고 싶은지 모른다. 인공지능과 탈규모화는 내 사업도 바꿔놓을 것이다. 그러나 이는 신나는 일이기도 하다. 나는 자동차가 장난감에서 삶을 바꾸는 기계가 됐을 때, 비행이 과학적 실험에서 누구나 할 수 있는 일이 됐을 때, 세상을 배우는 수단이 종이에서 라디오를 거쳐 텔레비전으로 옮겨가던 때를 산 세대가 부럽다. 이제 나는 비슷한 기술적, 상업적, 사회적 시대를 살며 그 일부가 될 것이다.

어쨌든 나는 낙관주의자다. 규모의 경제는 한 세기 넘게 아주 많은 혜택을 줬다. 인공지능의 세기에 이뤄질 탈규모의 경제는 더 많은 혜택을 줄 것이다. 다음 20년 동안의 목표는 우리를 행복하게 만들고, 하고 싶은 일을 하게 해주고, 불가능하다고 생각했던 것들을 창조하고, 세상에 평화와 번영을 안길 시스템을 구축하는 것이다. 어떤 때는 뉴스를 보면 이런 일이 불가능해 보인다. 그러나 나는 우리가 특별한 시대의 초입에 있다고 믿으며, 그 일부가 되기를 고대한다.

◈ 참고문헌

1장

1　케빈 매이니와 2016년 11월 3일에 나눈 대화에서 발췌.

2　Mary Meeker, "2016 Internet Trends Report", Internet Trends 2016—Code Conference, 2016. 6. 1, www.kpcb.com/blog/2016-internet-trends-report.

3　사실 고든 무어가 처음 예측했을 때는 그 기간이 2년이었다. 그러나 변화 속도가 너무 빨라서 나중에 18개월로 수정했다.

4　Carlota Perez, 《Technological Revolutions and Financial Capital: The Dynamics of Bubbles and Golden Ages》(2003), Northampton, MA: Edward Elgar Publishing, 151.

5　Carl Benedikt Frey, Michael A. Osborne, "The Future of Employment: How Susceptible Are Jobs to Computerisation?" (Oxford: Oxford Martin School, University of Oxford, 2013), www.oxfordmartin.ox.ac.uk/downloads/academic/The_Future_of_Employment.pdf.

2장

1　Solomon Fabricant, "The Rising Trend of Government Employment", National Bureau of Economic Research, New

York, 1949.

2 Ben Popper, "First Interview: Chris Dixon Talks eBay's Purchase of Hunch", 〈Observer〉, 2011. 11. 21, http://observer. com/2011/11/chris-dixon-ebay-hunch.

3 Michael Kanellos, "152,000 Smart Devices Every Minute In 2025: IDC Outlines the Future of Smart Things", 〈Forbes〉, 2016. 3. 3, www.forbes.com/sites/michael kanellos/2016/03/03/152000-smart-devices-every-minute-in-2025-idc-outlines-the-future-of-smart-things/#acfb0a34b63e.

4 Michael Kanellos, "The Global Lighting Market by the Numbers, Courtesy of Philips", Seeking Alpha, 2008. 10. 23, https://seekingalpha.com/article/101408-the-global-lighting-market-by-the-numbers-courtesy-of-philips.

5 John Stackhouse, "Back Off, Robot: Why the Machine Age May Not Lead to Mass Unemployment(Radiologists, Excepting)", Medium, 2016. 10. 29, https://medium.com/@ StackhouseJohn/back-off-robot-why-the-machine-age-may-not-lead-to-mass-unemployment-radiologists-excepting-6b6d01e19822.

6 케빈 매이니와 2016년 7월 13일에 나눈 대화에서 발췌.

7 Julie Sobowale, "How Artificial Intelligence Is Transforming the Legal Profession", 〈ABA Journal〉, 2016. 4. 1, www. abajournal.com/magazine/article/how_artificial_intelligence_ is_transforming_the_legal_profession.

8 Courtney Humphries, "Brain Mapping", 〈MIT Technolgy Review〉, www.technologyreview.com/s/526501/brain-mapping.

9 케빈 매이니와 2016년 6월 22일에 나눈 대화에서 발췌.

10 케빈 매이니와 2016년 7월 1일에 나눈 대회에서 발췌.

참고문헌

11 Kevin Maney, "Afraid of Crowds? Virtual Reality May Let You Join Without Leaving Home", 〈Newsweek〉, 2016. 7. 30, www.newsweek.com/afraid-crowds-virtual-reality-without-leaving-home-485621.

12 케빈 매이니와 2016년 8월 19일에 나눈 대화에서 발췌.

13 "Interstate Highway System", Wikipedia, https://en.wikipedia.org/wiki/Interstate_Highway_System.

14 케빈 매이니와 2017년에 나눈 대화에서 발췌.

15 Bernard Mayerson, "Emerging Tech 2015: Distributed Manufacturing", World Economic Forum, 2015. 3. 4, www.weforum.org/agenda/2015/03/emerging-tech-2015-distributed-manufacturing.

16 Peter H. Diamandis, Steven Kotler, 《Abundance: The Future Is Better Than You Think》(2015), New York: Simon and Schuster, Kindle location 268.

17 Perez, 《Technological Revolutions and Financial Capital》, 153—154.

3장

1 케빈 매이니와 2016년 11월 15일에 나눈 대화에서 발췌.

2 Max Roser, "Energy Production and Changing Energy Sources", Our World in Data, https://ourworldindata.org/energy-production-and-changing-energy-sources.

3 Elon Musk, "Master Plan, Part Deux", Tesla, 2016. 7. 20, www.tesla.com/blog/master-plan-part-deux.

4 Tom Turula, "'Netflix of Transpotation' Is a Trillion-Dollar Market by 2030-And This Toyota-Backed Finnish Startup Is in Pole Position to Seize It", 〈Business Insider〉, 2017. 7.

2, http://nordic.businessinsider.com/this-finnish-startup-aims-to-seize-a-trillion-dollar-market-with-netflix-of-transportation-and-toyota-just-bought-into-it-with-10-million-2017-7.

5 "Grid Modernization and the Smart Grid", Office of Electricity Delivery and Energy Reliability, https://energy.gov/oe/services/technology-development/smart-grid.

6 "MIT Energy Initiative Report Provides Guidance for Evolving Electric Power Sector", MIT, 2016. 12. 15, https://energy.mit.edu/news/mit-energy-initiative-report-provides-guidance-evolving-electric-power-sector.

7 Ramez Naam, Solar Power Prices Dropping Faster Than Ever Ramez Naam, 2003. 11. 14, http://rameznaam.com/2013/11/14/solar-power-is dropping- faster than- i projected.

8 Rob Wile, "How Much Land Is Needed to Power the U.S. with Solar? Not that Much", ⟨Fusion⟩, 2015. 5. 10, http://fusion.net/how-much-land-is-needed-to-power-the-u-s-with-solar-n-1793847493.

9 Diamandis, Kotler, ⟪Abundance⟫, Kindle 204, 현재 인류는 연간 약 16테라와트(terrawatts, 2008년 수치)를 소비하고 있는데, 1년 동안 지구에 쏟아지는 태양 에너지는 그 5,000배가 넘는다.

10 Jeffrey Michel, "Germany Sets a New Solar Storage Record", ⟨Energy Post⟩, 2016. 7. 18, http://energypost.eu/germany-sets-new-solar-storage-record.

11 Quentin Hardy, "Google Says It Will Run Entirely on Renewable Energy in 2017", ⟨New York Times⟩, 2016. 12. 6, www.nytimes.com/2016/12/06/technology/google-says-it-will-run-entirely-on-renewable-energy-in-2017.html?_r=0.

12 Tom Randall, "World Energy Hits a Turning Point: Solar that's Cheaper Than Wind", ⟨Bloomberg Technology⟩, 2016.

12. 15, www.bloomberg.com/news/articles/2016-12-15/
world-energy-hits-a-turning-point-solar-that-s-cheaper-
than-wind.

13 Christopher Mims, "Self-Driving Hype Doesn't Reflect
Reality", 〈Wall Street Journal〉, 2016. 9. 25, www.
wsj.com/articles/self-driving-hype-doesnt-reflect-
reality-1474821801.

14 Kevin Maney, "How a 94-Year-Old Genius May Save the
Planet", 〈Newsweek〉, 2017. 3. 11, www.newsweek.com/how-
94-year-old-genius-save-planet-john-goodenough-566476.

15 Katherine Tweed, "Utilities Are Making Progress on
Rebuilding the Grid. But More Work Needs to Be Done",
〈Green Tech Media〉, 2016. 5. 11, www.greentechmedia.
com/articles/read/Utilities-Are-Making-Progress-on-
Rebuilding-the-Grid.

16 Joanne Muller, "ChargePoint's New Stations Promise Fast
Charge in Minutes for Your Electric Car", 〈Forbes〉, 2017.
1. 5, www.forbes.com/sites/joannmuller/2017/01/05/
chargepoints-new-stations-promise-fast-charge-in-
minutes-for-your-electric-car/#7a769dee492d.

4장

1 케빈 매이니와 2016년 12월 30일에 나눈 대화에서 발췌.

2 "Life Expectancy", Centers for Disease Control and
Prevention, FastStats, www.cdc.gov/nchs/faststats/life-
expectancy.htm.

3 Richard D. Lamm, Vince Markovchick, "U.S. Is on Fast Track
to Health Care Train Wreck", 〈Denver Post〉, 2016. 12. 17,

www.denverpost.com/2016/12/17/u-s-is-on-fast-track-to-health-care-train-wreck.

4   Gregory Curfman, "Everywhere, Hospitals Are Merging—But Why Should You Care?", Harvard Health Blog, 2015. 4. 1, www.health.harvard.edu/blog/everywhere-hospitals-are-merging-but-why-should-you-care-201504017844.

5   대화에서 발췌.

6   Paula Span, "Going to the Emergency Room Without Leaving the Living Room", 〈New York Times〉, 2016. 11. 4, www.nytimes.com/2016/11/08/health/older-patients-community-paramedics.html.

7   Laurie Vazquez, "How Genomics Is Dramatically Changing the Future of Medicine", 〈The Week〉, 2016. 8. 2, http://theweek.com/articles/639296/how-genomics-dramatically-changing-future-medicine.

8   상동.

9   Jonathan Groberg, Harris Iqbal, Edmund Tu, "Life Science Tools/Services, Dx, and Genomics", UBS Securities, 2016. 5.

10 Juliet Van Wagonen, "How Cleveland Clinic Stays on the Bleeding Edge of Health IT", 〈HealthTech Magazine〉, 2017. 3. 9, https://healthtechmagazine.net/article/2017/03/how-cleveland-clinic-stays-bleeding-edge-health-it.

11 대화에서 발췌.

12 Anthony Cuthbertson, "Plug Pulled on Robot Doctor After Humans Complain", 〈Newsweek〉, 2016. 3. 30, www.newsweek.com/plug-pulled-robot-doctor-after-humans-complain-442036.

13 Nicholas J. Schork, "Personalized Medicine: Time for One-Person Trials", 〈Nature〉, 2015. 4. 29, www.nature.com/news/personalized-medicine-time-for-one-person-

trials-1.17411.

14 Kevin Kelly, The Inevitable: Understanding the 12 Technological Forces That Will Shape Our Future New York: (Penguin Group, 2016), Kindle edition, 3521.

15 "Redefining the Future of Medicine: 72 Medical Device Startups Advancing Treatment and Prevention", CB Insights, 2016. 9. 15, www.cbinsights.com/blog/brain-scans-pacemakers-72-medical-device-startups-market-map-2016.

16 "PatientBank Is Creating a Unified Medical Record System", Y Combinator, 2016. 8. 10, https://blog.ycombinator.com/patientbank.

17 Kelly, 《Inevitable》, Kindle, 470.

18 Taylor Kubota, "Deep Learning Algorithm Does as Well as Dermatologists in Identifying Skin Cancer", 〈Standford News〉, 2017. 1. 25, http://news.stanford.edu/2017/01/25/artificial-intelligence-used-identify-skin-cancer.

19 "11 Health System CEOs on the Single Healthcare Problem They Want Fixed Tonight", 〈Becker's Hospital Review〉, 2016. 11. 11, www.beckershospitalreview.com/hospital-management-administration/11-health-system-ceos-on-the-single-healthcare-problem-they-want-fixed-tonight.html.

20 David Cyranoski, "CRISPR Gene-Editing Tested in a Person for the First Time", 〈Nature〉, 2016. 11. 15, www.nature.com/news/crispr-gene-editing-tested-in-a-person-for-the-first-time-1.20988.

5장

1   케빈 매이니와 2017년 1월 13일에 나눈 대화에서 발췌.

2   Ethan Forman, "ClassDojo App Helps Danvers School Keep Things Positive", 〈Salem News〉, 2017. 3. 27, www.salemnews.com/news/local_news/classdojo-app-helps-danvers-school-keep-things-positive/article_6cc9e48e-7496-56da-95e2-bb22b7992311.html.

3   Peter Gray, "A Brief History of Education", 〈Psychology Today〉, 2008. 8. 20, www.psychologytoday.com/blog/freedom-learn/200808/brief-history-education.

4   "List of United States University Campuses by Enrollment", Wikipedia, 2017년 4월 접속, https://en.wikipedia.org/wiki/List_of_United_States_university_campuses_by_enrollment.

5   Arnobio Morelix, "3 Ways Student Debt Can Affect Millennial Entrepreneurs", Kauffman Foundation, 2015. 5. 27, www.kauffman.org/blogs/growthology/2015/05/3-ways-student-debt-can-affect-millennial-entrepreneurs.

6   케빈 매이니와 2016년 6월 24일에 나눈 대화에서 발췌.

7   "Research on the Use of Khan Academy in Schools", SRI International, www.sri.com/work/projects/research-use-khan-academy-schools.

8   Harshith Maliya, "Can MOOC Platforms Galvanise Universal Education in India?", 〈Your Story〉, 2017. 4. 28, https://yourstory.com/2017/04/coursera-nikhil-sinha.

6장

1   케빈 매이니와 2016년 7월 11일에 나눈 대화에서 발췌.

2 Eugene Kim, "A 29-Year-Old-Invented a Painless Way to Save Money, and Google's Buying into It", 〈Business Insider〉, 2015. 2. 19, www.businessinsider.com/digit-ceo-ethan-bloch-interview-2015-2.

3 "A History of Federal Reserve Bank of Atlanta, 1914-1989", Federal Reserve Bank of Atlanta, www.frbatlanta.org/about/publications/atlanta-fed-history/first-75-years/the-bank-in-the-1960s.aspx.

4 "Credit Card", Encyclopedia Britannica, www.britannica.com/topic/credit-card.

5 Steve Schaefer, "Five Biggest U.S. Banks Control Nearly Half Industry's $15 Trillion in Assets", 〈Forbes〉, 2014. 12. 3, www.forbes.com/sites/steveschaefer/2014/12/03/five-biggest-banks-trillion-jpmorgan-citi-bankamerica/#6db9672db539.

6 David Pricco, "SEC's New Jobs Act Title Ⅲ Crowdfunding Rules: Overview and First Thoughts", 〈Crowdexpert〉, http://crowdexpert.com/articles/new_jobs_act_titleiii_rules_overview_first_thoughts.

7 Mike Orcutt, "What the Hell Is an Initial Coin Offering", 〈Technology Review〉, 2017. 9. 6, technologyreview.com/s/608799/what-the-hell-is-an-initial-coin-offering.

8 Jon Russell, "First China, Now South Korea Has Banned ICOs", 〈Techcrunch〉, 2017. 9. 28, https://techcrunch.com/2017/09/28/south-korea-has-banned-icos.

7장

1 Trey Williams, "More People Subscribe to a Streaming Service than They Do Cable TV", 〈MarketWatch〉, 2017. 6. 9, www.marketwatch.com/story/more-people-subscribe-to-a-streaming-service-than-they-do-cable-tv-2017-06-09.

2 케빈 매이니와 2016년 6월 22일에 나눈 대화에서 발췌.

3 Stacey Lynn Schulman, "A Closer Look at the Future of Radio", 〈Radio Ink〉, 2016. 6. 30, http://radioink.com/2016/06/30/closer-look-future-radio.

4 "Newspapers", Encylopedia.com, www.encyclopedia.com/literature-and-arts/journalism-and-publishing/journalism-and-publishing/newspaper.

5 Sam Lebovic, "The Backstory of Gannett's Bid to Buy Tribune", 〈Columbia Journalism Review〉, 2016. 4. 29, www.cjr.org/business_of_news/frank_gannett_robert_mccormick_and_a_takeover_bids_backstory.php.

6 "Television Facts and Statistics—1939 to 2000", Television History—The First 75 Years, www.tvhistory.tv/facts-stats.htm.

7 Lara O'Reilly, "The 30 Biggest Media Companies in the World", 〈Business Insider〉, 2017. 5. 31, www.businessinsider.com/the-30-biggest-media-owners-in-the-world-2016-5/#28-prosiebensat1-291-billion-in-media-revenue-3.

8 "State of the News Media 2016", Pew Research Center, 2016. 6. 15, www.journalism.org/2016/06/15/state-of-the-news-media-2016.

9 Annette Konstantinides, "Nice Work if You Can Get It: The World's Highest-Earning YouTube Starts Who Make Up to $15m a Year from Their Online Shows", 〈Daily Mail〉, 2016. 12. 6, www.dailymail.co.uk/news/article-4007938/The-10-Highest-Paid-YouTube-stars.html.

10 "More Americans Using Smartphones for Getting Directions, Streaming TV", 2016. 1. 29, Pew Research Center, www.

pewresearch.org/fact-tank/2016/01/29/us-smartphone-use.

11   "Americans' Trust in Mass Media Sinks to New Low", Gallup,
      2016. 9. 14, www.gallup.com/poll/195542/americans-trust-
      mass-media-sinks-new-low.aspx.

12   Raymond Winters, "Augmented Reality: Commercial and
      Entertainment Applications", Nu Media Innovations, 2016. 6.
      29, www.numediainnovations.com/blog/augmented-reality-
      commercial-and-entertainment-applications.

8장

1   Max Chafkin, "Warby Parker Sees the Future of Retail", 〈Fast
      Company〉, 2015. 2. 17, www.fastcompany.com/3041334/
      warby-parker-sees-the-future-of-retail.

2   Itamar Simonson, Emanuel Rosen, 《Absolute Value: What
      Really Influences Customers in the Age of (Nearly) Perfect
      Information》(2014), New York: HarperBusiness.

3   "List of Largest Consumer Markets", Wikipedia, https://
      en.wikipedia.org/wiki/List_of_largest_consumer_markets.

4   Ashley Lutz, "The American Suburbs as We Know Them Are
      Dying", 〈Business Insider〉, 2017. 3. 5, www.businessinsider.
      com/death-of-suburbia-series-overview-2017-3?IR=T.

5   Jason del Ray, "Millennials Buy More Clothes on Amazon
      than Any Other Website", 〈Recode〉, 2017. 3. 9, www.recode.
      net/2017/3/9/14872122/amazon-millennials-online-clothing-
      sales-stitch-fix.

6   "Shrinking Farm Numbers", Wessels Living History Farm,
      www.livinghistoryfarm.org/farminginthe50s/life_11.html.

9장

1   David Gershgorn, "Facebook, Google, Amazon, IBM, and Microsoft Created a Partnership to Make AI Seem Less Terrifying", 〈Quartz〉, 2016. 9. 28, https://qz.com/795034/facebook-google-amazon-ibm-and-microsoft-created-a-partnership-to-make-ai-seem-less-terrifying.

2   Nanette Byrnes, "As Goldman Embraces Automation, Even the Masters of the Universe Are Threatened", 〈MIT Technology Review〉, 2017. 2. 7, www.technologyreview.com/s/603431/as-goldman-embraces-automation-even-the-masters-of-the-universe-are-threatened/?utm_campaign=add_this&utm_source=twitter&utm_medium=post.

3   Nathaniel Popper, "The Robots Are Coming for Wall Street", 〈New York Times〉, 2016. 2. 25, www.nytimes.com/2016/02/28/magazine/the-robots-are-coming-for-wall-street.html?_r=1.

4   "Occupational Changes During the 20th Century", Bureau of Labor Statistics, www.bls.gov/mlr/2006/03/art3full.pdf.

5   Yale Law School, Information Society Project, https://law.yale/edu/isp.

6   "ANSI: Historical Overview," ANSI, www.ansi.org/about_ansi/introduction/history.

7   Julia Belluz, "In an Amazing Turnaround, 23andMe Wins FDA Approval for Its Genetic Tests", 〈Vox〉, 2017. 4. 6, www.vox.com/2017/4/6/15207604/23andme-wins-fda-approval-for-its-genetic-tests.

8   "Ethical, Legal and Social Issues in Genomic Medicine", National Human Genome Research Institute, www.genome.gov/10001740/ethical-legal-and-social-issues-in-genomic-

medicine.

9 Adam Thierer, Michael Wilt, "The Need for FDA Reform: Four Models", Mercatus Center, 2016, 9. 14, www.mercatus. org/publications/need-fda-reform-four-models.

10 Erin Dietsche, "10 Things to Know About Epic", ⟨Becker's Hospital Review⟩, 2017. 1. 20, www.beckershospitalreview. com/healthcare-information-technology/10-things-to-know-about-epic.html.

10장

1 CB Insights, "Disrupting Procter & Gamble: Private Companies Unbundling P&G and the Consumer Packaged Goods Industry", 2016. 4 19, www.cbinsights.com/blog/disrupting-procter-gamble-cpg-startups.

2 Nesli Nazik Ozkan, "An Example of Open Innovation: P&G", ⟨Science Direct⟩, 2015. 7. 3, www.sciencedirect.com/science/article/pii/S1877042815039294.

3 "Improving Seed to Development—Lessons Learned While Building Aviation Apps on Predix", Predix Developer Network, 2017. 1. 12, www.predix.io/blog/article. html?article_id=2265.

4 "Frequently Asked Questions", Small Business Administration, www.sba.gov/sites/default/files/FAQ_Sept_2012.pdf.

5 Alexei Oreskovic, "Amazon Isn't Just Growing Revenue Anymore—It's Growing Profits", ⟨Business Insider⟩, 2016. 4. 28, www.businessinsider.com/amazon-big-increase-in-aws-operating-margins-2016-4.

6 Jeff Bezos, "2016 Letter to Shareholders", Amazon.com,

2017. 4. 12, www.amazon.com/p/feature/z6o9g6sysxur57t.

11장

1   "Multiple Generations @ Work", Future Workplace,
    http://futureworkplace.com/wp-content/uploads/
    MultipleGenAtWork_infographic.pdf.

2   케빈 매이니와 2017년 4월 15일에 나눈 대화에서 발췌.

3   Kelly, 《Inevitable》, Kindle, 4211.

4   Darius Tahir, "IBM to Sell Watson's Brainpower to Speed
    Clinical and Academic Research", 〈Modern Healthcare〉,
    2014. 8. 28, www.modernhealthcare.com/article/20140828/
    NEWS/308289945.

언스케일

1판 1쇄 발행 2019년 10월 17일
1판 5쇄 발행 2022년　1월 20일

지은이 헤먼트 타네자, 케빈 매이니
옮긴이 김태훈
펴낸이 고병욱

책임편집 윤현주　**기획편집** 장지연 유나경 조은서
마케팅 이일권 김윤성 김도연 김재욱 이애주 오정민　**디자인** 공희 진미나 백은주
외서기획 이슬　**제작** 김기창　**관리** 주동은 조재언　**총무** 문준기 노재경 송민진

펴낸곳 청림출판(주)
등록 제1989-000026호

본사 06048 서울시 강남구 도산대로 38길 11 청림출판(주) (논현동 63)
제2사옥 10881 경기도 파주시 회동길 173 청림아트스페이스 (문발동 518-6)
전화 02-546-4341　**팩스** 02-546-8053
홈페이지 www.chungrim.com
이메일 cr1@chungrim.com
블로그 blog.naver.com/chungrimpub
페이스북 www.facebook.com/chungrimpub

ISBN 978-89-352-1291-0 (03320)